Gaozhi Yuanxiao Dinggang Shixi Zhiliang
Guanli Tansuo Yu Shijian

高职院校顶岗实习质量管理探索与实践

方法林 印伟·著

北京·旅游教育出版社

责任编辑：张 萍

图书在版编目(CIP)数据

高职院校顶岗实习质量管理探索与实践／方法林，印伟著. --北京：旅游教育出版社，2015. 5
 ISBN 978-7-5637-3146-6

Ⅰ．①高… Ⅱ．①方… ②印… Ⅲ．①高等职业教育—教育实习—质量管理—研究 Ⅳ．①G718.5

中国版本图书馆 CIP 数据核字（2015）第 064525 号

高职院校顶岗实习质量管理探索与实践
方法林 印伟 著

出版单位	旅游教育出版社
地 址	北京市朝阳区定福庄南里 1 号
邮 编	100024
发行电话	（010）65778403 65728372 65767462（传真）
本社网址	www.tepcb.com
E - mail	tepfx@163.com
排版单位	北京旅教文化传播有限公司
印刷单位	北京京华虎彩印刷有限公司
经销单位	新华书店
开 本	787 毫米×1092 毫米 1/16
印 张	17
字 数	297 千字
版 次	2015 年 5 月第 1 版
印 次	2015 年 5 月第 1 次印刷
定 价	48.00 元

（图书如有装订差错请与发行部联系）

目 录
CONTENTS

第一章　绪　论 ……………………………………………………………… 1
　第一节　研究背景与研究问题的提出 ………………………………… 1
　　一、研究背景 ……………………………………………………… 1
　　二、研究问题的提出 ……………………………………………… 2
　第二节　研究意义 ……………………………………………………… 3
　　一、理论意义 ……………………………………………………… 3
　　二、实践意义 ……………………………………………………… 4
　第三节　研究文献综述 ………………………………………………… 5
　　一、顶岗实习的本体论研究 ……………………………………… 5
　　二、顶岗实习的质量管理研究 …………………………………… 9

第二章　顶岗实习质量管理的理论基础与研究设计 …………………… 11
　第一节　理论基础 ……………………………………………………… 11
　　一、概念界定 ……………………………………………………… 11
　　二、主要理论 ……………………………………………………… 13
　第二节　研究设计 ……………………………………………………… 18
　　一、时空二维质量管理流程图的设计与分析 …………………… 19
　　二、调查问卷的设计与 MATLAB 软件回归分析的展开 ……… 22
　第三节　研究数据介绍 ………………………………………………… 34
　　一、数据来源 ……………………………………………………… 34
　　二、抽样原则 ……………………………………………………… 34
　　三、样本总量 ……………………………………………………… 34
　第四节　顶岗实习期心理危机现状调查问卷分析报告 ……………… 34
　　一、调查目的 ……………………………………………………… 34
　　二、调查对象、形式及说明 ……………………………………… 35
　　三、问卷调查内容及调查结果 …………………………………… 35
　　四、数据分析与结论 ……………………………………………… 37

五、整改方向与建议 …………………………………………… 37

第三章　样本院校的顶岗实习现状 ……………………………… 39
第一节　样本院校的基本情况 ……………………………………… 39
　　一、生源结构 …………………………………………………… 39
　　二、就业状况 …………………………………………………… 41
　　三、专业建设情况 ……………………………………………… 42
第二节　样本院校的顶岗实习模式 ………………………………… 42
　　一、顶岗实习管理 ……………………………………………… 43
　　二、顶岗实习模式 ……………………………………………… 43
　　三、样本院校的顶岗实习质量管理 …………………………… 45

第四章　高职院校顶岗实习时空二维的质量管理问题探究 …… 46
第一节　时间维度探究 ……………………………………………… 46
　　一、顶岗实习前 ………………………………………………… 46
　　二、顶岗实习中 ………………………………………………… 47
　　三、顶岗实习后 ………………………………………………… 48
第二节　空间维度探究 ……………………………………………… 49
　　一、政府层面 …………………………………………………… 49
　　二、行业组织层面 ……………………………………………… 49
　　三、学校层面 …………………………………………………… 49
　　四、企业层面 …………………………………………………… 50
　　五、家长层面 …………………………………………………… 50
　　六、学生层面 …………………………………………………… 51

第五章　基于时空二维视角的顶岗实习质量管理与控制原理 … 52
第一节　基于时空视角的顶岗实习质量管理树状图 ……………… 52
第二节　时空二维树状图的质量控制原理 ………………………… 54

第六章　基于时间维度的顶岗实习质量控制的探索与实践 …… 55
第一节　基于时间维度的控制理论 ………………………………… 55
　　一、时间维度树状图描述 ……………………………………… 55
　　二、过程控制的实现 …………………………………………… 56
　　三、质量链管理与关键节点的控制 …………………………… 58
第二节　顶岗实习前的质量控制（P阶段）………………………… 59
　　一、质量管理总流程图 ………………………………………… 59
　　二、质量控制的过程与关键节点 ……………………………… 60

第三节　顶岗实习中的质量控制(D阶段与C阶段) ……………………… 63
　　　一、质量管理流程图 …………………………………………………………… 64
　　　二、质量控制的过程与关键节点 ……………………………………………… 65
　　第四节　顶岗实习后的质量控制(A阶段) ……………………………………… 71
　　　一、质量管理流程图 …………………………………………………………… 72
　　　二、质量管理的过程与关键节点 ……………………………………………… 73

第七章　基于空间维度的顶岗实习质量管理的探索与实践 ………………………… 77
　　第一节　基于空间维度的利益相关方理论 ……………………………………… 77
　　　一、利益相关方图的设计与描述 ……………………………………………… 77
　　　二、利益相关方与多中心理论 ………………………………………………… 78
　　第二节　政府层面的质量控制 …………………………………………………… 78
　　　一、概述 ………………………………………………………………………… 78
　　　二、质量控制的顶层设计 ……………………………………………………… 79
　　第三节　行业组织层面的质量控制 ……………………………………………… 82
　　　一、概述 ………………………………………………………………………… 82
　　　二、质量控制的中层设计 ……………………………………………………… 82
　　第四节　学校层面的质量控制 …………………………………………………… 83
　　　一、学院质量管理总流程图 …………………………………………………… 84
　　　二、质量控制的中层设计 ……………………………………………………… 84
　　第五节　企业层面的质量控制 …………………………………………………… 91
　　　一、质量管理流程图 …………………………………………………………… 91
　　　二、质量控制的中层设计 ……………………………………………………… 92
　　第六节　家长与学生层面的质量控制 …………………………………………… 95
　　　一、家长正面能量管理 ………………………………………………………… 96
　　　二、学生自我自主管理 ………………………………………………………… 96
　　第七节　旅游管理系顶岗实习满意度问卷调查分析报告 ……………………… 97
　　　一、顶岗实习的专业对口率较好 ……………………………………………… 97
　　　二、实习前说明会的安排有助于学生提早了解实习工作环境 ……………… 99
　　　三、系部顶岗实习的过程管理较好 …………………………………………… 99
　　　四、实习单位的顶岗实习计划与方案较为科学合理 ………………………… 100
　　　五、与顶岗实习相关的课程设置较为合理 …………………………………… 100
　　　六、学院专业教师的指导及时到位 …………………………………………… 101
　　　七、人际合作关系良好 ………………………………………………………… 101
　　　八、实习有利于职业能力的提升 ……………………………………………… 102
　　　九、实习整体评价满意,收获丰厚 …………………………………………… 102
　　　十、实习期间的不适应和遇到的困难 ………………………………………… 104

十一、实习单位和学校对实习生的帮助 ··· 104
　　十二、实习生对解决困难的满意度较高 ··· 104
　　十三、对实习单位较为满意，认可度高 ··· 104
　　十四、渴望海外实习机会 ·· 105
　第八节　旅游管理系顶岗实习涉法问卷调查分析报告 ···························· 105
　　一、顶岗实习学生法律知识储备不足 ·· 105
　　二、顶岗实习学生实习报酬明显偏低 ·· 106
　　三、顶岗实习学生人身伤害救济风险较高 ······································· 107

第八章　主要研究结论和研究贡献 ··· 111
　第一节　主要研究结论 ·· 111
　　一、MATLAB 软件在心理危机问卷调查分析中的结论 ······················ 111
　　二、时空二维的质量链关键节点控制与耦合效应分析 ······················· 114
　第二节　研究贡献 ··· 119
　　一、PDCA 循环理论与质量管理链理论组合理论 ····························· 119
　　二、利益相关方理论与多中心理论组合理论 ··································· 120
　　三、时空二维物理场理论 ·· 121
　　四、MATLAB 软件在管理学中的建模尝试 ···································· 121
　第三节　有待进一步研究的问题 ··· 122
　　一、利益相关方多中心流程图的绘制 ·· 122
　　二、MATLAB 软件分析法的完善与修正 ······································· 122

附录 ·· 124
　附录 1　南京旅游职业学院旅游管理学院旅游管理专业 2014 年人才培养方案
　　　　 ··· 124
　附录 2　南京旅游职业学院实习基地评估指标体系（试行） ·················· 132
　附录 3　实习基地遴选与管理制度 ·· 134
　附录 4　南京旅游职业学院实习基地遴选申请表 ································ 137
　附录 5　示范实习基地申请书 ·· 138
　附录 6　南京旅游职业学院实习基地调整与撤销审批表 ······················· 142
　附录 7　关于做好我院 2012 年实习、就业工作安排的通知 ·················· 143
　附录 8　旅游管理专业顶岗实习方案 ··· 150
　附录 9　南京旅游职业学院顶岗实习申请表 ····································· 155
　附录 10　等候境外研修实习项目选拔申请表 ··································· 156
　附录 11　旅游管理系学生升学申请表 ·· 157
　附录 12　江苏省高等教育自学考试"专接本"学校、学生、家长三方协议书 ······
　　　　 ··· 158

附录 13	顶岗实习双选会工作方案	161
附录 14	网上双选系统操作流程及规范	165
附录 15	南京旅游职业学院校企顶岗实习协议书	169
附录 16	南京旅游职业学院校生顶岗实习协议书	172
附录 17	顶岗实习安全教育责任书	174
附录 18	旅游管理学院学生顶岗实习信息登记表	177
附录 19	南京旅游职业学院顶岗实习指导联系登记表	178
附录 20	旅游管理学院学生顶岗实习联系函回执	179
附录 21	顶岗实习周志、周报表	180
附录 22	旅游管理学院学生顶岗实习检查表	182
附录 23	南京旅游职业学院实习生病假（事假）申请表	183
附录 24	南京旅游职业学院实习生变更实习单位申请表	184
附录 25	南京旅游职业学院境外研修生变更实习单位申请表	185
附录 26	顶岗实习学生实习心得	186
附录 27	实习过程中意外事故预案与处理方案	190
附录 28	实习期间紧急情况登记表	192
附录 29	南京旅游职业学院实习生鉴定表	193
附录 30	旅游管理学院学生顶岗实习考核表	195
附录 31	优秀实习生、优秀指导教师评选办法	197
附录 32	优秀实习小组申请表	200
附录 33	实习总结	201
附录 34	顶岗实习满意度调查问卷与分析报告	203
附录 35	顶岗实习涉法调查问卷与分析报告	206
附录 36	旅游管理学院顶岗实习实施方案	209
附录 37	旅游管理学院顶岗实习管理规定（试行）	214
附录 38	旅游管理学院关于加强顶岗实习工作的实施意见	218
附录 39	旅游管理学院关于加强顶岗实习过程管理的规定	221
附录 40	专职辅导人员、指导教师与实习生渠道沟通	223
附录 41	南京旅游职业学院顶岗实习管理手册	224
附录 42	国务院关于加快发展现代职业教育的决定	246
附录 43	教育部关于职业学校学生顶岗实习管理规定（试行）	253

参考文献 …… 257

第一章 绪 论

第一节 研究背景与研究问题的提出

一、研究背景

高等职业教育是我国高等教育体系的重要组成部分,在国家人才培养体系中具有重要的位置,其区别于普通高等教育的主要特征在于学术性和职业性之间的侧重点不同。学术性侧重于理论的创新,强调教育的系统性,注重知识的基础性与普适性;而职业性侧重于理论的应用,强调教育的实践性,注重知识的专业性与实用性。从人才培育方式的角度来看,高等职业教育明显是侧重于职业性的培养,重点不是关注储备理论知识来应用于实践,而是关注在实践中构建理论知识,培养面向生产、建设、管理与服务第一线的实用型、技能型人才是高等职业院校首要目标。

2005年,国务院《关于大力发展职业教育的决定》(国发〔2005〕35号)中明确指出:"大力推行工学结合、校企合作的培养模式","中等职业学校在校学生最后一年要到企业等用人单位顶岗实习,高等职业院校学生实习实训时间不少于半年。"这是中央层面第一次提出了"顶岗实习"。为进一步落实国务院《关于大力发展职业教育的决定》精神,教育部下发了《关于全面提高高等职业教育教学质量的若干意见》(教高〔2006〕16号),文件中明确指出:"人才培养模式改革的重点是教学过程的实践性、开放性和职业性,实验、实训、实习是三个关键环节","引导建立企业接收高等职业院校学生实习的制度,加强学生的生产实习和社会实践,高等职业院校要保证在校生至少有半年时间到企业等用人单位顶岗实习"。同时还突出了质量管理体系的建设:"高等职业院校要强化质量意识,尤其要加强质量管理体系建设,重视过程监控,吸收用人单位参与教学质量评价,逐步完善以学校为核心、教育行政部门引导、社会参与的教学质量保障体系。"由此可见,顶层设计上已经明确实践性、开放性和职业性是高等职业教育的基本特征,确定了顶岗实习这一创造性的人才培养思路,同时就教学质量的保障体系提出了指导性的意见,这标志着我国高等职业教育已经步入全面提升质量时期,开始走上具有中国特色的高等职业教育创新与发展的道路。

此后,"顶岗实习"便成为高等职业教育的一个关键词,同时受到重点关注的还有人才培养的质量。顶岗实习的质量保障是高职院校人才培养中至关重要的一环,它直接决定了高职毕业生的职业技能水平,同时决定了高等职业教育的生命力。在教育部

《关于推进高等职业教育改革创新　引领职业教育科学发展的若干意见》(教职成〔2011〕12号)中要求创新体制机制,明确"以区域产业发展对人才的需求为依据,明晰人才培养目标,深化工学结合、校企合作、顶岗实习的人才培养模式改革","系统设计、实施生产性实训和顶岗实习,探索建立'校中厂''厂中校'等形式的实践教学基地,推动教学改革","将毕业生就业率、就业质量、企业满意度、创业成效等作为衡量人才培养质量的重要指标"。此外,在《国家中长期教育改革和发展规划纲要(2010—2020)》"职业教育"这一章中明确指出:"把提高质量作为重点。以服务为宗旨,以就业为导向,推进教育教学改革。实行工学结合、校企合作、顶岗实习的人才培养模式。"2014年6月22日,国务院《关于加快发展现代职业教育的决定》(国发〔2014〕19号)中,再次提出推进人才培养模式的创新,要求"坚持校企合作、工学结合,强化教学、学习、实训相融合的教育教学活动","加大实习实训在教学中的比重,创新顶岗实习形式,强化以育人为目标的实习实训考核评价","完善职业教育质量评价制度,定期开展职业院校办学水平和专业教学情况评估,实施职业教育质量年度报告制度。注重发挥行业、用人单位作用,积极支持第三方机构开展评估"。我们可以看到,从国务院到教育部、从教育部到地方教育行政部门,对高等职业教育的重视程度是前所未有的,并且层层提出了具体的要求。

　　回顾三十多年的办学实践,高等职业院校已经探索出具有中国特色的高职教育教学模式和人才培养模式,现在正处于创新发展的阶段。截至2013年底,全国具有普通高等学历教育招生资格的高等职业院校数量已经达到1321所,占普通高等学校总数的60.1%,这反映了高等教育类型结构调整和变革的成果。高等职业教育在现代职业教育中正发挥着举足轻重的作用,已经开始活跃在历史的舞台上,承担着我国培养数以亿计的高素质劳动者和技术技能人才的重大使命。顶岗实习经过近十年的发展,也越来越显示出它的重要性和不可替代性,成为高等职业院校人才培养的一种后教育的新兴模式,同时也是"深化校企合作,促进工学结合"的集中表现形式。目前高等职业教育已经从规模扩张转移到质量效益上来,而加强顶岗实习的质量管理是深化教学改革和提高教育质量的重要途径,也是推进校企合作、工学结合的人才培养模式改革,完善以学校为核心、教育行政部门引导、企业与社会参与的教学质量保障体系建设的重要内容。因此,笔者以质量管理为视角,选取顶岗实习这一微观研究对象,力求通过对顶岗实习质量管理的探索与实践,为高等职业教育的全面质量管理贡献一些经过实践检验的理论思路。

二、研究问题的提出

　　作为一种重要的实践性教学内容,顶岗实习已经成为培养和提高学生实践能力与职业素养的重要途径,并且已经被政府部门所认可、重视,但是政策文件毕竟是宏观指导,不是操作手册,因此顶岗实习制度的实施与完善还需要进行充分的实践,在实践中认识,在认识中实践,从而不断改进、提升顶岗实习的质量。

客观而言，顶岗实习制度自2006年在我国高职院校实施以来，在教学改革、人才培养、学生就业、企业技术革新以及高职院校职能拓展等方面取得了一定的成效，但是基于体制、机制及认识等方面的原因，顶岗实习在实践中却出现了"坐标缺位"：在横轴上主要表现为时间的缺位，高等职业院校往往重视实习前的计划与准备工作，对于实习的执行与检查工作以及顶岗实习后的处理与改进工作则容易忽视或者轻视。在纵轴上主要表现为空间的缺位。空间缺位主要是指顶岗实习的利益相关者，即政府、学校、行业组织、企业管理的缺位以及学生自我管理和学生家长管理的缺位。每个利益相关者的态度与其利益直接相关，出现积极、中立与消极的态度，从而不能形成管理的合力。时间和空间的"坐标缺位"直接导致顶岗实习的物理场难以发挥有效的作用，顶岗实习面临着有量无质的尴尬处境，其主要表现为从职业技术院校毕业的学生不能很好地适应工作岗位技术技能的要求；同时缺少相应的可持续发展能力，学校与职场之间的距离成为一个难以逾越的鸿沟。

众所周知，顶岗实习质量是衡量高职人才培养质量的重要指标之一，顶岗实习的质量监控和评价能够充分反映出学生的岗位能力素质和职业技术水平，是人才培养质量评价体系的重要组成部分。因此，如何加强学生顶岗实习质量管理，构建确保顶岗实习质量的保障体系，是解决上述问题并且持续提高顶岗实习质量的有效途径，同时这也是高职院校面临的一项管理和教学的难题。从国内研究成果看，顶岗实习是一个研究热点，研究领域主要集中在顶岗实习的内涵、顶岗实习的模式，顶岗实习的问题对策以及顶岗实习的管理方法等方面，鲜有文献从质量管理的维度进行理论与实证研究，而且研究成果整体上宏观居多，缺乏学术创新，落后于顶岗实习制度的探索与实践。研究成果提出的更多的是一种理念，一种框架，实证研究不足。目前国内尚未出现顶岗实习质量管理专项研究的专著，因此笔者以质量管理为视角，选取南京旅游职业学院旅游管理学院旅游管理类专业为微观研究对象，综合运用跨学科的理论工具以及流程图、数据建模等分析工具，力求通过对顶岗实习质量管理的探索与实践，建立一个时空二维的多元素、多节点、多层次的质量管理物理场，为高等职业教育的科研工作人员以及从事高等职业教育的教学与管理人员提供一个具有可操作性的质量管理研究基础。

本书是江苏省第一届职业教育教学改革立项课题《顶岗实习质量保证研究》的阶段性研究成果（课题编号：GYC6），并受到江苏省旅游局委托项目《江苏省旅游企业诚信体系构建研究》的基金支持。

第二节　研究意义

一、理论意义

本研究以南京旅游职业学院旅游管理学院旅游管理类学生为样本，从质量管理维度入手，对高职院校学生顶岗实习的质量管理进行深入地探索与实践。通过本研究，希望对顶岗实习的质量管理有所贡献,并丰富顶岗实习的质量管理理论。

本研究从时间与空间两个维度展开,构建了时空二维的顶岗实习质量管理场,创造性地使用理论组合方式以及流程图、数据建模等分析工具,保证了顶岗实习质量产出效能的最大化。

在时间维度上主要利用 PDCA 全面质量管理理论与质量管理链理论构成的理论组合,强调顶岗实习前、顶岗实习中和顶岗实习后的循环式递进质量管理,同时在质量管理过程中寻找质量链条上的关键节点进行有效的控制。在时间维度分析上运用了大量流程图,并通过 MATLAB 软件对顶岗实习数据建模进行了综合分析,为 PDCA 全面质量管理的技术思路进行了还原。

在空间维度上主要利用利益相关者理论与多中心治理理论的理论组合,针对政府、高校、行业组织、企业以及学生和家长等主体对顶岗实习的不同态度进行完善与校正分析;同时强调顶岗实习是教育领域中的一种公共事业,不同的利益相关者应提供相应的服务并且承担相应的责任,以形成社会有效参与和政府有效管理的多中心治理的格局。在空间维度分析上也运用了大量的流程图,直观地反映了顶岗实习所有相关责任主体的行为或者态度。最后,时间维度和空间维度的两个理论组合共同构成了顶岗实习质量管理的物理场效应。只有所有要素与理论节点都能各就其位,才能保证这个物理场运动的最大输出,从而保证顶岗实习的最终质量。本研究是对顶岗实习质量管理理论的丰富和完善,尝试了跨学科理论研究以及数学、统计、计算机等实证分析学科和工具,这将为进一步研究顶岗实习质量管理提供了坚实的理论与实证基础。

二、实践意义

顶岗实习是高职院校人才培养至关重要的环节,是提高高职院校学生职业意识与实践技能的有效途径,同时也是学生职业能力形成的关键环节,它既有利于职业技术院校的发展,也有利于企业的发展。顶岗实习的质量直接关系到学校与企业合作办学、合作育人、合作就业和合作发展的效果,直接关系到校企双方共同培养、储备和使用的人力资源的核心竞争力,因此顶岗实习的影响范围与影响力可窥一斑。

本研究在理论研究的基础上,通过时间和空间两个维度进一步明确了政府、学校、行业组织、企业以及学生和家长等利益相关方在顶岗前计划、顶岗中控制与检查和顶岗后改进整个过程中应当重点担负的责任,并且借助流程图的设计与描绘为高职院校提供了具有可操作性的建议,充分实现教育部提出的"工学结合、校企合作、顶岗实习"的指导思想。本研究的思路来源于样本院校的顶岗实习质量管理的实践,经过原理性的深层抽象与分析后,形成修正的顶岗实习质量管理理论,并将直接指导样本院校下一轮的顶岗实习质量管理,如此从实践到认识再到实践的循环往复过程,保证了顶岗实习质量管理理论的科学性与实践性。本研究的理论成果是经得起顶岗实习教学实践检验的,经过检验的理论成果才更加具有生命力与活跃度,因此本研究具有在高职院校推广的价值,高职院校可以共享这些已经比较成熟的顶岗实习质量管理理论,并付诸实践。

第三节 研究文献综述

自从2006年顶岗实习成为官方文件关键词后,学术界就开始关注这个研究课题,尤其从2009年开始,关于顶岗实习的研究成果显著增加。截至2014年8月,笔者对以"顶岗实习"为篇名的关键词在中国学术期刊网络出版总库进行检索,共检索到2852篇文献,其中2009年至今共2690篇,占总检索文献数量95%,这表明近几年顶岗实习已经成为职业教育的一个研究热点,愈来愈被学界所重视。鉴于这些研究成果还包括中职顶岗实习和师范类专业类顶岗实习,又对2690篇文献摘要和内容进行梳理,发现关于高职院校顶岗实习的文献总计1910篇,占总数的67%,因此高职院校顶岗实习又是顶岗实习这一研究热点的核心内容。

本节分别从顶岗实习的本体论与顶岗实习的质量管理论两个角度,对国内外研究成果进行评述。

一、顶岗实习的本体论研究

顶岗实习的本体论研究是指顶岗实习的一些基础理论研究,主要集中在顶岗实习的内涵、顶岗实习的模式以及顶岗实习的问题与对策这几个方面。现对国内外的研究成果进行简要的评述。

(一)顶岗实习的内涵研究

该类研究主要集中在顶岗实习的概念、特征、作用以及影响等方面,比较有代表性的研究成果包括:秦传江等(2009)认为,所谓顶岗实习是指学生到具体工作岗位上,到真实的工作环境中,一边学习一边在生产一线的诸多岗位与一般职业人一样从事生产性劳动,其身份既是学校的学生又是企业员工。鞠红霞(2009)认为,根据顶岗实习的目的,可以将顶岗实习分为两种类型,一是以职业能力和职业素养为主的顶岗实习;另一种是以巩固熟练专业基本技能、培养或提升职业能力和职业素养为主的顶岗实习,两种顶岗实习的实施条件各有异同。刘辉(2010)认为,顶岗实习发挥的重要核心价值之一就在于培养创业素质,提升创业能力,有必要将顶岗实习纳入到大学生创业教育实施工程。郦昕阳(2011)认为,教育的根本目的是要满足受教育者的目标要求,因此顶岗实习教学环节的设计与实施应以满足学生得到全面培养和多处得益这个条件为前提。杨静丽等(2012)在探析加拿大高职顶岗实习制度时认为,加拿大高等职业教育中顶岗实习制度的主要特征表现在重视管理机构、用人单位和学生的三方合作,重视课堂学习与顶岗实习的交替进行,重视利用现代科技手段进行管理等。薛妍(2012)认为,顶岗实习是课程的一种类型,是高技能人才培养过程中特定环节、特别内容和特殊形式的一类活动课程。夏英(2013)认为,顶岗实习作为制度课程,享有制度的合法身份,却不具有权威性、规定性的课程内容,这是造成教学实施混乱的内在原因。揭平英等(2013)认为,顶岗实习是高职实践教学中重要的环节之一,参照职业能力的内涵,借助顶岗实习,职业院校学生将所学的知识、技能、态度在对应的职业活动中进行类化、迁移和整合,经校内指导教师和企业指导教师共同引导,学生积极完成一定的职业任务,最终生成学生的职业能力。曲忠生(2013)认为,作为职业院校培养高素质高端技能型人才的实践教学环节,顶岗实习不仅能够满足学生提高专业实践技能,而且能够帮助学生在心理上形成对企业文化的初步认知。王柏清(2014)认为,顶岗实习作为实习的一种形式,是高职院校教学活动的重要组成部分,但在这一"教学"活动中,高职院校不再是过程的唯一控制者,高职学生在接受高等职业教育的同时,也是实习任务(用人单位指派工作)的承担者。

顶岗实习的内涵研究是基础理论研究中比较薄弱的一个部分,其实在西方国家的职业技术教育里,并没有顶岗实习这个术语,而多数以合作教育来称呼顶岗实习这种模式。国内之所以要强调顶岗实习,是因为在我国职业技术教育中,长期重形式、轻内容,并不能按照职业人的要求在岗位正式受训,而在西方国家的职业技术教育传统中,无论是德国的"双元制"职业教育、澳大利亚的"技术与继续教育"、加拿大的"以能力为基础的教育"、英国的"三明治教育",还是美国的"合作教育",都要求学生严格按照岗位与正式员工从事一样的工作,因此只有在校企合作、工学结合这个层面上才能在西方的职业技术教育里找到研究的切入点。但是,学术界却不愿意在顶岗实习的内涵上进行深入的研究,以致现在尚未对顶岗实习这一基础性的概念形成统一的认识,尤其是不能将西方先进的职业技术教育经验与中国的职业技术教育实践相结合,重新认识与定义顶岗实习,因此在比较研究上会出现一定的理论障碍,同时在顶岗实习的运行与管理研究中会出现不同的误区,形成错误的或者脱离顶岗实习实践的理论。

(二)顶岗实习的模式研究

顶岗实习模式研究主要是集中在比较研究和专业视角两方面,比较有代表性的研究成果包括:郑春禄等(2009)对高职院校当前顶岗实习模式的不足进行了归纳性分析,阐述了基于工作过程课程的"学"和"做"科学结合的顶岗实习创新措施。罗杰红等(2009)提出了"1+0.5+1+0.5"的双轮学习实习(Double – Study – Practice,DSP)四段式人才培养模式。该模式包括"一年专业基础课+半年顶岗实习+一年专业课+半年顶岗实习"。张耀等(2010)在对集中式顶岗实习和分散式顶岗实习利弊分析的基础上,认为在浙江应当创建区域集中、企业分散式顶岗实习模式。邵庆龙(2010)提出了"校内基于工作过程的项目驱动课程教学的准顶岗实习阶段和校外就业式的顶岗实习阶段相结合"的人才培养模式。郝书池等(2011)认为,顶岗实习的模式很多,一个好的、合适的实习模式对实习效果的影响非常大,并且从利益相关者角度分析了"2+1""2.5+0.5""1+1+1""0.5+0.5+1.5+0.5"四种常用顶岗实习模式的优劣。张弘等(2012)认为,高职学生顶岗实习新模式应重点研究以企业为主的校企合作办学模式,其特点是按企业需求制订教学计划,校企双方共同确定授课内容及授课方式,并且提出"4+0.5+1.5"的顶岗实习模式,把顶岗实习环节分为顶岗实习准备和顶岗实习两个子环节。付颖(2013)提出了"对半模式"的顶岗实习模式,即1.5年校内学习,1.5年校外实习。姚岚等(2014)提出了"多学期·分段式"的顶岗实习模式,认为该模式满足了职业教育"校企合作、工学结合"人才培养模式改革与职业教育集团化办学的需要。陈翔(2014)提出了"1.5+0.5+0.5+0.5"的工学交替集中顶岗实习模式,即一年级和二年级上学期在校内学习,二年级下学期集中去企业进行技能型顶岗实习,三年级上学期回校学习,三年级下学期进行毕业实习。

我国顶岗实习的模式研究成果主要是建立在经验范式的研究基础之上,局限于经验层面对自己熟悉专业的顶岗实习模式问题进行探讨,从而使得研究的理论性不够突出。虽然我国职业技术教育的发达程度与国外还有一定的差距,同时在教育理念和模式上也有所不同,但是国内与国外职业教育的一个共同特征就是产教结合,这是顶岗实习模式必须遵循的一个基本理念,因为无论教学内容和教学设备多么先进,学校的专业教师多么优秀,但是与企业的生产、服务一线总是有距离的。国内的研究应当突破从专业角度研究顶岗实习模式的思维定式,尝试从现代学徒制度角度出发,从职业教育的一般理论中演绎出具有创新思维的顶岗实习理论,为顶岗实习模式创建必要的理论基础。

(三)顶岗实习的问题与对策研究

该类研究主要集中在分析影响顶岗实习的因素、顶岗实习存在的问题以及相应的解决方案。比较有代表性的研究成果包括:任仕君(2008)认为顶岗实习教学目的被异化为就业和用工的主要原因在于学校和实习单位片面追求办学效率和实习的经济效益,因此政府和教育行政部门应当保障实习制度的供给,加强对学校和实习单位的实习管理和指导行为的监管,以纠正顶岗实习目的的异化。耿保全(2009)认为高职院校顶岗实习应着重解决观念、覆盖率、管理、评价与保障等五个方面问题。李军雄等(2010)通过分析地方高职院校学生顶岗实习中存在的主要问题,针对性地提出了积极争取地方政府创设良好的区域环境,加强校企合作建立稳定的顶岗实习基地,科学系统地建立健全顶岗实习教学和管理机制,加强学生职业素质培养等提高顶岗实习功能和质量的对策。石伟平等(2010)从政策、制度、经济、文化四个外部因素以及职业院校内部因素,探究职业院校实施顶岗实习的困境,探析囿于政策法规配套措施缺失的困因,参与各方利益关系界定不明的困局,经济社会文化各种因素掣肘的困扰,探索理想与现实的落差,政策法规与贯彻执行的距离,职业教育与生产经营的矛盾。奚小网(2011)针对时间点的选择、学生技能水平不高、意外伤害、思想教育、管理成本增加的问题,对高职院校顶岗实习进行了深入的研究并提出了相应的对策。宁博(2011)认为由于高职院校顶岗实习的体制机制还不够健全,在顶岗实习管理上缺位、错位,顶岗实习生自身认识不足,社会上的各类企业能够提供实习的岗位类型相对单一、有限,且易产生劳务纠纷等原因,导致顶岗实习效果大打折扣,顶岗实习生的合法权益极易受到损害。夏栋等(2012)针对高职学生顶岗实习存在的问题,提出引导学生正确认识顶岗实习、深化校企合作、加强实习基地建设、强化过程管理以及完善考核评价方法等对策。李绍中等(2013)在对高职学生顶岗实习问卷调查数据处理和分析的基础上,总结了当前顶岗实习在组织、实施过程中存在的突出问题,并提出了建立一批稳定的顶岗实习基地、注重学生的实践能力培养、建立科学可行的管理、监控体系和加强顶岗实习的信息化管理等四方面的解决策略。谷利成(2014)认为高等职业院校学生顶岗实习是对接产业的重要环节,并且是一个综合实践的过程,要保证其有序、有效、稳定地开展,必须发动企业、学校、家庭和媒体等多方面的共同参与和努力。

在顶岗实习的问题与对策研究方法上,出现用法学、心理学等跨学科的观点对顶岗实习进行分析与检讨这种趋势,比较有代表性的研究成果包括:龙伟忠(2009)分析了学生伤害事故的类型和原因,提出了在顶岗实习期间规范学校、企业职权,加强学生安全教育和管理,评价顶岗实习环境危险源等预防措施。刁翔正(2010)认为由于当前我国顶岗实习市场的混乱,相关立法不完善,以及高职院校对学生顶岗实习的配套措施不到位,加上高职学生自身的法律意识和自我保护意识欠缺,导致高职学生在顶岗实习过程中,他们的权益遭受侵害的情况日益严重。陈萍(2011)从顶岗实习学生的身份界定、实习期间学生是否应该享受同工同酬的问题,实习学生因公受伤能否享受工伤待遇的问题,以及实习期间学生侵害到他人合法权利的问题等角度,对顶岗实习期间出现的法律问题进行了探讨,分析了导致以上问题难以解决的法律空白,并借鉴国外对实习生的相关法律规定,提出了解决问题的一些具体建议。孙长坪(2012)认为国家应当建立学生实习劳动伤害社会保险法律制度,保障顶岗实习劳动风险得到有效化解,切实地救济遭受顶岗实习劳动风险事故伤害的学生,合理地分散顶岗实习运行中学校、实习单位各相关主体的风险责任。吴玲(2012)认为顶岗实习学生的心理问题主要是由于角色模糊带来的心理冲突,由于理想与现实差距带来的失落感,由于适应能力差带来的挫败感,由于人际交往障碍带来的孤独感,以及由于职业生涯规划不明确带来的迷茫感,并且据此提出了解决的对策。印伟(2013)认为在法律机制上重视实习学生权利贫困的现状并予以健全与完善,是保证顶岗实习质量的重要途径,也是大力发展职业教育事业的根本保障。营文中等(2013)通过实证分析,认为部分高职生与实习单位之间存在事实劳动关系,他们工作时所受的人身伤害应该认定为工伤,享受工伤待遇。

顶岗实习的问题与对策研究历来是顶岗实习本体论研究的热点,不仅丰富了顶岗实习的理论,而且指导了高职院校顶岗实习制度的改进与完善,具有一定的实践意义,但是众多的研究成果同质化比较严重,尤其是在对策研究方面大同小异,不仅缺乏创新的思维,而且缺乏理论的深度,落后于顶岗实习制度的实践与发展。值得肯定的是,从法学、心理学角度来分析顶岗实习的问题与对策不失为一种创新的研究范式,从这个角度出发还大有研究空间;同时对策研究范围可以适当缩小,不求大而全,而求小求精,以求真正能够指导顶岗实习制度的改进与完善。

顶岗实习的本体论研究成果将会构成本研究的理论基础,具有重要的借鉴与参考意义。

二、顶岗实习的质量管理研究

顶岗实习的质量管理研究是属于应用理论研究,主要集中在顶岗实习质量管理的方法论研究与顶岗实习的评价体系研究两大板块,现对国内外的研究成果进行简要的评述。

(一)顶岗实习质量管理的方法论研究

该类研究主要是通过一些跨学科的方法来研究顶岗实习的质量管理,强调的是方法论研究,并且通过一般理论的演绎,证明方法的科学性与可操作性。比较有代表性的研究成果包括:何辉等(2009)认为,顶岗实习质量管理应当实行全过程质量管理,事前做好实践安排,事中做好监控,事后做好评价工作。张志东等(2010)提出应用网络手段解决顶岗实习管理问题的解决方案,对网络课程远程教学、顶岗实习指导和顶岗实习评价的实习管理模式进行了探索。王明跃等(2011)借鉴现代质量管理理论的思想和方法,将ISO 9000质量管理和危害性分析与关键点控制两个体系引入到顶岗实习管理中,成功地构建了高职学生顶岗实习质量控制体系。程远东等(2011)利用信息技术,开发出基于SMS的信息管理平台,实行"周报、月查、季巡"管理模式,能有效地对顶岗实习进行质量管理,保证实习工作安全有序开展。潘学海(2011)认为应当建立顶岗实习ISO质量管理体系,校企共同制定符合企业安全生产的顶岗实习过程控制文件,通过PDCA循环(计划、实施、检查、处置),使顶岗实习全过程管理得到有效控制、持续改进,从而实现顶岗实习的质量目标。江勇(2012)以过程质量管理和动态管理为理论基础,开发和应用了顶岗实习动态管理系统,加强了对学生顶岗实习的过程管理和动态管理,有效解决了高职院校学生顶岗实习期间实习地点分散、工作岗位及内容多样化以及难以实施统一管理和过程质量控制等教学管理诸多难题。黄友泉(2013)在阐释和借鉴全面质量管理理论的基础上,确立了顶岗实习全面质量管理理念,并从全面质量管理的四大支柱,即卓越领导、顾客导向、质量改进和全面参与角度出发,构建了包括强化部门的有效管理,建立多元的质量标准,确立明确的质量责任和建立全方位的质量监控为一体的顶岗实习质量保障体系。左凤林(2013)通过对目前顶岗实习过程中问题的调查研究,提出了CIPP评价的顶岗实习质量管理,构建了顶岗实习教育的背景评价、过程评价、结果评价一体的顶岗实习质量管理体系。朱平等(2013)认为高职院校应当借鉴企业管理的理念,充分利用工作站,力图构建相对完整的顶岗实习的管理机构和操作方法。梁修荣(2013)通过对影响实习质量和效率的诸多因素的详尽分析,提出了基于WEB的分散实习集中管理的新模式,并对WEB系统的构建、实现及应用进行了详细的说明。王秀静等(2014)创新设计了"双主体、三层次、多元化"的顶岗实习信息化管理模式,并研发了顶岗实习的动态信息化管理平台。胡生泳等(2014)认为,根据质量链管理理论,在实习的整个过程中,每一个环节、要素都关系到顶岗实习的成败,因此通过借鉴质量链管理系统可以形成顶岗实习质量链管理的构架图。

顶岗实习质量管理的方法论研究是近年来的研究热点,这与我国高等职业教育进入全面质量提升阶段是密切相关的。顶岗实习的质量直接决定了人才培养的质量,而人才培养质量直接决定了高等职业教育的质量,可见顶岗实习质量管理的重要性。顶岗实习质量管理需要经过各种方法的检验与整合,最终形成科学而又合理的质量管理体系。目前,数据建模与统计分析也被创造性地运用到顶岗实习的质量管理研究之中,这将极大地丰富质量管理理论,从而实现定性与定量的综合分析效果,这将是未来研究的趋向。

(二)顶岗实习质量管理的评价体系研究

该类研究主要集中在评价指标体系的设计理念与设计框架,比较有代表性的研究成果是:成军等(2008)主张建立合理量化、标准化的三级评价指标体系,一级指标明确评价内容,二级指标作为具体考核内容,三级指标为主要观测点,并规定了各观测点的权重和等级标准。朱春瑜(2009)认为系部作为实施教学活动的主体,其顶岗实习工作的水平、质量和绩效直接影响到学生的专业实践技能和综合素质,影响学生的可持续发展能力和综合竞争力,因此有必要对系部顶岗实习工作环节进行有效的监控和指引,建立一套科学、系统和客观的考核和评价体系。王金岗等(2010)结合多年顶岗实习的教学运行管理实践,构建了"三四三"顶岗实习有效教学评价体系,即三阶段定期评价、四评价主体和三级评价指标体系。刁洪斌(2010)认为构建基于能力本位的顶岗实习评价模式有助于规范学生顶岗实习管理,保证顶岗实习质量,促进学生全面发展,提升学生综合职业能力,也是完善高职教学评价体系的基本要求。张斌(2011)提出了"三点一线"(三个关键点控制、顶岗全线管理)的顶岗实习管理模式,形成人才培养从学习到工作、由学生到职业人的转变。李岚(2011)认为在构建顶岗实习评价指标体系时,要充分考虑学生特点,以顶岗实习的多种管理模式为基础,用层次分析法将评价标准进行量化,科学地确定权重系数。孙志洁(2011)认为应当从企业、学校、学生三个不同的利益主体在顶岗实习中所追求的不同利益出发,设计一套顶岗实习的效果评价指标体系。金智鹏(2014)主张建立形成性评价体系,用知识、技能、能力、态度等多项指标去衡量,着重于纵向比较考察学生的综合能力提升与养成过程,注意其点滴进步和发展趋势,强调评价与干预相结合,促进校企、师生各方的良性互动。

顶岗实习质量管理的评价体系研究在本质上也是一种方法论研究,当构建好全面的质量管理体系之后,在每一次质量循环、每一个阶段甚至每一个空间,都应当出现评价标准,最终所有的标准形成评价体系,指引顶岗实习呈现递进式的发展。对评价标准的项目以及权重上,还需要引入数理统计的方法,优化每一个项目与权重,以求提高评价的效率,同时保证预测结果的准确性与显著性。

顶岗实习的质量管理研究成果将会构成本研究的研究范式基础,通过对理论的组合以及创新,形成新的理论与理论组合,再通过样本院校的实践与检验,最终形成全面、稳定的顶岗实习质量管理体系。

第二章 顶岗实习质量管理的理论基础与研究设计

本研究的理论基础与研究设计构成了研究的理论框架,反映了基本的研究思路以及本研究的创新之处,同时也是展开本研究的必要准备。在前面研究文献综述的基础之上,结合样本院校南京旅游职业学院顶岗实习质量管理的实践,最终形成了基于理论基础与研究设计的理论框架。

第一节 理论基础

一、概念界定

本节对本研究所涉及的主要概念进行界定,包括高等职业院校、顶岗实习、质量管理以及时空二维等四个概念。

(一)高等职业院校

根据教育部相关规定,从20世纪末起,非师范、非医学、非公安类的专科层次全日制普通高等学校逐步规范校名,统一后缀为"职业技术学院"或"职业学院",而师范、医学、公安类的专科层次全日制普通高等学校校名则统一后缀为"高等专科学校",前者就是本研究所称的"高等职业院校",从事的是高等职业教育。

高等职业教育(或高等职业技术教育)是我国高等教育的重要组成部分,具有高等教育和职业教育的双重属性,它是以培养高素质劳动者和技术技能人才为办学目的的职业教育,是职业教育发展的高级阶段。在国外,一般没有高等职业教育这个概念。国内的高等职业教育类似于西方的高等专业技术教育,即技术员、工程师层次的职业人才教育与培训。1976年的《国际教育标准分类》(International Standard Classification of Education,ISCED)把高等职业技术教育定为不授学位的大学专科层次。1992年以来,联合国教科文组织根据世界各国教育发展的新情况,对《国际教育标准分类》进行了重新修订,经联合国教科文组织第29届大会批准,于1997年颁发。在新版分类标准中,整个教育级别被分为7个层次,其中第五层次为高等教育第一阶段,该层次又被分为A、B两类,A类以培养科学型和工程型人才为主,B类以培养技术型人才为主。我国高等职业教育就属于第五层次。《国际教育标准分类》的重新修订也反映了世界教育发展的共同趋势,高等职业教育的产生与发展是世界高等教育改革的共同走向,因此我国高等职业教育的学术研究也进入一个全新的发展阶段,这将会促进我国高等职业教育实践的创新和发展。

(二)顶岗实习

顶岗实习不是职业技术院校的首创,而是源于师范院校培养师范生的一种人才培养模式,但是现在却是职业技术院校研究人才培养模式的一个核心问题。

2012年11月,教育部发布《职业学校学生顶岗实习管理规定(试行)》(征求意见稿),文件规定,顶岗实习是指职业学校按照专业培养目标要求和教学计划安排,组织在校学生到企(事)业等用人单位的实际工作岗位进行的实习,这是官方第一次定义顶岗实习的概念。

在学术界,顶岗实习也尚未形成一个统一的概念,研究者主要是从过程、作用、影响或者重要性这几层意义上来描述顶岗实习的。石骏(2013)认为,顶岗实习是指职业技术院校按照职业教育的培养目标和教学计划的安排,组织与安排学生到企业等用人单位的生产服务一线,以体验真实的企业场景,参与实际岗位的生产服务为主要内容的实习。石骏的定义明确了顶岗实习的基本内涵,完整地描述了顶岗实习的工作任务,因此本研究将采用该定义作为研究的基础概念。

总之,顶岗实习不同于传统意义上的实习,参加顶岗实习的学生是在一个真实的工作环境下,以"职业人"的身份从事生产服务工作,承担工作岗位规定的责任和义务,积累相关工作经验,同时获得一定的劳动报酬,因此它是将理论知识的学习、职业能力的训练和实际工作的经历结合在一起的一种职业教育方法,在人才培养体系中起着不可替代的作用。

(三)质量管理

质量管理是指在质量方面指挥和控制组织的协调的活动,通常包括制定质量方针和质量目标以及质量策划、质量控制、质量保证和质量改进。本研究所称的"质量管理"是指高等教育的质量管理,是将质量管理的一般理论演绎到高等教育领域中进行研究,这个思维路径是20世纪80年代至今世界高等教育改革最受关注的问题之一,并且现在已经从单纯的教育评价研究转向包括评价在内的全面质量管理研究。

詹向阳(2011)认为,高等教育的质量管理就是为了保持或者提高教育质量,把高等教育系统作为质量载体进行全方位的管理而进行的一系列互动,主要包括质量管理理念、目标、手段、过程和结果五个方面。本研究针对的是高等教育质量管理中一个微观研究对象,即顶岗实习的质量管理,它是指以顶岗实习作为一个微观的质量管理载体而进行全方位管理所产生的一系列活动。顶岗实习的质量管理研究是建立在高等教育已经进入质量时代这一大背景之下的,它最终关注的是人才培养的质量。

(四)时间与空间维度

本研究所采用的"时空二维"是一种研究的范式,有别于电子信息技术领域所用的时空二维算法,它所反映的是一个动态的时间横轴与一个静态的空间纵轴组成的平面,并且着重研究这个平面的质量流动,主要体现的是思维路径与角度。

本研究所称的时间维度是指顶岗实习的整个动态过程,包括从顶岗实习前的计划与准备到顶岗实习中的执行与检查,再到顶岗实习后的处理与改进,再回到顶岗实习前的计划与准备的一种循环运动的过程。本研究所称的空间维度是指顶岗实习的相关利益者构成的静态结构,包括政府、学校、行业组织、企业以及学生和家长这几个顶岗实习质量管理的主体,形成对顶岗实习的多中心质量管理。时间维度与空间维度并不是相互排斥的,而是有着内在的交集联系,因此合成"时空二维"。同时时空二维范式的质量管理会产生一定的物理场效应,只有保证时间与空间维度流畅的质量流动,才能实现顶岗实习质量产出效能的最大化。

二、主要理论

本研究涉及的主要理论包括:PDCA 循环理论、质量链管理理论、利益相关者理论与多中心理论。

(一)PDCA 循环理论

PDCA 循环又称戴明环,最早由美国质量统计控制之父沃特·阿曼德·休哈特(Walter A. Shewhart)博士提出,经美国质量管理专家戴明(Edwards Deming)博士采纳、倡导与宣传获得普及,现在已经在全世界得以推广。PDCA 是由英文单词 Plan(计划)、Do(执行)、Check(检查)和 Action(处理)的第一个字母构成的组合,同时也是 PDCA 基本循环的四个阶段。其中 Plan(计划)是指确定方针与目标,制定相关的活动规划;Do(执行)是指计划的具体实施过程,实现活动规划的内容;Check(检查)是指在计划执行过程之中或执行之后,检查执行的情况,总结计划执行的结果,找出问题;Action(处理)是指根据检查的结果,采取相应的措施,将成功的经验纳入标准,遗留的问题转入下一个 PDCA 循环中进行解决。

PDCA 循环是指按照计划、执行、检查和处理这四个环节进行质量管理,并且各环节也按照 PDCA 循环顺序展开工作(如图 2-1 所示),其中大环是小环的母体和依

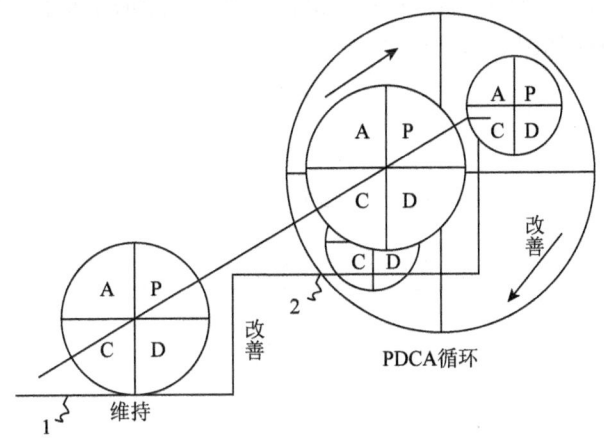

图 2-1　PDCA 循环图
1-原有水平;2-新的水平

据,小环是大环的分解和保证,从而形成一个大环套小环,环环相扣、互相制约、互为补充的有机整体,而且每个 PDCA 循环并不是在同一水平上循环,而是每循环一次,质量管理工作就前进一步,水平也就提升一步,呈现的是一种前进与上升的运转趋势,从而促进质量的持续改进与提升。

PDCA 循环理论是全面质量管理(TQM)应当遵循的科学程序,也是全面质量管理的一种基本工作方法。全面质量管理的过程就是质量计划的制订和组织实现的过程,这个过程就是按照 PDCA 循环周而复始、循环不止的运动过程。同时,PDCA 循环理论也是过程管理的一种基本操作模式,体现的也正是过程管理的理念。过程方法是质量管理的八大原则之一,过程方法的内容包括识别过程、管理(控制)过程与改进过程三个方面,PDCA 循环是实现过程方法的最佳模式。

(二)质量链管理理论

"质量链"管理理论(Quality Chain Management, QCM)的概念首先由加拿大学者 Troczynski 首先提出的,他综合了 QFD、SPC、SPI、供应链及工序性能、产品特性值、工序能力等重要的质量概念,并且系统地、全面地表示了它们之间的有机联系;而后美国质量管理专家朱兰(J. M. Juran)在此基础上提出了"质量环"(Quality Loop)的概念,他采用一条螺旋式上升的曲线来表达产品质量的产生、形成和实现的过程,他认为产品质量是在市场调查、开发、设计、计划、采购、生产、控制、检验、销售、服务、反馈等全过程中形成的,同时又在这个全过程的不断循环中螺旋式提高。虽然"质量链"与"质量环"在表现形式上有所不同,但是在本质上都是强调质量控制过程中的系统性和协作性。

质量链理论自 1999 年首次在国内提出后不断丰富扩展,国内质量管理专家唐晓芬等人经过对质量链的反复研究和论证,进一步提出了质量流、质量链、链节点、链节图、耦合效应等基本概念,丰富了质量链管理理论基础。目前,学术界比较公认的质量链管理理论是指以多个组织、多种要素共同参与质量的形成与实现过程为内容,以质量流、信息流、价值流为对象,通过控制关键链节点,实现协调耦合、增值高效的质量管理理论和方法体系(如图 2-2 所示)。

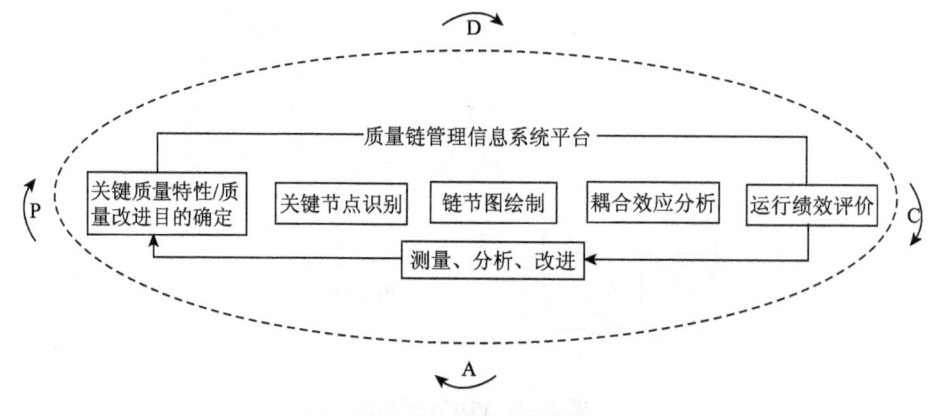

图 2-2 质量链管理理论架构图

从质量链管理理论架构图中可以看到,质量信息是质量链管理的主要内容,包括确定关键质量特性和质量改进目标、识别关键链节点、绘制链节图、分析耦合效应和评价质量运行绩效等几方面内容。通过对质量信息的测量、分析和改进,可以发现质量链中出现问题以及可能出现问题的环节,然后通过计划、执行、检查和处理的PDCA循环方法对这些环节进行针对性的改善以提高产品质量,最终形成稳定的质量管理信息系统平台。由此可见,由质量信息构成的动态循环链式管理思路是对PDCA循环理论的拓展和延伸,并且为质量竞争力的培育和提升提供了新的模式、工具和手段。

(三)利益相关者理论

利益相关者理论起源于企业管理的研究,它挑战传统的股东利益至上论,认为企业的目标应该是为所有的利益相关者服务。"利益相关者"的概念是在1963年由斯坦福大学的一个研究小组提出的,最初的含义就是"没有利益相关者的支持,组织无法生存的团体"。这个定义在今天看来,是不全面的,因为它所定义的利益相关者的范围过于狭窄,仅限于影响企业生存的一小部分个体或群体,而且只关注到利益相关者对企业单方面的影响。在此后的30年间,学术界从不同的角度对利益相关者进行定义。其中,以佛里曼(Freeman)的观点最具代表性,他在《战略管理:一种利益相关者的方法》一书中明确提出利益相关者的理论,他认为"利益相关者是能够影响一个组织目标的实现,或者受到一个组织实现其目标过程影响的所有个体和群体","与传统的股东至上主义相比较,任何一个公司的发展都离不开各利益相关者的投入或参与,企业追求的是利益相关者的整体利益,而不仅仅是某些主体的利益"。因此,利益相关者理论的逻辑起点和终点就是,公司必须充分考虑利益相关者的权益,公司是利益相关者实现自身权益的载体(如图2-3所示)。

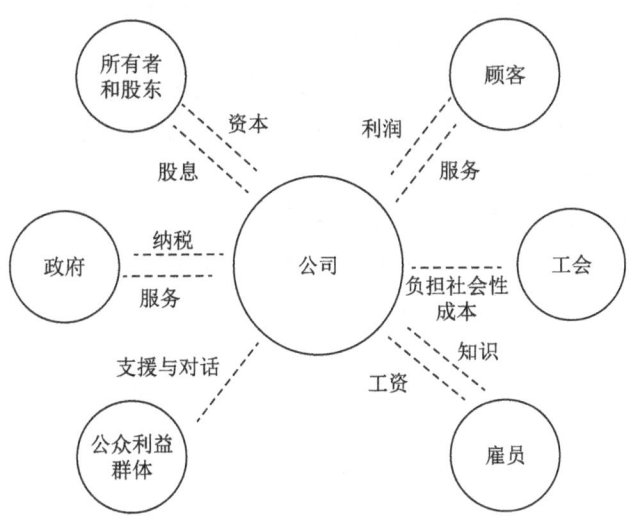

图2-3 企业的利益相关者图

在利益相关者界定完成后,组织就需要确定利益相关者在目标实现过程中的位置。确定利益相关者的位置有两种方法,分别是权力—动态性矩阵(如图2-4所示)和权力—利益矩阵(如图2-5所示),前者可以评估和分析出组织在新战略的发展过程中应当引入的"政治力量",后者指明了组织需要建立的与各利益相关者之间的关系的种类。

1. 权力—动态性矩阵

图2-4列出的是一个权力—动态性矩阵,在这个矩阵上可以标记出各利益相关者的位置。

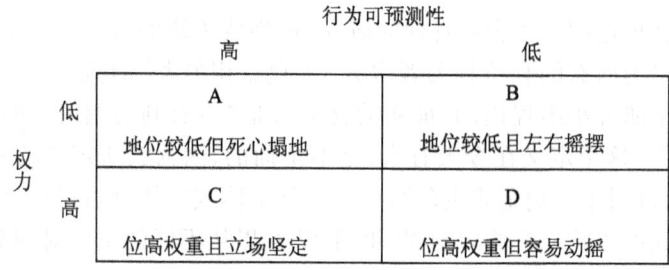

图2-4 权力—动态性矩阵图

利用这种方法可以评估和分析在新战略的发展过程中在哪儿应该引入"政治力量"。

(1)虽然A区和B区内的利益相关者地位比较低,但并不意味着他们不重要。实际上,这些利益相关者的态度会对权力更大的利益相关者的态度产生一定的影响。

(2)C区的利益相关者权力较大,并且他们的行为容易预测,并且会通过管理人员参与过程来影响决策,属于积极型的组织。

(3)最难应付的组织是位于D区的利益相关者,因为他们可以支持或阻碍新战略,但是他们的观点却很难预测,因此需要提前测试这些利益相关者的态度。

2. 权力—利益矩阵

图2-5列出的是一个权力—利益矩阵,这个矩阵所反映的是每个利益相关者因其持有的权力不同,对组织和实施战略的兴趣显示出不同的程度。

	利益水平	
	低	高
权力 低	A 最少的努力	B 保持信息交流
权力 高	C 保持满意	D 主要参与者

图2-5 权力—利益矩阵图

(1)A区和B区的利益相关者权力都比较低,A区利益相关者不需要作出过多的努力,但是企业的战略与B区的利益密切相关,因此可以通过保持信息的交流来满足他们对利益关注的心理需求。

(2)C区利益相关者是最难处理的一类组织,虽然他们整体的利益水平比较低,但是可能会对某些特定的事件产生兴趣,从而利用权力施加一定的影响。因此,如果低估C区组织者的利益,可能会促使其转移到D区,那么会影响到整个战略的实施。

(3)D区利益相关者是主要的参与者,权力与利益水平都比较高,对战略表现出浓厚的兴趣,因此需要重点关注。

在高等教育领域内,最先引入利益相关者理论,将大学作为一个利益相关者组织进行研究的学者是哈佛大学学者罗索夫斯基(Rosovsky)。他在《美国校园文化——学生·教授·管理》一书中列举出大学的四类利益相关群体,并且就其与大学之间的重要性程度划分为最重要群体、重要群体、部分拥有者和次要群体四个层次。罗索夫斯基关于大学利益相关者的阐述为利益相关者理论在高等教育研究中的引入提供了一个可行的理论路线与框架,而高等职业技术教育是高等教育重要的组成部分,因此利益相关者理论将是本研究的重要理论来源。值得一提的是,我国一些政府文件也开始引入并使用"利益相关者"这一概念。2012年11月22日教育部印发的《全面推进依法治校实施纲要》中,教育部提出"为提高制度建设质量,要求学校制定章程或者关系师生权益的重要规章制度,要遵循民主、公开的程序,广泛征求校内外利益相关方的意见",这是利益相关者理论首次出现在官方的教育规范性文件之中。

(四)多中心治理理论

"多中心"这一词语最早出现在麦克尔·波兰尼(M. Polanyi)《自由逻辑》一书中。波兰尼区分了组织任务中存在的两种秩序,一种是指挥的秩序,另一种是多中心的秩序。前者是一元化的单中心秩序,凭借的是终极权威;后者是指在系统中存在许多相互独立的主体,每个主体都自由追求自己的利益,但同时又能够相互调适,受到特定规则的制约,并且在社会规则体系中找到各自的定位以实现各个主体之间的关系整合。20世纪70年代以来,随着西方经济的衰退,传统的政府管理模式遭到质疑,正是在这样的大环境之下,美国政治学学者埃莉诺·奥斯特罗姆(Elinor Ostrom)和奥利弗·威廉姆森(Oliver Eillamson)借用了波兰尼"多中心"一词以及对多中心秩序的理解,提出了多中心治理理论。多中心治理理论认为在私有化和国有化两种模式之间还存在着其他可行的方式,即可以通过多元主体之间的沟通、协调、对话和利益诱导来确立公共价值,通过相互信任达到双赢,通过相互合作而减少非理性行为(王飏,2010)。

多中心治理理论的核心是多元、平等、合作与共同协调,在实质上是发挥政府、企业、社会以及公民个人等多个主体在公共事务管理中的决策作用,形成既有竞争性又有包容性的治理系统,从而解决依靠单一治理主体无法解决的公共事务管理问题。多中心治理理论不仅是一种适应当今全球经济发展的公共事务管理模式,也是一种管理的思维方式和价值理念。

高等教育事业属于一种社会公共事业,因此多中心治理的研究范式也同样适用于高等教育事业,通过协调政府、企业、社会、个人以及其他非政府组织之间的互动、协作与竞争关系,提升公共教育事业有效供给的合力,最终形成了交互式的网络治理构架(如图2-6所示)。在公共教育事业的交互式网络治理结构中,没有单一的中心,而是由治理的多元主体共同构成网络的结点,每个结点之间都是双向互通的,而且主体之间的交流与互动可以突破层级的限制与障碍,促进整个系统正常、高效地运转。

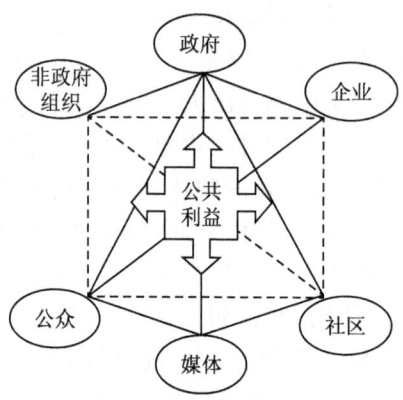

图2-6　多中心治理的交互式网络架构图

上述四个理论在本研究中的相互关系体现了基于时空二维角度下的理论组合应用,其中PDCA循环理论与质量链管理理论组合是在时间维度中的应用,反映的是顶岗实习的时间横轴;而利益相关者理论与多中心治理理论组合是在空间维度中的应用,反映的是顶岗实习的空间纵轴;横轴与纵轴的合力便直接形成了时空二维控制的场域,为顶岗实习的质量管理提供了必要的保障。

第二节　研究设计

研究设计是指针对已经选定的研究对象去思考并选择解决问题的路径、方法和流程,属于方法论的范畴。当完成概念的界定和主要理论的应用分析后,就必须选择一种合适的方法论和资料收集分析的工具,本研究采用了定性和定量两者相结合的混合研究方法,前者主要是时空二维质量管理流程图的设计与分析,后者主要是调查问卷的设计与MATLAB回归分析。

一、时空二维质量管理流程图的设计与分析

在本研究中,定性的研究方法是主要的研究方法,同时定性的研究方法实现的研究成果大多数是通过流程图来实现的,这是本研究的一个标志性创新。定性的研究方法植根于解释社会学范式,在本质上是归纳性的,是对研究现象进行的文本描述。本研究从实际情境开始,即所谓的经验的社会世界,有关顶岗实习现象的资料就是从这个世界中获得的,然后再对这些顶岗实习资料进行分析,构筑理论框架或者调整原有的理论框架。为了使本研究在时空二维层面上质量管理的研究成果更加具有可操作性,笔者在分析工具上采用了流程图描述法。

流程图描述法是指采用特定的符号,辅之以简要的文字或数字,并以业务流程线加以连接将某项工作的处理程序和内部控制制度反映出来。流程图是对流程步骤和流向的可视化描述,它能够增加具体感,使得对工作流程的理解和交流更加容易,因此许多类型的标准和认证都采用大量的流程图绘制,包括以流程为基础的 ISO 9000。自然顶岗实习的质量管理也不例外,同样非常适合绘制流程图,通过流程图反映质量管理从输入转换为输出的一系列的相关逻辑过程。在实际操作中,流程图的绘制一般是通过组织中高层领导以讨论方式进行,这样可以集思广益,有助于流程图的不断优化。在讨论时,可以在预先准备的白板上,以报事贴代表任务,绘制流程草图,而报事贴可以随时粘贴与取走,这样也便于修改。确定之后由一位工作人员执笔,将最终确定的流程图描绘下来。对于顶岗实习的主要管理者学校而言,在所有流程图绘制完以后,应该装订成册,发给每个二级学院或者系部以及企业遵照或者协助执行。顶岗实习流程图实际上就是学校的内部法规,通过流程图可以建立正常的工作规则和工作秩序,但是,设计了流程图之后,并不等于说顶岗实习的运行效率和运行质量就必然会有大幅度的提高,更重要的工作在于管理与实施。

本研究主要使用三种类型流程图:一是基本流程图,主要用于对单个流程中活动的简单描述;二是跨功能流程图,主要用于分析流程中的责任归属问题;三是利益相关方图,主要是用于理解组织在环境中所处的位置及与其他机构的联系。

在构造基本流程图时,本研究会严格控制符号的过量使用,进行直观的描述,其中主要符号有四种,长方形表示一项活动,菱形表示一项决策,箭头表示输入和输出,带圆角的长方形(或椭圆形)表示流程的开始和结束(如图 2-7 所示)。实际上,管理流程设计的标准符号远不止图 2-7 所示的这几种,但是流程图的绘制越简洁越清晰,操作起来就越实用越方便,各个组织也越容易接受和落实;流程图的符号越多越复杂就越不容易接受和落实,因此图 2-7 显示的四种基本流程符号基本可以满足绘制各种流程图的需要了。

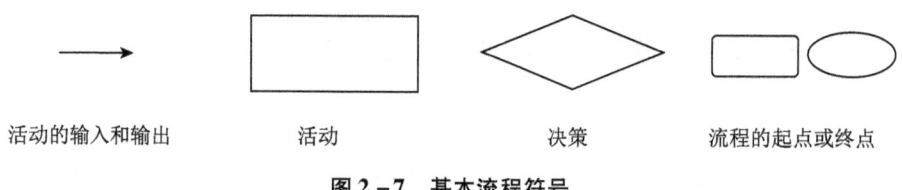

图 2-7 基本流程符号

根据以上定义的基本流程符号,可以用基本流程图描绘出顶岗实习的简易工作流程(如图2-8所示)。

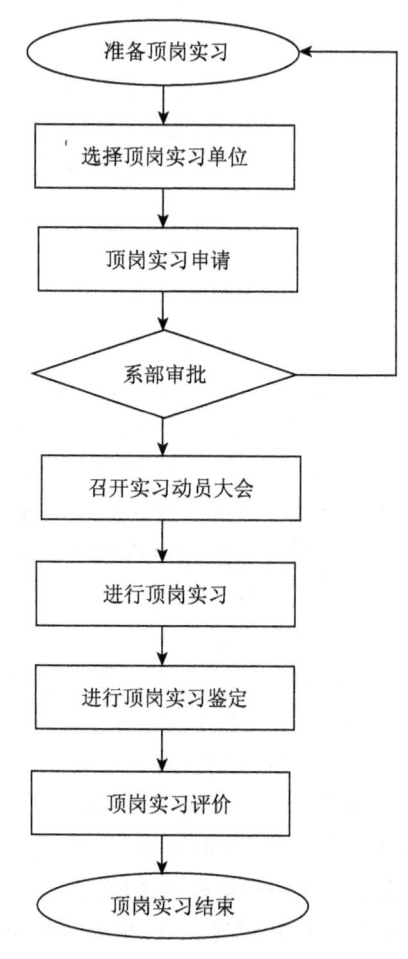

图 2-8 顶岗实习简易工作流程图

在构建跨功能流程图时,跨功能流程图好似游泳池中的泳道,每一条泳道代表一个部门的活动,它能为工作流程提供更加清晰的整体画面,所以这种流程图最为关键的是判定流程中的每个活动由哪个部门具体执行。同时,我们发现当流程从一个部门转移到另一个部门时,就得在下一个部门门前等候结果,这就会造成流程的拖延。流程的拖延取决于它在一个部门前的排队时间,同时也会造成关键信息的丢失或减少,这些都会影响顶岗实习质量管理的效果,因此在描绘跨功能流程图时,要着重考虑流程决策点的绘制,应当按照最符合逻辑的顺序,将流程图分为纵向、横向两个方向,纵向表示工作的先后顺序,横向表示承担该项工作的部门或职务,这样既解决了先做什么、后做什么的问题,又解决了甲项工作由谁负责,乙项工作由谁负责的问题(如图2-9所示)。

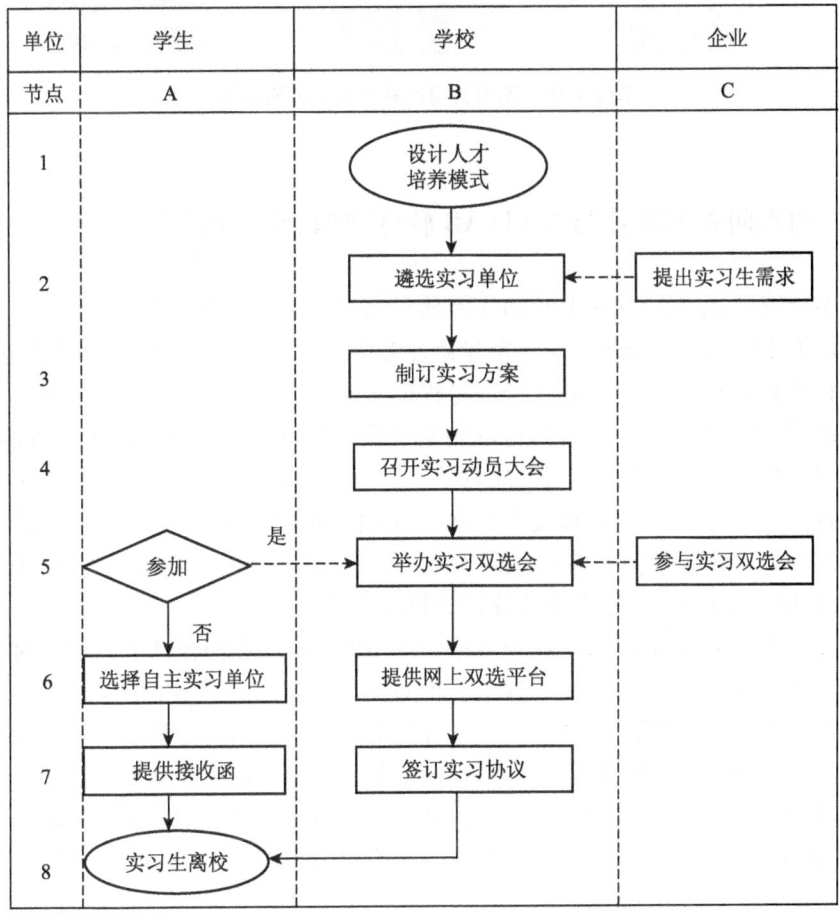

图2-9 顶岗实习下企业前跨功能流程图

在构建利益相关方图时,最为关键的是识别组织的内外部利益相关方,分析利益相关方的需求和希望,并且评估利益相关方对在组织的地位立场。利益相关图就是利益相关方分析进行的图表呈现,它能使组织对其自身和周围环境拥有更加清晰的认识。为了在空间维度上放大利益相关方流程图的作用,本研究将从政府部门、高等职业院校、企事业单位、行业协会以及学生、家长等利益相关者角度用流程图进行描述和研究(如图2-10所示)。在研究过程中,还需要结合利益相关方理论的权力—动态性矩阵图和权力—利益矩阵图来具体分析利益相关方的分类问题以及如何更好地引入利益相关方力量,形成利益相关方的合力,共同致力于顶岗实习质量管理的战略实施过程。

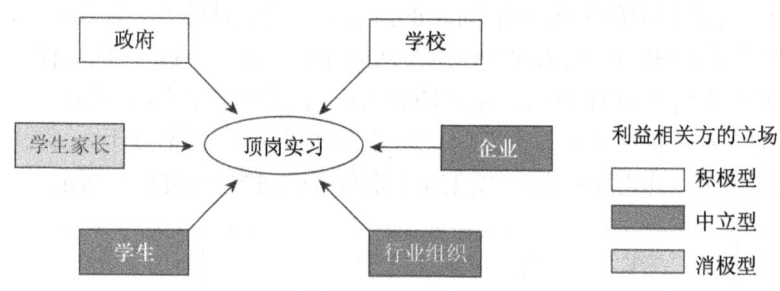

图 2-10 顶岗实习的利益相关方流程图

二、调查问卷的设计与 MATLAB 软件回归分析的展开

在本研究中,定量方法论是顶岗实习质量管理研究路径的一种创新,属于顶岗实习定性研究方法的辅助研究方法。定量研究方法植根于实证主义的社会科学范式,反映的是自然科学的研究方法,且在研究过程中主要采用演绎的方法。就顶岗实习的质量管理而言,定量方法论的研究路径首先始于某一特定的质量管理理论或者假设,再运用资料收集工具收集顶岗实习的所有信息以验证假设,最后运用统计分析工具对收集的资料进行分析,以确定假设是否成立,主要体现的是验证性研究,在验证性研究之中还有部分描述性研究。本研究主要以问卷调查法作为收集资料的工具,以 MATLAB (matrix & laboratory) 软件作为统计分析资料的工具。

问卷调查法又称问卷法,是调查者运用统一设计的问卷向被选取的调查对象了解情况或征求意见的调查方法,是一种常见的数据收集方法。在顶岗实习期间,许多学生会存在心理问题和心理危机,这在一定程度上会影响顶岗实习的效果和质量。下面将这一命题作为假设命题,以心理危机为自变量,以顶岗实习质量为因变量构建因果研究模型,通过问卷调查研究法描述和验证顶岗实习质量在心理危机上的显著影响因素,其中顶岗实习的质量被量化为学生实习综合鉴定结果,并且以此来描述本研究在问卷调查法方面的研究路径。

(一)调查问卷的设计

在决定使用问卷调查研究法后,下一个问题就是如何设计调查问卷,调查问卷设计的好坏直接决定着调查研究的成败。在设计调查问卷时,应当着重解决两个问题:一是问卷中包括什么问题,二是如何设计这些问题的措辞。

1. 问卷中的问题选择

调查问卷的问题类型多种多样,以《高职院校顶岗实习期间心理危机调查问卷》为例,该问卷采用的是以主观的封闭式问题为主,并且通过顶岗实习学生自行填表的方式进行的。在本问卷中,主要涉及两类问题:理论模型中的变量和人口统计学特征。

(1)"心理危机—实习鉴定结果"理论模型中的所有变量。在行为研究中,这些变量往往是心理上的主观变量。由于心理变量无法通过仪器设备直接测量,所以只能通过调查对象对一系列问题的反应来间接测量。在本问卷中,心理危机含义比较复杂,属于一个理论构想,因此需要通过深入研究,寻找一组问题来进行整体上的测量。其中,这些测量的问题就是测度项,它们的记分标准叫作刻度。心理计量学上一般有两种常见的刻度,即李克特量表与语义对比刻度。从理论上讲,刻度的细度越细测量越准确,测量结果的价值就越高,但是其对测量样本容量以及测量值的真实性会有更高的要求。鉴于本研究样本数量每年都是 450～550 人,因此在刻度语义标记上只采用同意和不同意两个刻度。

(2)人口统计学特征。即性别、年龄、民族、户口性质、(非)独生子女、受教育程度、省份等一些统计变量。这些变量大多比较客观,因此往往不占据主要位置。本研究通过 MATLAB 统计分析的结果也支持了这一结论。在本研究中,研究报告通常设计性别、户口性质和(非)独生子女这三个测度项来测定,主要用于检测样本是不是与群体有相似的组成,如样本学院旅游管理类专业的学生中女生、农村户口以及独生子女偏多。

2. 问题中的措辞设计

调查问卷问题中的措辞设计基本目的是为了测量调查对象在一个理论变量上的真实值,因此首先需要明确这些测度项的效度和信度,以保证最后测量的质量。对于《高职院校顶岗实习期间心理危机调查问卷》而言,效度标准是指测度项能够反映心理危机的真实情况,而信度标准是指顶岗实习学生能够对测度项进行可靠的回答,同时多个顶岗实习学生对心理危机的理解能够一致。在整个调查问卷的设计中,所有测度项都要围绕这个双重标准,既要问对问题,还要问好问题,否则会因顶岗实习学生的理解出现偏差影响测量的质量。

在设计测度项上,主要有两种设计方式,即派生测量与新设测量。派生测量主要是依靠参考文献已有测量度的支持。本问卷结合了理论基础与顶岗实习的质量管理实践,重点研究与参考一些权威的参考文献,并且根据已经确立的研究模型对已经经过其他研究者检验的测度项进行选择与修改,形成新的测度项。新设测度项主要是通过座谈与访谈实现的。一方面邀请顶岗实习学生组成焦点小组讨论心理危机对顶岗实习质量的影响;另一方面召集学院教务处、学工处、招生就业处、二级学院的负责人与指导教师进行座谈,同时到相关的实习单位进行走访,必要时可以召开校企座谈会,头脑风暴,集思广益,并且将所有的相关信息进行记录与整理,再根据这些信息与"心理危机—实习鉴定结果"的理论模型进行配比与修正,形成原创的测度项。

在形成初步的测度项之后,就要重点检查测度项的效度。本问卷主要采用的是字面效度检查法与预测试法。字面效度检查要求本问卷再次明确心理危机的内涵与外延以及顶岗实习质量的相关度,并且用这些明确的研究结论来检验与判断初步完成的测度项的好坏,必要时再请专家进行评审。此外,本问卷需再次邀请顶岗实习学生进行焦点小组讨论,讨论已经初步设计好的测度项,着重考察他们对这些测度项的理解,同时向他们告知问卷调查设计的理论模型,并且评论这些测度项是否可以反映心理危机的概念空间,最后再对测度项的个数与措辞进行调查,这是预测试的一种常用方法。

经过上述两步骤,通过对调查问卷的再次修订,最终形成《高职院校顶岗实习期间心理危机调查问卷》的正式测量问卷,用于顶岗实习学生集中返校后的心理危机调查研究。

南京旅游职业学院旅游管理学院旅游管理大类 2013 届毕业生顶岗实习期心理危机调查问卷

亲爱的同学:

您好!首先感谢您参与本次调查。无论是否愿意面对,但同学们在顶岗实习期间总会出现各种各样的心理危机。为了解这一时段同学们的心理健康状况,关注心理危机,协助大家顺利地进行顶岗实习,我们开展了此次调查。调查拟采用不记名的方式,所以请您根据实际情况和真实感受,按照要求填写。本调查只用于汇总统计分析,不会公布任何您个人的信息,敬请放心填写。

谢谢您的支持与合作!

第一部分　基本信息

请您先填写好自己的基本信息,在相应的选项中打"√"。

您的性别:1. 男　2. 女

您的年级:1. 一　2. 二　3. 三

您的专业属于:1. 旅游管理　2. 导游　3. 旅行社经营与管理　4. 景区开发与管理　5. 市场营销　6. 高尔夫经营与管理　7. 园林技术

您来源于:1. 城市　2. 农村

您是:1. 独生子女　2. 非独生子女

第二部分　心理危机状况

下列选项是高职院校学生在顶岗实习期间心理危机状况的一些内容,请根据实际情况,选择"有"或"无",并在相应的选项中打"√"。

表 2-1　2013 届毕业生顶岗实习期心理危机调查表

编号	具体内容	有	无
1	在顶岗实习期我能做好自己的本职工作	1	0
2	顶岗实习期我能实现学生到工作者角色的转变	1	0
3	顶岗实习期我担心自己找不到好工作	1	0
4	顶岗实习期工作的情绪状态对干好工作很重要	1	0
5	顶岗实习的工作不适应会导致心理障碍	1	0

续表

编号	具体内容	有	无
6	工作中的事情总会与专业理论学习相冲突	1	0
7	我对顶岗实习工作感到力不从心	1	0
8	顶岗实习期的工作经验对我非常重要	1	0
9	我不能全身心地投入顶岗实习期的工作	1	0
10	顶岗实习期我的工作与专升本考试冲突	1	0
11	顶岗实习期我很难适应操作性学习	1	0
12	我无法完成顶岗工作,因为总是别人从中获利	1	0
13	顶岗实习期感觉对今后将从事这项工作感到十分失望	1	0
14	我无法适应顶岗实习期的学习实践	1	0
15	顶岗实习期间我产生了严重的学习焦虑	1	0
16	顶岗实习期间我的学习不够专心	1	0
17	顶岗实习期如果别人生我的气,我将非常沮丧	1	0
18	那些我认为可以信赖的人经常让我失望	1	0
19	顶岗实习期找不到知心朋友	1	0
20	顶岗实习期与同事关系不和	1	0
21	顶岗实习期我喜欢与人会面	1	0
22	顶岗实习期与单位指导老师关系紧张	1	0
23	顶岗实习期碰见困难时能够不断安慰自己,相信能够渡过难关	1	0
24	顶岗实习期间我不想与人交往	1	0
25	顶岗实习期能使我结交许多新朋友	1	0
26	顶岗实习期人际交往的圈子太狭窄了	1	0
27	顶岗实习期间我精神压抑	1	0
28	顶岗实习期我有面临分手的伤感	1	0
29	顶岗实习期间我情绪不稳定	1	0
30	顶岗实习期我非常轻松愉快	1	0
31	顶岗实习期我坐立不安	1	0
32	顶岗实习期我显得烦躁不安,容易发火	1	0

续表

编号	具体内容	有	无
33	不少情况下我都莫名其妙地感到恐惧	1	0
34	顶岗实习时我觉得心神不定或忐忑不安	1	0
35	顶岗实习时我感到很忧愁	1	0
36	顶岗实习时因为环境的改变使我感到恐惧	1	0
37	我能理智地应对顶岗实习工作环境中的困难	1	0
38	我喜欢学校环境胜过顶岗实习工作单位环境	1	0
39	我感到顶岗实习期的生活环境变得艰苦	1	0
40	我感到顶岗实习工作环境不舒服、不自在	1	0
41	我想努力改变顶岗实习工作环境状况	1	0
42	对于环境适应我常常采取回避的态度	1	0
43	我常常抱怨自己所在的顶岗实习工作环境	1	0

问卷结束,再次谢谢您的合作!

(二)MATLAB 软件回归分析的展开

在统计分析数据时,最常使用的是两种类型的统计工具,即综合的数学建模软件和专业的统计工具,前者的代表是 MATLAB(matrix & laboratory),后者的代表是 SPSS(Statistical Product and Service Solutions)。

MATLAB 软件是一种集数值运算、符号运算、数据可视化、图形界面设计、程序设计、仿真等多种功能于一体的集成软件,并且已经成为线性代数、数值分析计算、数学建模、信号与系统分析、自动控制、数字信号处理、通信系统仿真等一批课程的基本教学工具,它的优势在于能够编程,而且样本数量不受限制,计算与绘图功能都非常强大,因此,MATLAB 不仅具有 SPSS 的统计分析功能,而且还具有多元的数据处理功能。

SPSS 是一个组合式软件包,它集数据录入、整理、分析功能于一身,其基本功能包括数据管理、统计分析、图表分析、输出管理等,它的优势在于图形界面操作,无须编程,操作比较简单。在社会科学的统计分析过程中,SPSS 是最常见的一种统计工具。

本研究尝试用 MATLAB 软件来作为数据统计与处理的工具,为社会科学特别是教育学引入创新的研究思路与研究工具,为大数据和数据库的操作做好准备。

MATLAB 软件对数据的挖掘主要有以下四种方法:分类法、聚类法、相关规则法与回归分析法,本研究采用的是回归分析法。回归分析法是指从一组样本数据出发,确定变量之间的数学关系式,并且对这些关系式的可信程度进行各种统计检验,并从影响某一特定变量的诸多变量中找出显著或者不显著的变量,然后利用所求的关系式根据一个或几个变量的取值来预测或控制另一个特定变量的取值,并给出这种预测或控制的精度。因此,回归分析法在数据挖掘中预测和控制功能非常强大,即通过对已知数据进行回归分析找出经验公式,再利用经验公式在已知变量的情况下,预测因变量的取值,在实际问题中往往是根据预测结果来进行控制调整。根据经验公式的函数类型,回归分析法可以分为线性回归分析和非线性回归分析:若回归分析的经验公式是线性函数,则称为线性回归分析;若回归分析的经验公式是非线性函数,则称为非线性回归分析。根据自变量的个数,回归分析可以分为一元回归分析和多元回归分析:一元回归分析是只有一个自变量的回归分析;有两个或两个以上自变量的回归分析称为多元回归分析。根据自变量和因变量的类型,回归分析分为一般回归分析和 Logistic 回归分析:自变量和因变量都是定量变量的回归分析称为一般回归分析;因变量是定性变量的回归分析称为 Logistic 回归分析。

下面以《高职院校顶岗实习心理危机调查问卷》在南京旅游职业学院旅游管理学院 2011 级顶岗实习学生中的问卷调查数据为例进行 MATLAB 多元回归分析,阐述本研究的定量思维路径。

首先,本分析需要确定变量,并且对变量进行操作化定义。本分析采用的因变量指标为顶岗实习的鉴定结果,自变量指标共两大类:一类是主观变量,共 43 项,如表 2-1 所示;一类是人口统计学特征变量,采用性别、生源地、独生子女状况。本分析在对变量进行操作化定义时,因变量"顶岗实习的鉴定结果"分为 90 分以上(包含 90 分)、80~89 分(包含 80 分)、60~79 分(包含 60 分)、60 分以下(不包含 60 分),相应地分别赋值为 A、B、C 和 D。在自变量中,主观变量"有"与"无"分别赋值为 1 和 0;人口统计学特征变量性别"男"和"女"分别赋值 1 和 0、"城镇"与"农村"分别赋值 1 和 0;"独生子女"和"非独生子女"分别赋值 1 和 0。在赋值完毕结束后,将赋值最后的结果录入到 EXCEL 表格(如图 2-11 所示)。

	A	B	C	D	E	F	G	H	I	J
1	鉴定结果	性别	户口	独生子女	1	2	3	4	5	6
2	B	0	1	1	1	1	0	1	0	0
3	B	1	0	0	1	0	0	1	1	0
4	C	0	1	1	1	1	1	0	1	0
5	B	0	0	0	0	1	0	0	0	1
6	A	1	0	0	1	1	1	1	1	0
7	C	0	1	1	1	1	1	1	0	0
8	B	0	1	0	1	1	1	1	0	0
9	C	1	0	1	1	0	1	0	0	0
10	D	0	1	0	1	1	0	1	0	0
11	C	0	0	0	1	1	0	1	1	1
12	A	1	0	0	1	1	1	1	0	0
13	C	0	1	1	1	1	1	0	1	0
14	D	0	1	1	1	1	0	0	1	0
15	C	0	1	0	1	1	1	1	0	0
16	B	0	0	0	0	1	0	0	0	1
17	C	0	1	0	1	1	1	1	1	0
18	C	1	0	0	1	1	0	1	0	0
19	B	0	1	1	1	1	0	1	0	0
20	C	0	1	0	1	1	1	0	0	0
21	B	0	0	1	0	1	0	1	0	1
22	C	0	1	1	1	0	1	1	1	0
23	C	0	1	1	1	0	1	0	0	0
24	B	1	0	0	1	0	0	1	0	0
25	C	0	1	1	1	1	0	0	1	0
26	B	0	0	0	1	1	0	1	0	1

图 2-11 变量赋值的 EXCEL 表部分录入截图

其次,建立本分析的多元回归模型。该模型为非线性函数,同时采用的是 Logistic 回归分析,多元回归模型为:$y = b_0 + b_1x_1 + b_2x_2 + b_3x_3 + \cdots + b_kx_k$,其中各项待定系数(除 b_0)称为偏回归系数,用最小二乘法来确定。在本分析中,偏回归系数的假设检验不仅要对整个回归方程进行假设检验,还要对每个自变量进行偏回归显著性检验。如果不能得到显著性结论,则去除此自变量后重新进行多元回归分析,直到最后所有的具有显著意义的自变量都进入回归方程。用 MATLAB 进行多元回归的原理就是根据样本数据确定各个自变量对因变量的影响程度,也就是确定回归模型中的各个自变量前的系数,最终可以确定进行预测或者控制的回归模型,这是 MATLAB 多元回归分析的一个基本思路。

最后,对算法结果进行分析。在 MATLAB 中,研究者可以直接调用命令实现回归分析,这主要采用 regress 函数来完成:[b,bint,r,rint,stats] = regress(y,x),其中 b 表示回归方程的参数估计值,bint 表示置信区间,r 和 rint 表示残差和对应的置信区间,Stats 包含相关系数,F 统计量及对应的概率 p 值。下面演示《高职院校顶岗实习期间心理危机调查问卷》的 logistic 回归分析在 MATLAB 中的实现程序。

```
%%……………………    程序主体    ……………………%%
                       % 读取文件
          tourism_static_data = xlsread('调查表.xls');
%%%%%%%%%%%    算法计算    %%%%%%%%%%%%%
           %%%%%  数据回归 %%%%%%%%%%%%%
          X_value = tourism_static_data(:,2:end); % 因变量
          y_value = tourism_static_data(:,1); % 多个自变量
                    %%%  logistic 回归
          y_linear = log(y_value./(1 - y_value)); % Logit 变换
[b,bint,r,rint,stats] = regress(y_linear',X_value); % 采用线性回归函数进行计算
```

在上述程序得到的 b 即为回归系数,形成图 2 – 12 的加权因子。然后,重点需要分析的是数据特征,区分出对因变量影响较为显著的自变量和影响不显著的自变量,以区别重要因素和次要因素。

第一,区分及格、不及格、良好和优秀,采用所有变量回归分析。

从图 2 – 13 中可以发现,所有变量参与预测的结果与最后的顶岗实习成绩误差较大,然后再尝试采用多变量回归分析。根据图 2 – 12 的加权因子,第一次选取加权因子比较显著的 5 个变量(即第 10、15、17、25、30、31 选项)进行分析。

从图 2 – 14 中可以发现,多个变量参与的预测结果与真实结果的误差仍然比较大,因此第一种区分方法失败。

第二,只区分及格和不及格,采用所有变量回归分析。

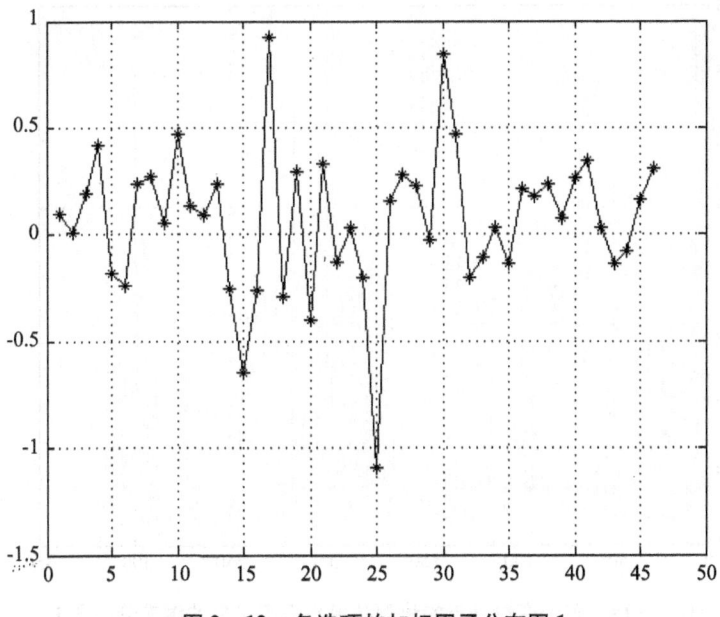

图 2-12　各选项的加权因子分布图 1

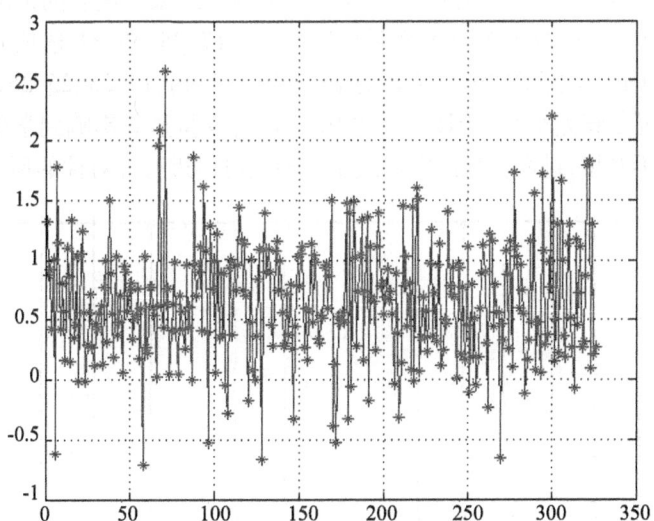

图 2-13　所有变量参与的预测结果与真实结果的误差分布图 1

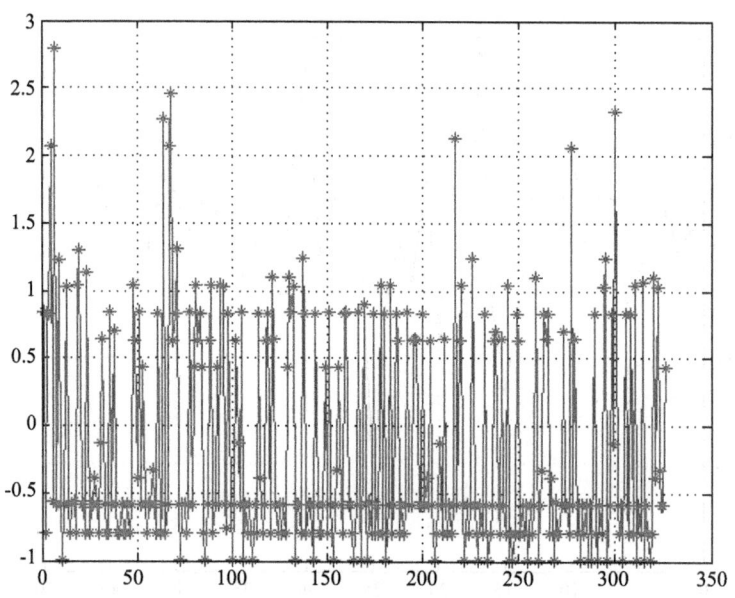

图 2-14 多个变量参与的预测结果与真实结果的误差分布图 1

从图 2-15 中可以发现,此时所有变量参与预测的结果与最后的顶岗实习成绩误差较小,然后在第一次选取 5 个显著变量(第 10、15、17、25、30、31 选项)后,图 2-16 显示误差较大,而第二次选取 10 个显著变量(即第 4、7、10、12、23、25、26、28、39、43 选项)后,图 2-17 显示误差很小。因此,上述 10 个显著变量显著影响到学生顶岗实习最后成绩的及格与不及格,进而在顶岗实习质量管理上可以进行针对性的预测与控制。

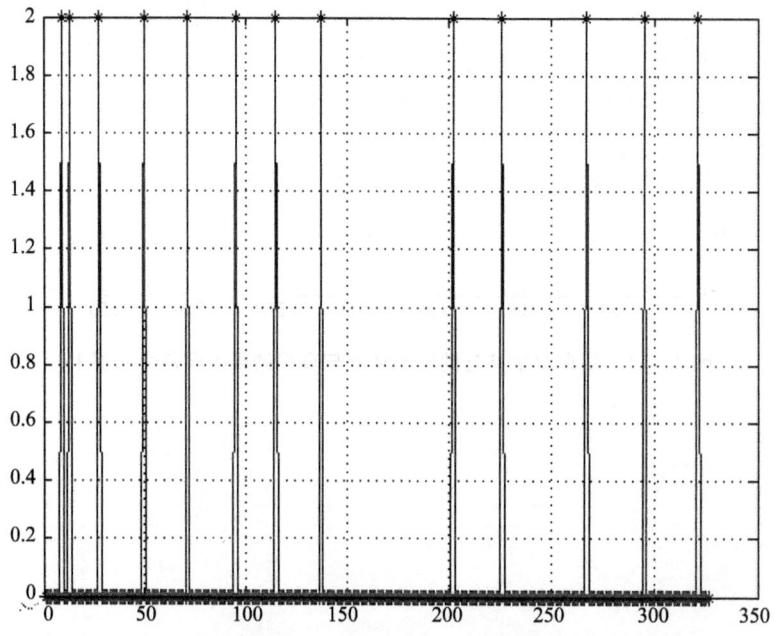

图 2-15 所有变量参与的预测结果与真实结果的误差分布图 2

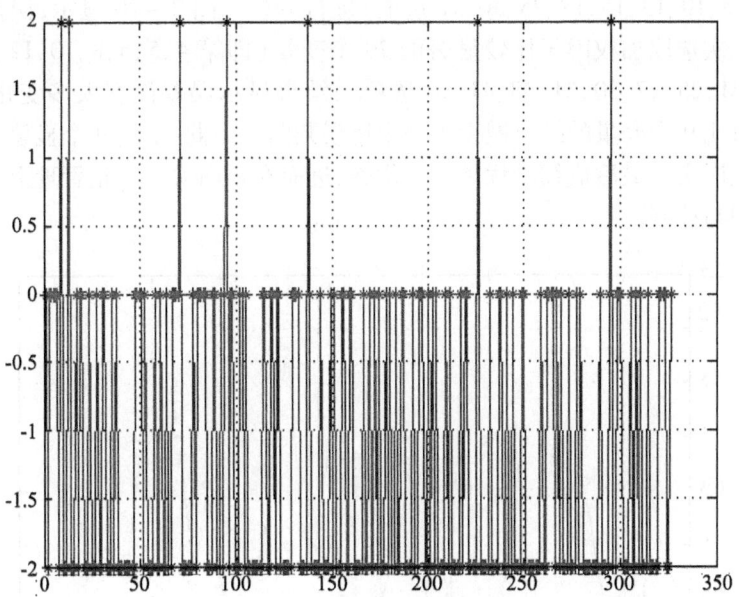

图 2-16　多个变量参与的预测结果与真实结果的误差分布图 2

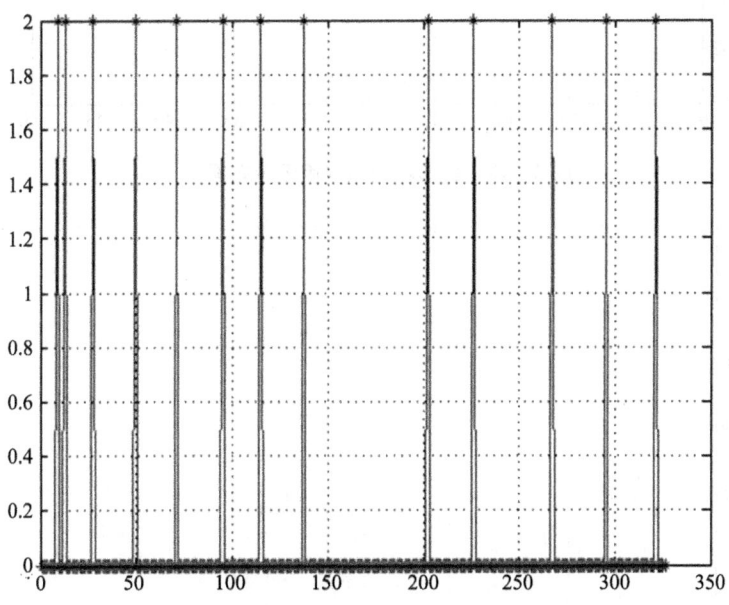

图 2-17　多个变量参与的预测结果与真实结果的误差分布图 3

第三,只区分优秀和不优秀,采用所有变量回归分析。

从图 2-19 中可以发现,此时所有变量参与的预测结果与真实结果的误差较小,然后再尝试多变量回归分析。根据图 2-18,第一次选取加权因子比较显著的 9 个变量(即第 4、5、10、13、15、17、25、30、31 选项)进行分析。图 2-20 显示,误差没有显著变化。第二次选取加权因子比较显著的 20 个变量(即第 4、5、6、8、10、12、13、15、17、18、19、20、21、25、27、30、31、38、41、46 选项),结果显示误差没有太多变化,图 2-21 显示此时只比 9 个变量的结果减少了一个错误判断。因此,上述 9 个显著变量显著影响到学生顶岗实习最后成绩的优秀与不优秀,进而在顶岗实习质量管理上可以进行针对性的预测与控制。

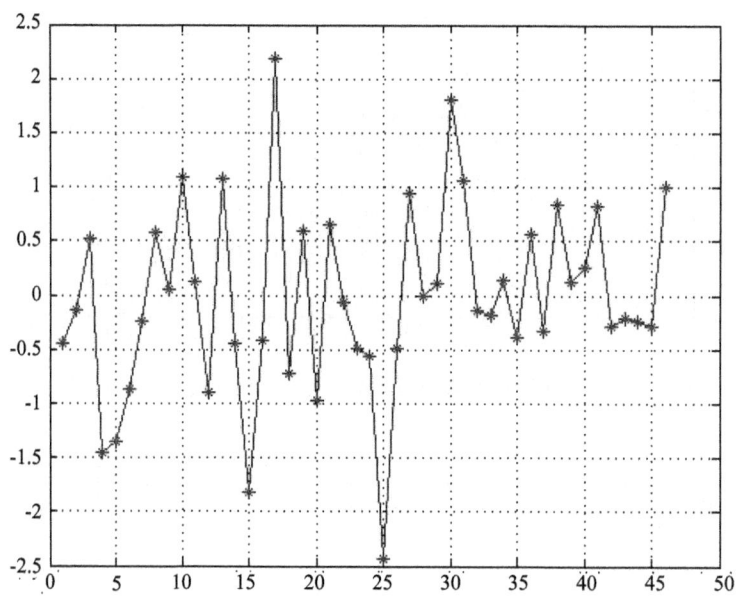

图 2-18　各选项的加权因子分布图 2

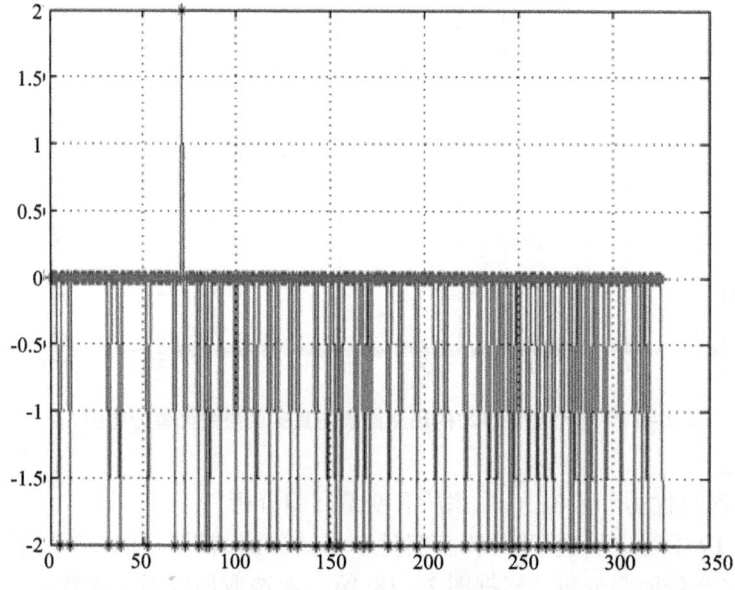

图 2-19　所有变量参与的预测结果与真实结果的误差分布图 3

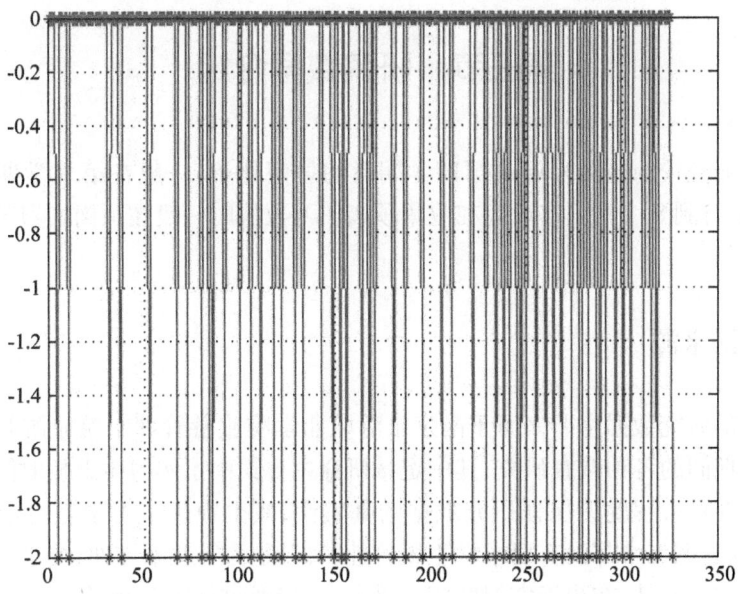

图 2-20　多个变量参与的预测结果与真实结果的误差分布图 4

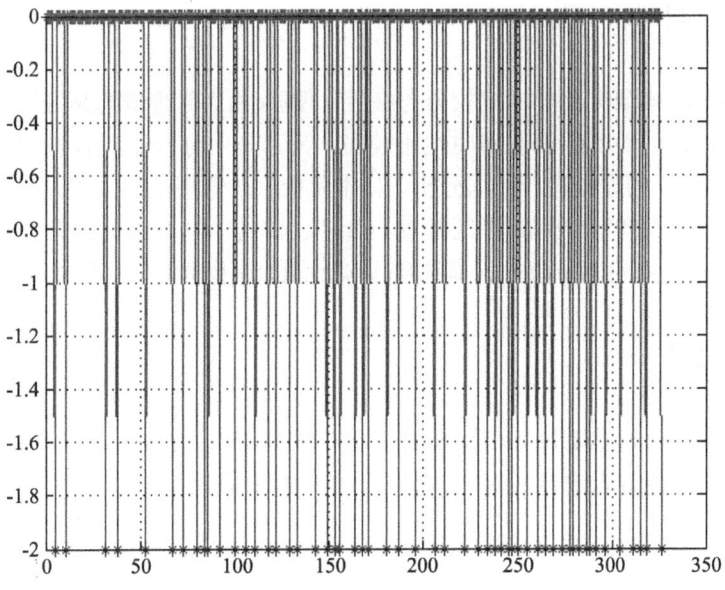

图 2-21　多个变量参与的预测结果与真实结果的误差分布图 5

上述 MATLAB 的实现程序与数据分析过程代表的是本研究一种定量研究的统计思路,在对回归模型的可信度进行统计检验后,我们可以通过控制自变量的数值,借助得到的回归模型对因变量顶岗实习鉴定结果的取值和精确度进行预测和控制。

第三节　研究数据介绍

样本职业院校的顶岗实习从第四学期后的暑假开始，一般在第六学期开始前结束，历时 6 个月到 8 个月。本研究在收集顶岗实习数据时一般在顶岗实习学生返校时进行集中收集。

一、数据来源

本研究的研究数据主要来源于南京旅游职业学院旅游管理学院旅游管理专业学生顶岗实习期间的各种调查研究，其中定量研究主要集中了实习生返校时问卷调查的数据。为了在最大程度上保证研究数据的真实性，减少顶岗实习学生可能存在的顾虑，在所有问卷调查中都没有要求学生填写姓名，但是为了联系方便，要求填写电子邮箱和联系方式。此外，在顶岗实习鉴定结果上，直接通过样本院校的《实习生鉴定表》收集数据。

二、抽样原则

在样本抽样上，本研究将样本院校分为旅游管理群、酒店管理群与烹饪管理群，三个群之间异质性比较强，而群的内部同质性比较强。为了集中分析旅游管理学院的数据，本研究采用分层抽样的原则进行数据分析。样本院校旅游管理学院共开设 8 个专业，即旅游管理、旅行社经营管理、导游、景区开发与管理、园林技术、高尔夫经营管理、市场营销（旅游管理方向）、旅游电子商务。本研究基本上是围绕上述 8 个专业展开的。

三、样本总量

样本院校旅游管理学院每年顶岗实习学生总数在 450 人左右，在对数据筛选以及与实习生顶岗实习鉴定表进行配对后，只要有效样本总数达到 300 份以上，研究分析工作就会展开。

第四节　顶岗实习期心理危机现状调查问卷分析报告

一、调查目的

进一步改进顶岗实习工作，加强顶岗实习效果，了解在实习过程中心理因素对学生的影响,找到存在的问题,为完善实习管理制度提供参考。

二、调查对象、形式及说明

调查对象:来自于旅游管理、导游、旅行社经营与管理、园林技术、市场营销等5个不同专业的200余名实习半年的学生。

形式:教室集中调查。

说明:本次调查不记学生姓名、班级等个人信息,让学生可以放心如实地填写。本次调查学生情况比例为男生占16.3%,女生占83.7%;城市学生占66.3%;独生子女占58.2%,非独生子女41.8%。

三、问卷调查内容及调查结果

学生顶岗实习期心理现状问卷问卷分析报告表如表2-2所示。

表2-2 顶岗实习期心理现状调查问卷分析报告表

编号	具体内容	有(是)/%	不清楚/%	无(否)/%
1	在顶岗实习期我能做好自己的本职工作	98	1	1
2	顶岗实习期我能实现学生到工作者角色的转变	96	2	2
3	顶岗实习期我担心找不到好工作	34	15	51
4	顶岗实习期工作的情绪状态对干好工作很重要	93	1	6
5	顶岗实习工作不适应会导致心理障碍	35	12	52
6	顶岗实习与专业理论学习冲突	24	18	58
7	对顶岗实习工作感到力不从心	10	6	84
8	顶岗实习期的工作经验对我非常重要	90	3	7
9	我不能全身心地投入到顶岗实习期的工作	4	7	89
10	顶岗实习与专升本考试相冲突	5	11	84
11	顶岗实习期间我很难适应操作性学习	4	8	88
12	我无法完成顶岗工作,总是认为别人从中获利	3	4	93
13	对今后将从事这项工作感到十分失望(对今后就业环境、前景感到迷茫)	10	16	74
14	我无法适应顶岗实习期的学习实践	4	5	91
15	顶岗实习期间我十分焦虑	8	6	86
16	顶岗实习期间我的学习不够专心	17	8	75
17	顶岗实习期间如果别人生我的气,我将非常沮丧	18	14	68

续表

编号	具体内容	有(是)/%	不清楚/%	无(否)/%
18	顶岗实习期间那些我认为可以信赖的人经常让我失望	51	12	37
19	顶岗实习期间找不到知心朋友	10	6	84
20	顶岗实习期间与同事关系不和	2	1	97
21	顶岗实习期间我喜欢与人会面	51	21	28
22	顶岗实习期间与单位指导老师关系紧张	2	7	91
23	顶岗实习期间遇到困难时能够不断安慰自己,相信能够渡过难关	91	4	5
24	顶岗实习期间我不想与人交往	4	2	94
25	顶岗实习期能使我结交许多新朋友	87	3	10
26	顶岗实习期人际交往的圈子太狭窄了	15	13	72
27	顶岗实习期间我精神压抑	5	7	88
28	顶岗实习时期我有面临分手的伤感	14	4	82
29	顶岗实习时期我情绪不稳定	5	8	87
30	顶岗实习时期我非常轻松愉快	73	14	13
31	顶岗实习时期我坐立不安,心绪不宁	4	7	89
32	顶岗实习时期我显得烦躁不安,容易发火	3	9	88
33	不少情况下我都莫名其妙地感到恐惧	10	11	79
34	顶岗实习时我觉得心神不定或忐忑不安	5	10	85
35	顶岗实习时我感到很忧愁	5	7	88
36	顶岗实习时因为环境的改变我感到恐惧	6	5	89
37	我能理智地应对顶岗实习中的困难	82	8	10
38	我喜欢学校环境胜过顶岗实习工作单位环境	37	26	37
39	我感到顶岗实习期的生活环境变得艰苦	29	8	63
40	顶岗实习工作环境让我感到不舒服、不自在	6	4	90
41	我想努力改变顶岗实习工作环境状况	42	16	42
42	对于适应环境,我常常采取回避的态度	4	6	90
43	我常常抱怨顶岗实习工作环境	2	5	93

四、数据分析与结论

调查分析表明,我系各专业同学对顶岗实习都表现出了积极负责的态度,对问卷绝大多数项目都做出了如实的评价和真实的反映。尽管问卷的内容设计和调查的组织实施方面不尽科学、严谨,但总体反映的情况还是给予了我们很多启发和思考。

(一)正确认识有助于学生顺利完成实习

通过问卷1、2、8、9、14、23项目的调查可以看出:实习前的技能、知识培训结合心理教育是非常行之有效的,90%以上的学生顺利完成了角色的转换,能够意识到实习对自身的帮助;92%的学生认为顶岗实习期遇到困难时能够不断安慰自己,相信能够渡过难关。

(二)实习可能会造成与专业理论学习的冲突

通过问卷6、7、16项目的调查可以看出:34%的学生认为该做的事情总是会与专业理论学习相冲突,17%的学生认为自己在实习期学习不够专心。

(三)实习时期会出现多种心理状态

问卷28、30、33项目的调查中,14%的同学有面临分手的伤感,13%的同学实习期未能感受到实习的轻松愉悦,10%的学生莫名其妙地感到恐惧。

(四)实习是培养学生人际交往能力的过程

通过问卷第19、20、22、25项目等题的调查可以看出:参加实习活动后,能培养学生的社交能力、协作能力和应急能力。有97%的学生认为,自己能够与同事友好相处;91%的同学不会与单位的指导老师关系紧张;85%的同学能够找到知心朋友,87%的学生能够结识新朋友。

(五)顶岗实习能够培养学生适应环境的能力

通过问卷第19、20、22、25项目等题的调查,可以看出:89%的学生顶岗实习时不会因为环境的改变感到恐惧,82%的学生能理智地应对顶岗实习中的困难;90%的学生不会感到顶岗实习工作环境让自己不舒服、不自在;90%的学生对环境适应不会采取回避的态度;93%的学生不会常常抱怨顶岗实习工作环境。

五、整改方向与建议

(一)实习期间的心理和教育势在必行

对问卷28、30、33项目的调查分析得出,学生的心理状态是影响其实习的直接因素,没有良好的心理素质和状态就不能适应实习期的学习和生活。我系要在原有的心理教育体系基础之上,增强指导教师与实习生一对一的教育模式,关注每个实习生的心理动态。通过问卷第37、39、41等项目的调查,可以看出:29%的学生感到顶岗实习期的生活环境变得艰苦;42%的学生想努力改变顶岗实习工作环境状况;10%的学生不能理智地对待顶岗实习工作环境中的困难。

针对上述问题,可采取多种形式的实习前教育,如实习前召开班会,以"怎样完成顶岗实习任务"为总题进行教育,组织讨论。具体讨论题目如"怎样尽快适应新的实习环境?""怎样和领导、带教师傅、同事相处?""怎样做一个好员工?""当同学在实习中遇到困难想退却时,你如何来帮助他(她)?""团员如何在实习中发挥先锋模范作用?"等。分组讨论后代表发言。也可安排上一届已实习过的优秀学生进行交流,介绍实习中的注意事项及实习经验。

(二)加强实习前技能训练,树立实习自信心

在专业学科的教学中,学生虽然经过了学习理论、实验、技能操作等多个环节,但仅仅是从理性认识到感性认识的初步过渡。为使他们在进入实习企业后能较快地适应工作岗位,有必要在进入实习企业前利用一周左右的时间,集中进行专业基本技能操作的强化训练。训练的主要形式包括集中讲解和示范教学、分组操作、模拟操作等。强化训练后,对职高生逐个进行考核,不及格者留校再训练,推迟实习。实习前进行技能训练的同时,给予心理辅导,让学生克服自卑心理,树立自信心。

(三)进一步加强就业指导培训,明确学习目标

通过问卷3、7、13项目的调查可看出,34%的学生对自己今后的就业存在疑虑,10%的学生对就业前景和环境感到迷惘,10%的学生认为对实习工作感到力不从心。这说明在大学生就业规划的培训和教育还要加大力度,可以采取邀请专家讲座、定期与企业座谈、历届毕业生交流经验、职业生涯规划大赛等方式,让学生增强就业的信心。

(四)加强沟通技巧方面的教育,培养良好的人际交往关系

通过问卷17、18、19、21、25、26项目的调查可看出,在顶岗实习期如果别人生自己的气,18%的学生将非常沮丧;51%的学生认为那些他们本以为可以信赖的人经常让自己失望;28%的学生不喜欢在实习期与人会面;15%的学生认为实习期人际交往的圈子太窄了;10%的学生找不到知心朋友或结识不了许多新朋友。

由于受知识、环境、阅历的限制,部分职高生的心理素质较差,大部分职高生在实习前担心与企业领导、班组长、带教师傅、同事难以建立良好关系,因此,应及时对职高生进行心理方面的强化训练,减轻他们的心理压力,引导他们正确处理人际关系,主动并乐于与人交往,学会与别人交谈和倾听的艺术和技巧,学会与领导、同事、同学相处、共事,学会尊敬人、关心人、理解人、体贴人和善待人,以真诚、谦虚的态度发展和保持融洽的人际关系。

第三章　样本院校的顶岗实习现状

顶岗实习是高职高专院校培养高素质、高技能应用型人才的重要教学环节,是工学结合人才培养模式的重要组成部分,是拓宽就业渠道的重要途径。南京旅游职业学院以校企合作为前提,遵循高职院校学生的职业认知规律,探索实施"校企融通,五段递进"的人才培养模式,通过校企共育学生、校企共建专业、校企共享师资而达到校企合作的共赢,同时按照基本技能培养、核心技能培养、综合技能培养、拓展技能培养和顶岗实习的分层有序的递进式目标培养学生的专业技能,经过近几年的探索与实践,在人才培养质量方面取得了一定的成绩。

第一节　样本院校的基本情况

南京旅游职业学院地处六朝古都、江苏省会南京,创办于1978年,与中国改革开放和旅游业的发展相伴而生。其前身是江苏省旅游学校和金陵旅馆管理干部学院,是一所国有公办、全日制普通高等专科学校,隶属于江苏省旅游局。学院素有"中国旅游人才摇篮"和"中国酒店业黄埔军校"的美誉,是中国旅游"五星联盟"学校之一,全国酒店高级管理人才培训基地,江苏旅游职业教育集团牵头单位,曾先后荣获全国旅游系统先进单位、江苏省旅游工作先进集体、江苏省平安校园、江苏省教育国际合作交流先进学校、江苏省高校毕业生就业工作先进集体、江苏省园林绿化先进单位等荣誉称号。

一、生源结构

南京旅游职业学院每年招生规模维持在2000人左右,学生绝大多数来自于江苏省(一般占到75%)。此外,还有安徽省、山东省、浙江省、广西壮族自治区、江西省、云南省、湖南省、广东省、甘肃省、山西省、四川省、新疆维吾尔自治区、宁夏回族自治区等省区的生源。在江苏省范围内,南京市生源一般占到20%;其次是苏北地区生源,一般占到45%;除了南京,苏中地区生源占到25%,苏南地区生源占到10%。这种生源地结构一方面反映了学校驻地的学生最多;另一方面反映了生源地结构还与当地的职业教育发展程度密切关联,职业教育发达的地区生源比较少,而职业教育欠发达的地区生源比较多。下面是近三年南京旅游职业学院的生源结构具体分布状况(如表3-1所示)。

表3-1 南京旅游职业学院近三年毕业生生源结构统计表

单位:人

生源地		2012年	2013年	2014年	合计
江苏省	南京市	435	389	286	1110
	苏州市	75	63	72	210
	徐州市	182	167	147	396
	连云港市	83	88	85	256
	盐城市	188	161	161	510
	宿迁市	131	138	137	406
	扬州市	117	156	111	384
	南通市	110	128	116	354
	常州市	58	51	30	139
	镇江市	78	78	65	221
	淮安市	117	118	126	361
	无锡市	72	79	75	226
	泰州市	88	98	91	277
安徽省		153	122	134	409
山东省		29	20	20	69
浙江省		23	21	20	64
广西壮族自治区		17	16	20	53
江西省		16	13	10	39
云南省		0	17	15	32
湖南省		19	10	15	44
广东省		0	25	31	56
甘肃省		0	30	58	88
山西省		20	20	20	60
四川省		0	30	59	89
重庆市		0	7	0	7
新疆维吾尔族自治区		21	24	79	124
宁夏回族自治区		14	10	10	34
合计		2086	2079	1993	6018

二、就业状况

从江苏省高校毕业生就业情况上报数据看,南京旅游职业学院近三届毕业生正式就业率一直排位前三名。其中2012届毕业生共计1880人,初次就业率为91.33%,正式就业率为98.83%。南京旅游职业学院被江苏省教育厅授予"2012年度江苏省高校毕业生就业工作先进集体"称号。其下属的旅游管理学院近三届毕业生初次就业率和正式就业率都超过99%,专业对口率也在90%以上,就业质量的提升与顶岗实习的质量管理探索与实践的步伐是一致的。

以旅游管理学院为例,近三届大多数毕业生的就业区域选择了本省,而且在总体上是选择生源地就业者居多,其中在样本院校驻地城市就业占60%以上,这反映了一个城市的经济发展水平与对学生的吸引力是成正比的,同时这也说明学院顶岗实习质量管理工作是卓有成效的。就各专业的就业率和对口率而言,旅游管理学院在学校位列前茅(如表3-2所示)。

表3-2 旅游管理学院2012—2014年就业情况统计表

单位:%

专业	指标	2012年	2013年	2014年
旅游管理	就业率	95	100	100
	对口率	89	92	90
旅行社经营管理	就业率	98	100	100
	对口率	85	88	95
导游	就业率	98	100	100
	对口率	90	88	90
景区开发与管理	就业率	94	100	100
	对口率	65	85	90
园林技术	就业率	98	95	95
	对口率	88	90	90
高尔夫经营管理	就业率	85	90	90
	对口率	80	82	85
市场营销	就业率	92	90	92
	对口率	88	90	90
旅游电子商务	就业率	—	100	98
	对口率	—	90	92

三、专业建设情况

南京旅游职业学院生源主要来自于江苏省，就业流向主要面向南京以及周边地区，所以学院在专业设置、人才培养方案上立足南京，面向全省，辐射全国，服务于当地的社会经济发展，特别是服务于当地的区域支柱产业、重点产业和特色产业。南京旅游职业学院在专业建设上主要有三大板块，分别是旅游管理类、酒店管理类和烹饪与营养类板块，其中国家级重点建设专业两个，省级重点建设专业群两个，省级特色专业两个。除了以专科层次职业教育为主体，南京旅游职业学院还积极推进中等高等职业教育"3+3"人才培养衔接、"专接本"学历教育和境外高校延伸的"2+2"以及普通高等教育"3+2"本科人才培养。下面介绍旅游管理学院旅游管理类专业建设情况。

旅游管理学院在南京旅游职业学院的发展中起步较晚，组建于2009年，经过5年的发展，现在已经成为样本院校的主要板块之一，引领着学院"大旅游"教育的发展格局。

在课程建设方面，截至2013年底，旅游管理学院开创了校级精品课程13门，省级精品课程1门，校企合作开发教材两套。

在学生专业技能培养和专业教学改革方面，截至2013年底，旅游管理学院在国家级以上技能大赛中获奖12项，其中一等奖5项；承担省级教改项目11项，1项成果获得江苏省高等教育教学成果奖一等奖。

在实训实习方面，旅游管理学院立足南京当地企业，面向全省，与中山陵园风景区、夫子庙景区、中国国旅（江苏）国际旅行社有限公司、江苏舜天海外旅游有限公司、恐龙园景区、嬉戏谷景区等国内知名旅游企业广泛合作，共建校内外实训基地；同时，将代表现代信息技术应用方向的"微格教学"引用到校内实训基地的建设上，新建了江苏省导游现场考试与实训室，校企合作和校内外实训基地为旅游管理学院各专业的实践教学和顶岗实习提供了有利条件，保证了高职教育的实践性、开放性和职业性。

在师资建设方面，旅游管理学院共有专任教师40名，并且与南京市高校、科研机构及大型旅游企业合作，聘用高校专家教授和企业的技术能手为旅游管理学院的兼职教师。兼职教师25人，专兼职比例为1:0.625；生师比为22.3:1；教授、副教授6人，占专任教师的15%；双师型教师100%；8名教师为全省现场导游考试考官，3名教师是省A级景区检查员；具有硕士以上学位和在读研究生教师共38名，占专任教师的95%，其中博士6人。

第二节 样本院校的顶岗实习模式

鉴于顶岗实习在人才培养中的重要性，南京旅游职业学院对顶岗实习非常重视，出台了针对顶岗实习的管理制度，采取了多项管理措施，并且鼓励二级学院根据各专业具体情况积极创新顶岗实习的模式。

一、顶岗实习管理

(一) 健全顶岗实习管理的组织机构

在学院层面上,成立了以院长任组长的顶岗实习工作领导小组,分管教学和学工的副院长任副组长,各二级学院院长或系主任为组员。招生就业处负责顶岗实习的全面工作,各二级学院承担具体的顶岗实习组织与管理工作。

(二) 完善顶岗实习管理的基本制度

根据教育部《职业院校学生顶岗实习管理规定(试行)》(征求意见稿)以及江苏省教育厅顶岗实习相关文件精神,学院出台《南京旅游职业学院顶岗实习管理手册》,进一步明确了顶岗实习的组织管理制度以及顶岗实习管理与考核办法,对教务处、招生就业处与学生工作处等综合管理职能部门和各二级学院在顶岗实习中的职责进行了具体的规定,对实习单位、实习指导教师与实习生的职责也进行了具体的规范。此外,该手册还增加了自主实习和变更实习单位的管理办法以及境外研究和留学项目的管理办法,作为不参加集体顶岗实习的学生制度的补充。

(三) 增补顶岗实习管理的各类表格

为了对顶岗实习实行标准化管理,同时也为了方便学生和指导教师的日常顶岗实习程序化工作,《南京旅游职业学院顶岗实习管理手册》增补了相关的顶岗实习表格,形成了14份表格,包括顶岗实习期间补课计划表、自主实习申请表、顶岗实习月记、顶岗实习指导联系记录、顶岗实习指导日志、实习生鉴定表、变更实习单位申请表、实习生病假(事假)申请表、优秀实习指导教师申报表、优秀实习生申报表、顶岗实习学生面试登记表、顶岗实习协议书、境外研修生实习申请表、境外研修变更实习申请表。

二、顶岗实习模式

在顶岗实习模式上,每个二级学院根据专业情况制订了具有特色的系列顶岗实习方案。下面以旅游管理学院为例,介绍几种比较成熟的顶岗实习模式。

(一) 基本模式

一般情况下,旅游管理学院实行"2+0.5+0.5"人才培养方案,即第一学年和第二学年在学校学习,第三学年第一学期顶岗实习,第二学期回校撰写毕业论文或毕业设计,顶岗实习在第三学年第一学期进行,并且连上第二学年结束后的暑假时间。这种顶岗实习模式经过时间的检验,是符合高职学生认知规律的,也符合哲学意义上的认识论,体现了"理论—实践—理论"的人才培养思路。一般在第三学年上学期,旅游管理学院会集中向旅游企业输入实习生。

（二）补充模式

1. "校中厂、厂中校"的顶岗实习方案

"校中厂、厂中校"是一种具有创新意识的人才培养模式，它的主旨是以能力为本位、以就业为导向，"双元育人"，提高学生的综合职业能力。"双元育人"含有育人主体与育人环境的两个基本特征：从育人主体来看，"校中厂、厂中校"人才培养模式是由学校与企业共同承担育人任务，共同制订人才培养方案；从育人环境来看，"校中厂、厂中校"体现的是充分利用学校与企业两个不同的教育资源和教育环境，进行优势整合，将以课堂传授知识为主的教育环境与直接获得实际经验和能力为主的生产服务环境有机结合起来，以有利于高职学生职业能力的培养。

旅游管理学院"校中厂、厂中校"人才培养模式主要通过订单式培养模式实现的。"恐龙园景区班"是旅游管理学院较成功的一个案例，通过学校与企业签订联合办学协议，企业与学生签订委培用人协议，最后录用时与学生综合测评成绩挂钩，充分体现了顶岗实习与就业的联合效应。在具体操作中，旅游管理学院与常州中华恐龙园景区人力资源部门共同制订教学计划，共同设置课程，共同制定实训标准。一方面，学生在完成基础理论和专业基础课程后到企业顶岗实习，这是"厂中校"的内涵；另一方面，整个教学任务由学校专业教师与恐龙园一线技术骨干共同承担，这是"校中厂"的内涵。

2. "校企递进耦合"的顶岗实习方案

耦合是物理学名词，指两个或两个以上的体系或两种以上的运动方式之间通过相互作用而彼此影响以至联合起来的现象。校企耦合特指学校与企业合作办学、合作育人、合作就业、合作发展，以实现互利共赢为宗旨，寻找相互共同的利益，从而形成良性的互动关系。物理学上最佳的耦合状态是递进耦合，在分段线形中显示了一种层层递进的发展态势，这种轨迹同样适用于学生顶岗实习的时间安排，通过"1+0.5+1+0.5"或者"1+（0.25+0.25）+（0.25+0.5+0.25）+0.5"的模式便可在递进与回归中实现最佳耦合，促进学生对知识的深度建构。

旅游管理学院实行"校企递进耦合"人才培养模式在导游专业上进行了试点，按照"1+0.5+1+0.5"模式进行了全盘整合，突出表现在第三学期和第六学期顶岗实习的递进耦合螺旋式曲线上。在这个递进耦合曲线上，折射出认识—实践—认识—实践的辩证唯物主义认识论轨迹，通过两次在顶岗实习中的无缝集成，使教学与工作过程达到深度融合，学生在工作过程中积极参与解决问题和思考问题，将实习中获取的知识与已所学的知识建构到一起，从而内化成自己的知识，达到质的飞跃。"校企递进耦合"的顶岗实习方案其实是对基本模式的一种修正，这将是旅游管理学院今后很长一段时间重点探索与实践的方向。

三、样本院校的顶岗实习质量管理

南京旅游职业学院对顶岗实习进行质量管理的思路遵循过程管理的原则,在顶岗实习前、顶岗实习中和顶岗实习后三个阶段进行质量链管理,已经形成一套比较成熟的质量管理程序。

(一)顶岗实习前

在顶岗实习前,学院原则上要求学生必须修完人才培养方案中规定的课程,经过考核合格方可参加顶岗实习;如果不合格必须经二级学院同意,填写《顶岗实习期间补课计划表》,在顶岗实习期间修到规定的学分才可取得毕业证书。

学院要求各二级学院组织顶岗实习生认真学习《南京旅游职业学院顶岗实习管理手册》,召开实习动员会,让学生明确实习的目的、意义、要求,并进行安全教育。实习生参加招聘会时,填写《实习生面试登记表》,选择与所学专业相同或相近的实习单位,并签订《学生顶岗实习协议书》。考虑到毕业生就业的个人意向,学院允许学生自行联系实习单位自主实习,填写《学生自主实习申请表》。所有学生均须在实习前三天到教务处、财务处等相关部门办理离校手续。离校手续原则上以班级为单位统一办理。

(二)顶岗实习中

顶岗实习生具有双重身份,既是一名大学生,又是实习单位顶岗实习的一名员工,必须严格遵守实习单位和学校制定的实习生管理制度,服从实习单位和学校的安排和管理,尊重实习单位的领导、实习指导教师和员工。

学院要求学生在顶岗实习期间必须履行向实习单位指导教师和校内实习指导教师双方请假制度,不得擅自离岗,不做有损单位形象和学校声誉的事情,不参与一切犯罪活动。同时要求学生具有高度的安全防范意识,切实做好安全工作,严格遵守安全管理规定,避免安全事故发生。对工作不负责造成的损失,必须追究相关责任。

顶岗实习学生在实习期间严重违反学校或实习单位规章制度,被实习单位辞退者,视情节给予相应的处分。

(三)顶岗实习后

顶岗实习结束后,学生必须按照所在实习单位的要求办理相关离岗手续,做好业务移交和办公物品交接等工作,同时对照实习计划任务要求,结合工作完成情况,填写《实习鉴定表》,完成《实习小结》《实习报告》。实习单位评定实习成绩,在《实习鉴定表》上签署意见,加盖单位公章。

学生返校后要撰写毕业论文或者进行毕业设计。各二级学院召开实习座谈会和实习经验交流会,推荐优秀实习生,树立典型。

第四章 高职院校顶岗实习时空二维的质量管理问题探究

20世纪80年代初期,系统论、控制论和信息论曾经盛行一时,被称为"三论"。三论是介于哲学和自然科学之间的适用于各学科的通用研究方法。现代科学的一个特点是将研究对象当作系统来分析,顶岗实习作为一个研究对象也不例外。系统论的任务不仅在于认识系统的特点和规律,更重要的是利用这些特点和规律去控制、管理、改造或创造一系统,使它的存在与发展合乎人的目的需要。因此,研究系统的目的在于调整系统结构,协调各要素关系,使系统达到优化目标。同样,对于顶岗实习这个复杂的系统也需要研究它的结构,本章将从时间和空间两个维度探究顶岗实习结构易于受损的部分,分析这一结构中各要素的运行现状。

第一节 时间维度探究

一、顶岗实习前

在顶岗实习前,顶岗实习系统最易受到影响的包括三个要素:学生对实习单位的选择,企业对学生的选择博弈和学生顶岗实习的心理设防,这三个要素会直接影响顶岗实习质量管理的效果。

(一)学生对实习单位的选择

相比普通本科院校,高等职业院校非常重视学生的集体顶岗实习,而且原则上将所有学生都纳入到集体顶岗实习体系中,同时对自主选择实习单位的学生设置审批壁垒。譬如,要求自主实习单位保证该学生实习完成后在该单位就业,有意识地规避学校对顶岗实习学生的法律责任,而将法律责任完全转嫁到学生和自主实习单位身上;有一套烦琐的审批程序。这些壁垒都会使学生产生心理顾虑,同时对顶岗实习管理制度产生抵触情绪。

实行顶岗实习,学校的出发点是为了保证顶岗实习的质量管理效果,因为学校对自主实习的学生无论在时间上还是空间上都难以管理。但是,这种认识必须要有一个前提,就是集体实习单位优于自主实习单位,否则学校在学生与优秀的实习单位之间设置了人为的障碍。而在实际情况下,一些知名度比较高的大型旅游企业或者经济效益比较好的中型旅游企业,他们一方面主要需要本科生,另一方面也没有大量的实习生的需求,因此往往不会与学校签订实习协议,但是如果学生寻找到这样的机会,学校应该为学生减少审批的壁垒,毕竟顶岗实习的目的不是解决就业,而是培养学生的职业素质与职业能力。

(二)企业对学生的选择博弈

从旅游企业角度来分析,选择实习生固然有选拔人才的需求,但是主要是为了减少人力资源成本,因为顶岗实习学生并不是企业员工,企业没有义务为实习学生缴纳相关社会保险。旅游企业一方面想选拔人才,另一方面又想获得廉价的劳动力,这些企业自然在选择上也会出现博弈。在优秀人才无法保证的时候,也会降低人力资源的要求,以解决在旺季时期的用人短缺问题,这一点在旅游景区中体现尤为明显。

因此,企业选择好实习生后,会重视个别优秀学生的培养,而对大多数学生并不给予或者也难以给予充分的施展才华的机会,这样会给学生造成心理的落差。学生知道企业最终不会录用自己,加上实习地点比较偏僻,工作强度又比较大,自然会有怨言,进而难以保证顶岗实习质量。

(三)学生顶岗实习的心理设防

在顶岗实习前,学生会在心理上会出现不同程度的忧虑:既有面临从学生到职业人的角色转换的压力,也有面临是否可以选上心仪的实习单位的压力。由于学生没有工作经验,加上学生家长对顶岗实习也有异议,认为顶岗实习会影响理论学习以及技能考试。一些学生在顶岗实习前会出现恐惧的心理,感到无所适从。此外,由于在学校的协议单位中,与专业匹配的单位提供的工作岗位比较少,而自主实习往往不能顺利申请,一些学生心理上产生了焦虑情绪。

二、顶岗实习中

在顶岗实习中这个阶段,由于学生已经离开学校,实习地点分散,这就给顶岗实习质量管理增加了难度,此时质量管理链的关键节点比较多,主要体现在三个方面:学校管理方式的先天性障碍、学生心理危机的递进式增加和校企沟通合作的缺失性短路。

(一)学校管理方式的先天性障碍

由于实习单位分散、实习时间长,虽然学校能够采取一些现代化管理方法,但是学生管理工作的难度依旧比较大,这是一种先天性障碍。首先遇到的问题是管理人员和指导教师严重不足,大多数学校都没有为顶岗实习学生指定专门的指导教师,在这种情况下,学生自然而然就处于疏于管理的状态中。

正是由于这种先天性的管理障碍,会给顶岗实习的质量管理带来一定的难度。由于学生从校园的学习环境转换为社会的工作环境,没有严格的纪律督查,加上部分学生自控力差,很容易染上吸烟、酗酒等不良习气,甚至会发生违法的情况,这给顶岗实习的质量管理工作带来极大的隐患。

(二)学生心理危机的递进式增加

如果说在顶岗实习前,学生对实习单位充满期待不易出现心理不适,那么真正进入实习岗位后,多数学生会出现各种各样的心理危机。高职学生到企业顶岗实习,从学生角色转变为学生和员工双重角色,需要主动地改变自己的行为习惯,适应企业的管理制度。一些学生没有完全认识到角色的转换,当发现工作环境与学校环境的巨大差异后,而且实习待遇也比较低,容易出现心理的落差,产生一定的受挫感,丧失实习的热情和积极性。

顶岗实习学生不仅缺乏工作经验和服务技能,而且还缺乏与企业员工和谐相处的沟通技巧,容易与企业的管理者、企业指导教师或者同事产生矛盾,这时如果没有合适的倾诉对象,心理危机会呈现递进式的增加。

(三)校企沟通合作的缺失性短路

在学生顶岗实习过程中,大多数学校没有形成日常沟通机制,主要依赖于实习期间的例行企业走访,不能在深层次上了解到学生的心理状态。大多数实习生熟悉走访的领导和老师,因此在心理上缺乏信任感,不能畅所欲言,最终走访没有解决实际问题,实习条件没有改善,加深了学生对学校的不信任感,出现缺失性短路。

三、顶岗实习后

在顶岗实习完成后,顶岗实习系统主要面临两个问题:一是学校的质量管理修正;二是学生的二次角色转换。

(一)学校的质量管理修正

在顶岗实习完成后,一些学校会疲于学生的后续教学任务或者毕业设计与论文撰写工作,忽视对顶岗实习管理方案的修正。如果不对这些学生进行全方位、多方面的问卷调查和访谈,并利用科学的统计分析方法进行预测和控制,那么类似的质量管理问题还会再次出现,这样会造成人力、物力、财力的极大浪费,而且会造成恶性循环,使得 PDCA 管理方法不能呈现前进性的循环轨迹。

(二)学生的二次角色转换

一些学生回到学校后无法完成角色的二次转换,会对学校的规章制度产生一定的恐惧感或者抵触情绪;同时学生即将面临毕业寻找工作,这给顶岗实习的后期质量管理工作增加了难度。部分学校对一些顶岗实习返校学生的违纪行为保持了沉默,这时如果不采取相应的对策,会直接影响学校整体管理工作。

第二节 空间维度探究

一、政府层面

近几年,国家虽然出台了发展职业教育的相关政策文件,如《关于大力发展职业教育的决定》《关于全面提高高等职业教育教学质量的若干意见》以及新近颁发的《国务院关于加快发展现代职业教育的决定》,但是地方政府却长时间没有颁发具体的实施条例,造成企业、学校和学生三者之间的权利、义务比较模糊。

在职业教育的发展中,地方政府的投入是职业院校发展的主要保障,但是在现实中,由于地方政府的投入长期不足,致使许多职业院校发展陷入困境。一边是地方政府大力提倡顶岗实习,一边却是学校无法承担顶岗实习质量管理过程中的成本。同时,由于地方政府的政策支持不明确,大多数企事业单位担心学生实习影响正常经营,同时考虑到实习安全问题,因此对接受学生实习的热情不高。这就导致了政策的指导力度弱化,影响了顶岗实习的质量和成效。

二、行业组织层面

行业组织是指依法成立,为实现会员共同意愿,按照法律以及章程开展活动的非营利性社会组织,旅游业中主要是地方旅游协会以及各种旅游业态的协会。现在行业协会与政府部门有着千丝万缕的联系,没有完全与政府部门脱钩,无法真正有效地为会员提供有效的服务,因此,行业组织在顶岗实习的整个过程中没有作为或少有作为。

三、学校层面

(一) 分散实习的管理问题

由于一个企业能够接受学生实习的岗位是有限的,因此形成实习点比较多而且比较分散。由于各种原因,实习指导教师只能对集中实习的学生进行指导,难以对分散的学生进行经常性的指导。师生之间信息沟通比较困难,即便通过 QQ、飞信、微信等即时通信手段,学生实习中产生的问题也不能及时有效地处理。如果出现人身安全问题,由于顶岗实习学生不是劳动者,无法享受工伤保险,将会给学生造成重大的影响。

(二) 信息沟通的阻碍问题

由于实习地点比较分散,有的实习单位只有一名学生,即便在同一个实习单位,由于工作岗位和作息时间不同,会造成实习指导教师与学生的沟通障碍。此外,实习指导教师还承担着一定的教学和科研任务,所以很难及时将学校的一些通知和要求有效地传达给实习生,同时学生在实习期间不方便向指导教师请教问题。

(三)人力财力的投入问题

在高职院校,多数专任教师会兼任实习指导教师的工作,由于实习生人数比较多,指导教师的工作压力非常大,责任也非常重。学校不仅在人力投入上无法保证,在教师的待遇问题上也无法保证。多数指导教师在指导学生论文或者毕业设计,能获得一些象征性的补偿。

(四)实习成绩的评价问题

实习成绩的评价首先需要一个评价指标,其次需要评价的方法,但是大多数职业院校并不具备这两个要素,只是采用总结性考核,缺乏必要的过程考核,而且实习单位的鉴定流于形式。此外,在评价主体上,企业人力资源部门和企业指导教师容易缺位,难以保证评价的完整性,评价后也往往没有做进一步的反馈。

四、企业层面

(一)顶岗工作与教学要求的冲突

从人才培养的角度而言,学校希望学生在顶岗实习期间能够尽可能地轮岗,以掌握各岗位的工作技能,使学生得到全面系统的训练,但是企业往往考虑经济效益,只希望学生固定在某一个岗位。一些实习单位甚至只让实习生做一些跑腿活,不愿意安排学生进行顶岗实习工作。

(二)企业与学生的冲突

大多数实习生的顶岗实习劳动强度比较大,待遇比较低。实习单位没有解决实习生必要的社会保险,实习生节假日也没有相应的福利,而且也没有系统的职业培训。一些企业甚至把实习生当作廉价劳动力。这些情况易引起企业与学生的冲突,影响顶岗实习的质量管理。

五、家长层面

一些家长对顶岗实习存在着落后的观念,认为顶岗实习会影响子女的学习时间,影响技能考试以及英语等级考试。这些家长不了解高等职业教育与普通高等教育的差异,也不了解顶岗实习的意义,所以在顶岗实习中,一些家长帮助学生请假或者直接变更实习单位,不支持学校组织的顶岗实习工作。

六、学生层面

(一)缺乏职业规划

多数学生在入学后没有对自己的职业生涯做系统的规划,没有长远的打算,在新的环境和岗位上缺乏思考,认识不到顶岗实习是职业生涯中的一个重要环节。在这种情况下,当学生遇到困难时,便会怨天尤人,自暴自弃,产生受挫感,对职业规划缺乏一个清醒的认识。

(二)缺乏职业自信

在顶岗实习期间,多数学生总会遇到困难,有的对实习单位要求过高,急功近利,稍有挫折就考虑变更实习单位,难以保持一个正常的心态,缺乏必要的自信。一些学生心理承受能力比较差,遇到挫折就退缩,进而影响顶岗实习的质量。

第五章 基于时空二维视角的顶岗实习质量管理与控制原理

第一节 基于时空视角的顶岗实习质量管理树状图

顶岗实习质量管理时空二维树状图的构建如图 5-1 所示。

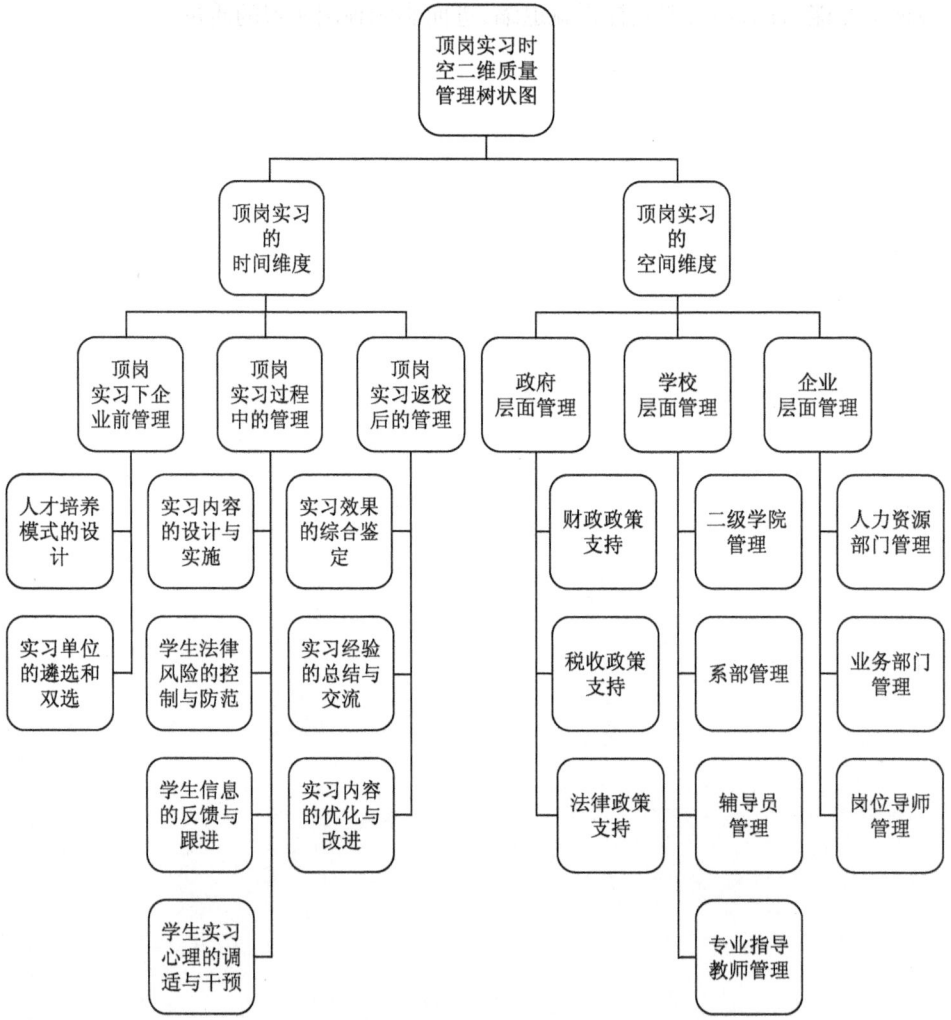

图 5-1 顶岗实习的时空二维质量管理树状图

顶岗实习的组织管理工作是一个系统工程，涉及顶岗实习前期的计划准备工作、中期的过程执行与监督工作、后期的考核评价与改进工作，而且需要政府、学校、行业协会、企业和实习生、实习生家长的共同参与，制订科学合理的方案并设计相关的组织管理制度，才能保证顶岗实习质量管理工作正常有序地进行。因此，在顶岗实习的质量管理制度探索前，应当通过树状图来描述这个复杂的系统工程，在时间维度上组织过程，在空间维度上组织对象，过程与对象相互交叉，共同构成时间维度与空间维度的场域。

首先，在时间维度上，顶岗实习的质量管理分为连续而又不断循环的三个阶段：顶岗实习下企业前的管理、顶岗实习过程中的管理和顶岗实习返校后的管理，在每个阶段还有内部的连续而又不断循环的阶段。在顶岗实习下企业前，主要包括人才培养模式的设计、实习单位的遴选与双选这两个过程，两者也体现出一定的时间先后关系。在确定好人才培养模式之后，才能针对性地对实习单位进行遴选，然后由学生和企业进行双选，最后召开实习动员大会。在顶岗实习过程中，主要包括实习内容的设计与实施、学生法律风险的控制与防范、学生信息的反馈与跟进、学生实习心理的调适与干预这些工作内容。一方面实施顶岗实习前制订的人才培养方案，另一方面需要针对实习过程中出现的法律风险、心理危机以及实习生的在实习期间出现的问题进行必要的干预与处理，最后由企业对实习生在顶岗实习期间的综合表现进行评价。实习生顶岗实习返校后，主要包括实习效果的综合鉴定、实习经验的总结与交流、实习内容的优化等后续工作，这既是一个质量循环的结束，也是另一个质量循环的开始，不仅体现出对实习效果的评价，还体现出对实习质量的改进。

其次，在空间维度上，顶岗实习的质量管理主要包括三个核心的利益相关方，即政府、学校和企业。在质量管理思维上要改变以学校为中心的单一管理方式，建立多中心的质量管理模式，政府、学校与企业共同参与顶岗实习的质量管理过程，分享顶岗实习质量管理的成果。其中，在政府层面上，主要包括财政、税收和法律方面的支持，对参与校企合作的企业进行评估。达标的企业享受政府资金的支持，政府给予财政补贴或者减免相应的税收；对有效开展校企合作、工学结合、顶岗实习的高职院校给予一定的经费支持；同时对一些比较成熟的政策通过立法的形式固定下来。在学校层面上，主要包括学院管理、系部管理、辅导员管理与专业教师管理。其中学院管理是指学院职能部门层面上的管理，即教学管理部门、招生就业部门以及学生工作部门等；系部管理是针对具体的专业进行针对性的质量管理。学院与系部整体统筹顶岗实习的推进工作，而辅导员与专业指导教师是顶岗实习质量管理工作的具体执行者。在企业层面上，主要包括人力资源管理、业务部门管理和岗位导师管理，其中岗位导师与学校专业指导教师构成了顶岗实习的双导师制，共同对学生进行管理与指导，体现出学生在顶岗实习期间既是企业准员工，又是学校实习生的两种角色的结合。

顶岗实习时空二维的质量管理树状图反映了顶岗实习在时间维度和空间维度上的构成，同时也体现了时间维度与空间维度的联系以及各自内在的关系，时间维度与空间维度的质量流会形成顶岗实习质量管理的质量场，直接决定着顶岗实习的质量管理效果。

第二节　时空二维树状图的质量控制原理

图 5-1 反映了本研究的一个平面研究框架,体现了时间和空间两个维度上的顶岗实习质量管理理念,其中时间维度体现的是 PDCA 质量管理循环过程与质量链中关键节点的构成情况,而空间维度体现的是利益相关方的多中心质量管理。在图 5-1 中,时间维度与空间维度的质量管理内容并不相互排斥,而是存在着内在的交集,因此可以合成"时空二维"。

在时空二维的树状图(图 5-1)中,表象是一种静态的结构,但实质上是一个质量流的运动过程,各种质量信息在时空两个维度中通过树干上的流动、传递、交换、积累,并且相互作用,相互影响,不断往复、不断循环,呈现的是一种整体的效应。就质量管理的角度而言,关键的是使这些信息保持稳定、有序、畅通、高效的状态,从而能够控制质量管理的效果。因此,本研究将重点研究质量流的每个关键节点以及各个利益相关方的需求、期望以及不同的立场,提出解决的方案,形成多中心的质量管理模式,在循环中校正与改进,在协同中耦合与提升,在发展中改革与创新,最终形成比较成熟的时空二维质量管理制度。

在图 5-1 中,顶岗实习的时间维度和空间维度的树干还可以无限制延伸与补充。树干的进一步延伸与补充代表着对顶岗实习质量管理探索与实践的进一步优化,也代表着探索与实践的无止境循环过程。我们应该看到,在顶岗实习质量管理的时空二维树状图中,时间和空间两个维度的信息之间相互作用与影响是靠顶岗实习质量管理运动的物理场实现的,只有保证时间序列与空间位置的无缝链接,才能推动实习生与顶岗实习质量管理各种背景因素的组合,形成一定的质量管理场效应,产生具有稳定结构和功能的质量管理场系统,从而形成高质量的人才培养管理效果。

第六章 基于时间维度的顶岗实习质量控制的探索与实践

第一节 基于时间维度的控制理论

一、时间维度树状图描述

图 6-1 是顶岗实习的时空二维质量管理图时间维度的树状结构图。鉴于时间维度具有独立的研究价值,因此本研究首先将其从时空二维质量管理中分离出来,进行分析与评价。在分析方法上,主要运用 PDCA 循环理论和质量链管理理论,从过程控制以及质量链的关键节点角度选择切入到顶岗实习的时间维度质量管理中。

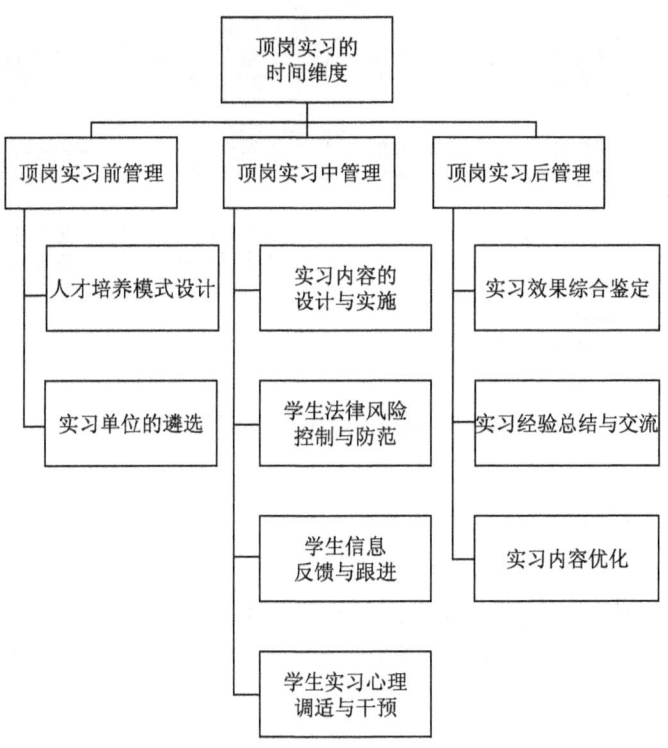

图 6-1 顶岗实习的时间维度树状图

二、过程控制的实现

过程方法是质量管理的八大方法之一,它是指一组将输入转化为输出的活动,从这个角度来看,作为一种活动,顶岗实习也是一种过程。在这个过程里有输入也有输出,输入的是信息和要求,而输出的是结果和产品。过程控制的内容包括识别过程、控制过程与改进过程。识别过程是指为了建立过程体系,组织系统地识别所应用的过程以及过程之间的相互作用;过程控制是指将影响过程质量的技术、管理和人的因素配置到受控的状态,以达到预期的质量目标,其中包括对输入资源和信息的控制、对过程本身的控制以及对输出产品的控制;过程改进是指组织为增加过程的科学性和可控性而进行的持续修正活动。

在顶岗实习质量管理过程控制实现的路径中,主要是依靠PDCA循环的方法操作和运行的(如图6-2所示),具体说来包括以下四个方面:

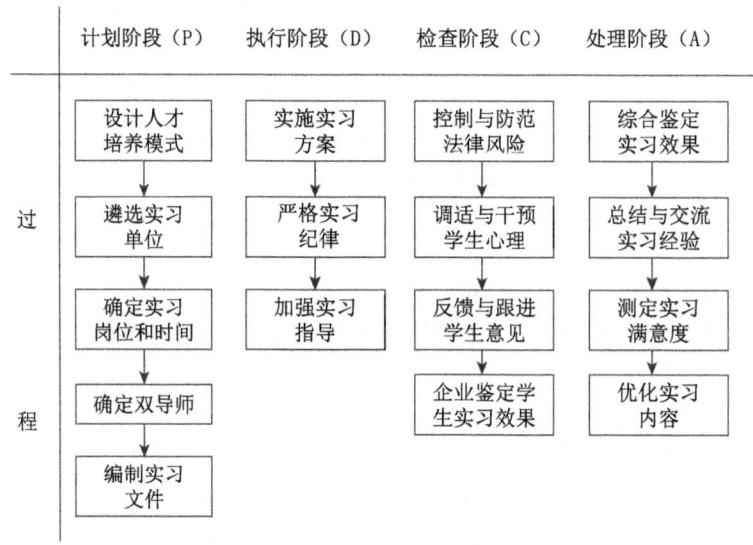

图6-2 顶岗实习过程控制的示意图

(一)计划阶段(P)

1. 确定质量目标

在具体操作时,首先需要明确人才培养方案的要求以及行业对人才的需求特征,然后根据这些要求和需求特征评价质量目标的内容,最后再将经过评审的质量目标与学生、校内指导教师以及企业岗位老师进行沟通。

2. 分解控制过程

这一阶段的任务是把顶岗实习的过程控制进行分解,按照PDCA循环的方法,可以将顶岗实习的过程分解为计划阶段、执行阶段、检查阶段和处理阶段。同时,对每一阶段还需要再分解,这就是本研究绘制流程图的过程。

3.配置资源和信息

在资源配置上,学校主要考虑两方面内容:一是遴选实习单位;二是确定实习岗位和实习时间以及学校与企业的双导师,同时通过实习协议将顶岗实习过程中各个主体的法律责任确认下来。在信息配置上,主要是配置一些必要的书面文件,譬如顶岗实习任务书、论文(毕业设计)任务书、顶岗实习管理手册等。

(二)执行阶段(D)

1.严格实习纪律

在顶岗实习期间,学校由于时间以及人力等各方面因素,无法对实习生实行全面的日常纪律管理,而实习单位往往对实习生的纪律管理比较松弛,在这种情况下,实习生的纪律观念容易逐渐淡漠。实习纪律一旦松懈,轻则影响实习质量,重则可能造成企业经济损失或发生安全事故,因此学校与企业应当共同要求实习生严格遵守有关纪律,杜绝迟到、早退、旷工等现象,严格履行请假手续,所有请假都需要获得双导师的同意。

2.过程指导管理

在顶岗实习开始后,校内实习指导教师需要与企业岗位导师建立常态的联系,关注学生的实习动态,同时要定期检查实习生顶岗实习的质量,对他们的专业技能训练提出合理的建议,并且要求将实习与撰写毕业论文或者毕业设计结合起来。在整个实习过程中,无论是指导教师还是学生,都应当养成书面记录的习惯,形成质量控制的第一手资料。

(三)检查阶段(C)

1.过程检查监督

在顶岗实习过程中,实习生会面临一系列的法律风险,主要集中在劳动报酬和人身安全事故两方面。学校应当争取在校企合作上有所突破,可以按照企业员工待遇为实习生提供力所能及的劳动保障。同时,学校和企业应当及时反馈学生提出的意见,并跟踪处理的进度。此外,学生由于面临角色的转变,从学生转变为准职业人,这个过程会带来心理的压力和焦虑,因此,学校以及指导教师要关注学生的心理状态,发现学生心理危机时,应与学校心理咨询医生共同干预这些学生的心理活动,帮助他们健康地面对顶岗实习,保证顶岗实习的顺利实施。

2.实习综合鉴定

在顶岗实习过程中,或者在完成顶岗实习后,学校可以要求企业对学生进行业务技能考核,同时根据实习期间的综合表现给予量化的分数。学校根据企业的量化分数,综合学生在实习期间的表现,给出最后综合鉴定。

3.实习基地考核

在过程检查中,学校不仅需要检查学生,还需要检查实习基地的配套情况。如果实习基地不能有效地保障学生的权益或者无法为实习学生提供顶岗锻炼专业技能的机会,那么学校可以经过评估撤销该实习基地。

(四)处理阶段(A)

1. 实习效果的综合鉴定

顶岗实习是教学计划的重要组成部分,所有学生都必须按照教学计划的安排参加顶岗实习并且取得相应学分后才可以毕业,因此实习的综合鉴定显得尤为重要。在对顶岗实习效果进行综合鉴定时,要坚持校内评价与企业评价相结合并以企业为主的原则。鉴定内容应当综合考虑到实习生的思想政治表现、职业精神、专业技能以及社会适应能力等,评定方式实行定量考核与定性考核相结合。

2. 满意度的测定

实习生对实习的满意度,可以采用问卷调查法来测定。开展问卷调查,可以在最大程度上获取真实的数据,经过统计分析可以不断调整与改进顶岗实习方案,并能对学生的顶岗实习活动进行预测和控制。本研究主要采用的是 MATLAB 分析工具。

3. 座谈会的召开

满意度的测定除了更多地需要定量分析外,还需要一些定性分析的方法,召开实习生经验交流座谈会便是一种比较好的方法。在座谈会上,不仅可以了解实习一线的工作情况,而且还能有机地对定量分析中一些问题进行预测试,以掌握这些问题的调查价值,从而对顶岗实习方案进行不断的改进。

三、质量链管理与关键节点的控制

根据质量链管理理论,质量链是一个动态的链式结构,在这个链条上分布着大量的质量信息,只有对这些质量信息进行统计和分析,才可以发现质量链中的瑕疵环节,从而对这些环节进行针对性的修复,以提高产品的质量。因此,在质量链管理中,核心任务就是对有决定性影响的链节点进行选择和控制。

顶岗实习的过程其实也是一个生产的过程,所以在顶岗实习的整个过程中,每一个质量链节点都会影响到顶岗实习的质量管理,因此为了对顶岗实习实行有效的质量管理,本研究将借鉴质量链管理理论,构建质量链管理构架图(如图6-3所示)。本研究的一个基本思路就是识别顶岗实习过程中的关键链节点,对其存在的问题进行深入的分析,并且提出相应的解决方案。选择关键性控制节点的能力是一项管理艺术,因为健全的控制取决于关键节点。因此,能否准确识别关键控制节点,对顶岗实习质量管理工作尤为重要。本研究将从顶岗实习前、顶岗实习中和顶岗实习后这三个阶段寻找和确定关键控制节点,并且着力解决节点中的问题,同时分析这些关键控制节点的耦合效应。其中,质量链的耦合效应就是要追求质量链管理的 $1+1\cdots+1(n$ 个 1 之和$)>n$ 的协同效应,即整体的价值大于单个节点的简单总和,尤其在顶岗实习利益相关方之间,耦合效应的建立是突破不同态度和立场的最佳渠道。

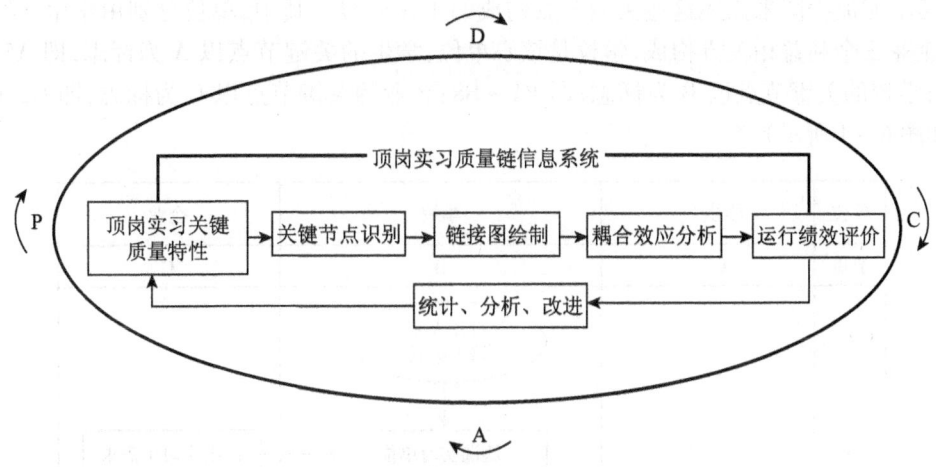

图 6-3 顶岗实习质量链管理构架图

第二节 顶岗实习前的质量控制（P 阶段）

在顶岗实习的时间维度上，顶岗实习下企业前的管理属于 PDCA 循环中的计划与策划阶段，这一阶段的质量管理直接决定了 PDCA 循环是否能够正常启动与运行。为此，需要寻找和确定质量管理 P 链条上的关键链节点，并且输入行之有效的解决方法。

就一般情况而言，顶岗实习下企业前的管理主要有四个关键链节点，这四个节点分别是设计人才培养模式、遴选实习单位、制订实习方案与召开实习动员大会，同时它们在时间节点上构成了顶岗实习前质量管理的基本流程图。首先，在宏观上应当按照专业与行业的特点，明确顶岗实习的人才培养模式，或是"2+1"的工学结合模式，抑或是"1.5+0.5+0.5+0.5"的工学交替模式，并提出质量目标，然后在微观上注重提高实习单位的遴选质量、实习方案的制订质量与召开实习动员大会的质量，从而确保关键链节点不至于短路影响到质量信息的流动以及耦合效应的产生。

当然，顶岗实习下企业前的质量管理既是实施顶岗实习过程的必要准备，也是对顶岗实习后实习方案优化的再次启动与检验，从而保证顶岗实习 PDCA 循环的整体性与延续性。

一、质量管理总流程图

在顶岗实习的时空二维质量管理树状图中，顶岗实习前的质量控制主要由两部分构成，即人才培养模式的设计与实习单位的遴选及双选。但是，从质量链的关键链节点角度来看，顶岗实习前的质量管理工作还包括制订实习方案与召开实习动员大会这些辅助性的工作。这些关键节点构成了顶岗实习前质量管理工作的重点内容。下面用跨功能流程图来描述这些关键节点构成的工作内容。其中,单位分别由学生、学校和企业三个利益相关方构成,学校是核心单位,学生的关键节点以 A 为标志,即 A5～A8;学校的关键节点以 B 为标志,即 B1～B8;企业的关键节点以 C 为标志,即 C2、C5(如图 6-4 所示)。

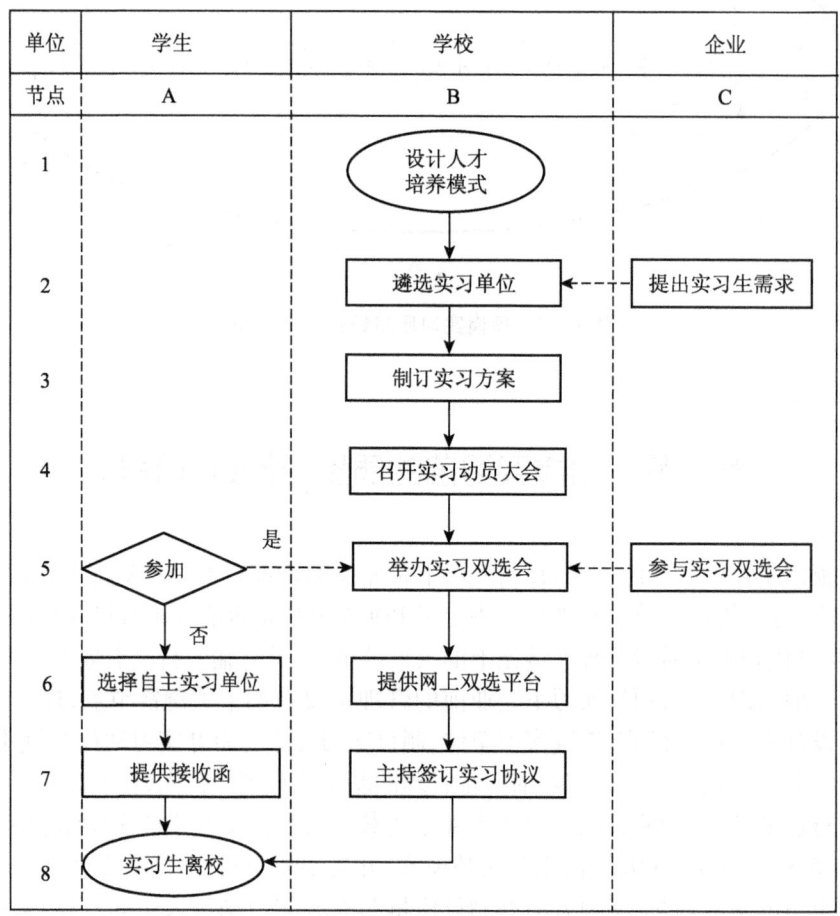

图 6-4　顶岗实习前质量管理总流程图

二、质量控制的过程与关键节点

为了将顶岗实习前质量管理的关键链节点控制描述得更加集中与紧凑,并且突出关键链节点的耦合效应,本研究在顶岗实习前的质量控制过程中主要阐述实习单位的考察与遴选和实习方案的研究与制订这两个过程。

(一)实习基地的考察与遴选

顶岗实习一般都是实行学校推荐、实习单位选用的双向选择和个人自主联系实习单位相结合的方式进行。在遴选顶岗实习单位的过程中,学校应该既依托既有的比较成熟的校企合作项目与实习实训基地,又优先选择与学校密切合作且与行业发展相适应的企业(如图6-5所示)。如果是选择新的企业,则应当坚持在专业基本对口,满足实习要求的前提下,本着就近的原则,选择拥有深厚企业文化的传统优势企业或者具有创新思维的开拓性中小企业。考察与遴选实习基地是顶岗实习前质量管理的一个关键节点,而其中一个至关重要的节点是尊重学生的选择和吸收学生的意见,这也是质量管理最容易忽视的一个关键节点。

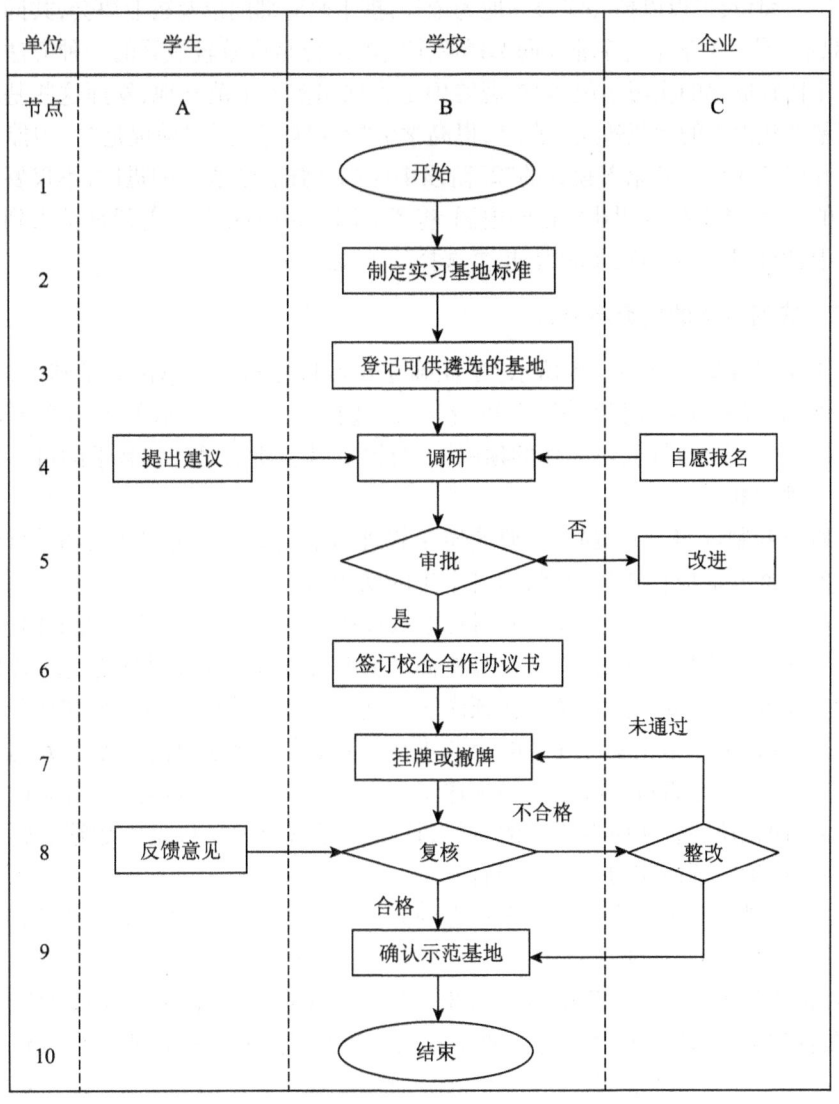

图6-5 实习基地的考察与遴选流程图

学生的意见和选择在实习基地的考察与遴选过程中不容忽视,即使是学校安排实习单位归根结底也是学生和企业之间的双向选择,因此学校应该征求学生的意见,充分体现学生的意愿,结合学生的职业意向,引导学生进行职业分析,并在此基础上与企业建立友好的合作关系。在这一关键链节点的质量监督管理过程中,学校在学生和企业之间主要是发挥桥梁的作用,不能越俎代庖,代替学生直接与企业签订协议。学校在替学生安排实习单位时,如果只有学校和企业在场,而不倾听学生的意见,则不能称之为真正意义上的双向选择。顶岗实习岗位是否及时、有效地落实,直接影响到顶岗实习的质量,所以学校应当高度重视这一环节的实施,通过各种渠道为学生提供实习岗位。为有效解决实习岗位,可以以校外实习基地为依托,携手政府部门以及行业协会,共同在校内举办"双选会"。由学生与企业双向选择确定实习岗位是成效较显著的一种方法。对于一些合作比较成熟的实习单位,学校需要确定为顶岗实习示范基地,发挥这些基地在实习实训基地建设中的示范效应。此外,提高学生"实习竞争力"的前提是"实习能顶岗",学校在开展"2+1"人才培养模式的"2"阶段中应当加强教学改革的进度,不仅要提升职业素养的内涵,还要提升职业资格的内涵,将考取岗位资格证、技能等级证纳入到整体教学目标中,以提升学生的职业能力,提高选择的单位以及岗位的质量。

(二)实习方案的研究与制订

顶岗实习方案(如图6-6所示)是在确立实习目标和实习单位的基础上,对达到目标所需的条件、资源、时机等因素进行评价,选择设计一些合适的顶岗实习运行模块,力求形成一个合适的、可操作的顶岗实习计划,其实质是对实训教学的可行性和效用性的一种判断。

在研究和制订实习方案时,主要的质量管理节点就是征求企业和学生的意见,使得实习方案能够适应行业的发展,满足学生的期望值。

第一,应当在考虑专业人才培养目标的大前提下,认真选取顶岗实习的内容,既要考虑学生职业能力形成的需要,又要分析高职院校学生的特点,同时还要结合提供顶岗实习企业的生产实际,选择学生在顶岗实习期间所需完成的实习内容和任务。

第二,要提前与承担实习任务的企业进行沟通,认真规划顶岗实习任务的完成过程,分析实习岗位是否符合学生认知规律,在什么情况下学生群体能够适应该企业的实习任务,而且还要善于听取学生的意见,评估实习内容的安排是否能够兼顾学生的个性化发展,确定顶岗实习组织是否有效。

第三,要科学制定顶岗实习教学管理的方法与手段。制订顶岗实习教学管理方案是为了保障学生顺利完成顶岗实习任务,并且达到预期的期望值。学生在顶岗实习期间,具有企业员工和在校学生的双重身份,既要遵守企业管理制度,又要遵守校纪校规;而在管理上,既要考虑学生与企业正式员工的区别(他们在企业的首要任务是实习),又要考虑企业的生产成本、生产秩序。同时,师资是一种重要的实习资源,是育人的关键,在实习方案的制订中,应当确保顶岗实习的师资以校内教师为主,以企业相关的工程、技术及管理人员为辅,打造出一支理论与实践并重、专兼职结合的多元化"双师型"师资队伍。

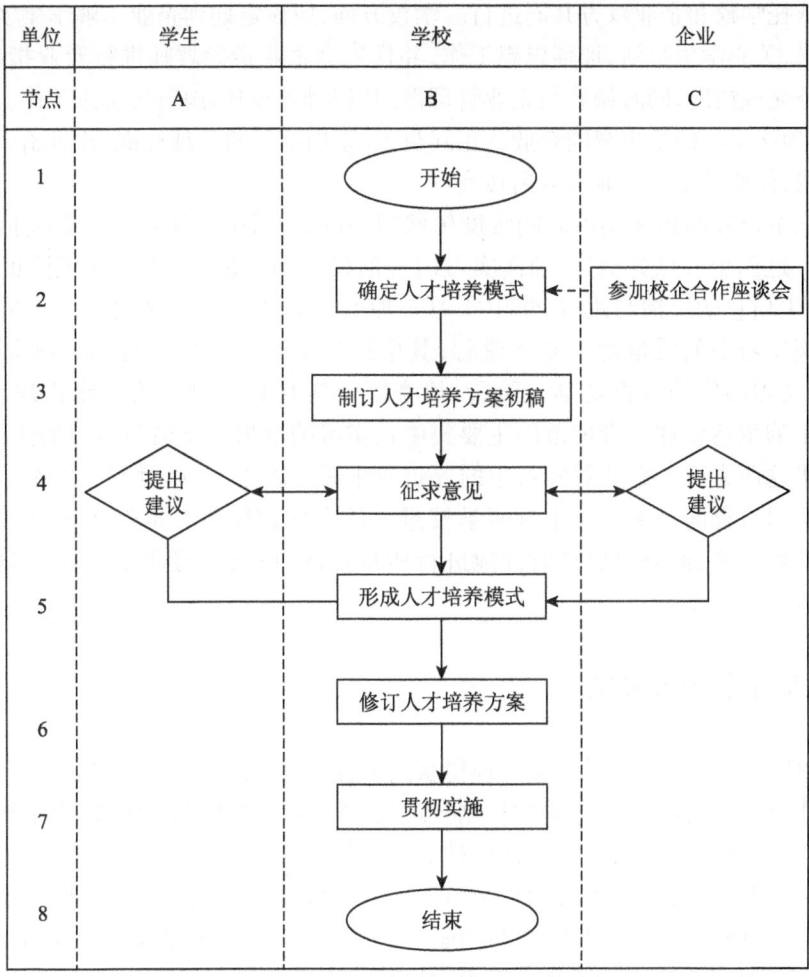

图6-6 顶岗实习方案的研究和制订流程图

第三节 顶岗实习中的质量控制(D阶段与C阶段)

在顶岗实习的时间维度上,顶岗实习中的质量控制属于PDCA循环中的执行与检查阶段,这一阶段的质量管理是顶岗实习全面质量管理的核心内容,也是顶岗实习质量管理需要重点关注的阶段。此阶段执行与检查的质量会直接影响到每一次质量环是否能够提升,并呈现一种前进性的上升趋势。

顶岗实习期间,实习生的身份既是一名注册的学生,同时也是一名准员工,工作管理应当依托学校和企业双方共同进行。学校方面,应该定期到企业了解学生实习的情况与效果,关心学生生活,加强思想工作,并且依靠企业指导教师进行专业指导,检查实习任务完成情况,同时做好与企业管理部门以及师傅们的沟通与交流工作。企业方面,应将顶岗实习的学生视同企业的正式员工,采用统一的管理标准,并且给予同岗同酬的待遇,促使学生向职业人方向转变。

根据本研究的顶岗实习时间维度树状图,顶岗实习中质量管理主要包括四个关键节点。这四个节点分别是:顶岗实习内容的设计与实施,学生法律风险的控制与防范,学生信息的反馈与跟进,学生实习心理的调适与干预。这四个关键节点也显示了顶岗实习中的质量管理基本流程,其中顶岗实习内容的设计与实施是第一阶段,顶岗实习内容的检查是第二阶段,检查既包括对对实习生的工作管理,也包括对实习生的生活管理。管理范围主要集中在实习的效果和反馈与实习的法律风险、心理危机这两方面。企业对实习生的评价属于第三阶段,企业对实习生做出鉴定后意味着实习过程的结束。学生返回学校进入综合鉴定阶段。虽然在实习过程中关键节点开始增多,但是只要针对性地进行质量控制,顶岗实习质量流也会顺畅地穿越中期这个时间维度。

一、质量管理流程图

在顶岗实习的时空二维质量管理树状图中,顶岗实习中的质量控制由顶岗实习内容的设计与实施、学生法律风险的控制与防范、学生信息的反馈与跟进、学生实习心理的调适与干预和企业对实习生的评价这五部分构成。这些关键节点构成了顶岗实习中质量管理工作的重点内容。顶岗实习中质量控制流程图(见图6-7)描述了这些关键节点构成的工作活动。其中,单位由学生、学校、旅游企业和学生家长这四个利益相关方构成,其中学校和学生对顶岗实习的质量需求和期望值都比较高,因此代表着积极型;而旅游企业由于淡旺季特征比较明显,录用实习生更多的是考虑减少人力资源成本,而不是基于培养人才的目的,因此代表着中立型;学生家长往往认为子女参加顶岗实习条件比较艰苦,往往带有一种抵制与否定的态度,因此代表着消极型,下面从理想状态描述四方在顶岗实习中这个阶段进行顶岗实习质量管理的责任分配。如图6-7所示,学生的关键节点以 A 为标志,即 A2、A5;学校是单位的核心,关键节点以 B 为标志,即 B1~B8;企业的关键节点以 C 为标志,即 C2~C7;学生家长的关键节点以 D 为标志,即 D3~D4。

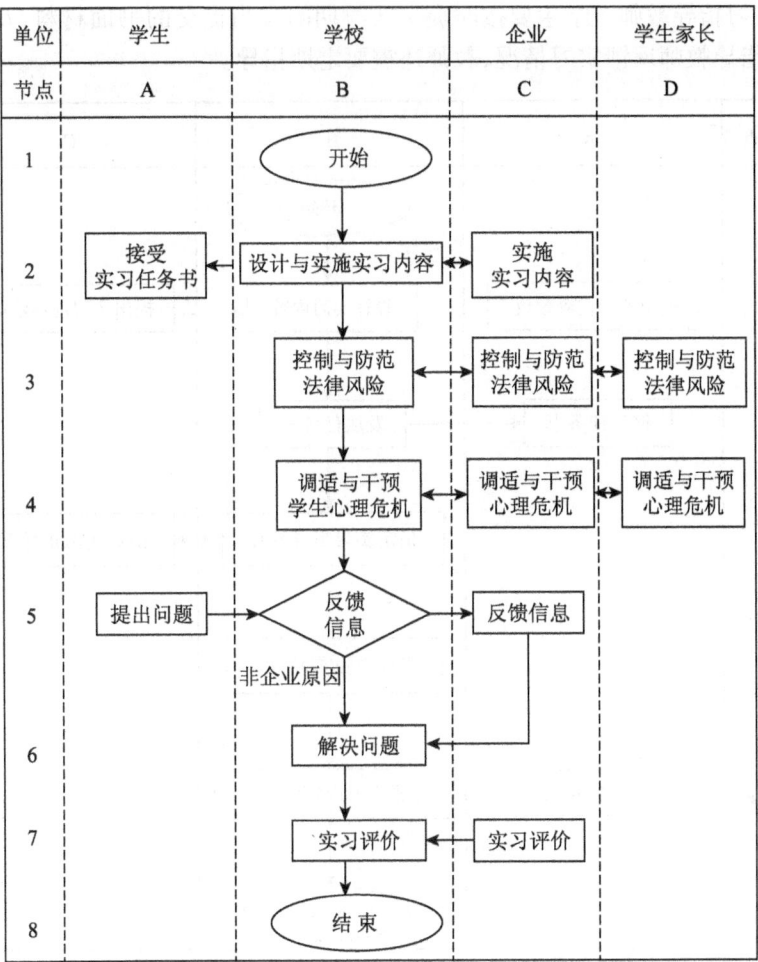

图6－7　顶岗实习中质量控制流程图

二、质量控制的过程与关键节点

(一)实习方案的设计与实施

在实习方案的设计与实施中(如图6－8所示),需要充分发挥学生、行业组织、学校和企业四方的积极性,加强合作,多管齐下,实现顶岗实习的精细化质量管理。在实际质量控制中,一方面需要完善顶岗实习管理制度、操作流程和考核标准,使质量管理落实到每一个具体的环节,不仅需要制定专门的实习工作手册,还需要制定一系列的配套制度;另一方面要充分调动学校各组织的能动性,共同致力于顶岗实习质量的提高,由教务部门通过二级学院、系、教研室、指导教师、辅导员实现对顶岗实习的自上而下的组织、教育和监督等,以实现顶岗实习的教学目标。企业也要与学校相应部门对接,指定实习指导教师。学生要按时提交实习期间应当提交的书面材料,及时向学校和企业的指导教师反馈实习情况,教师还需要定期指导。

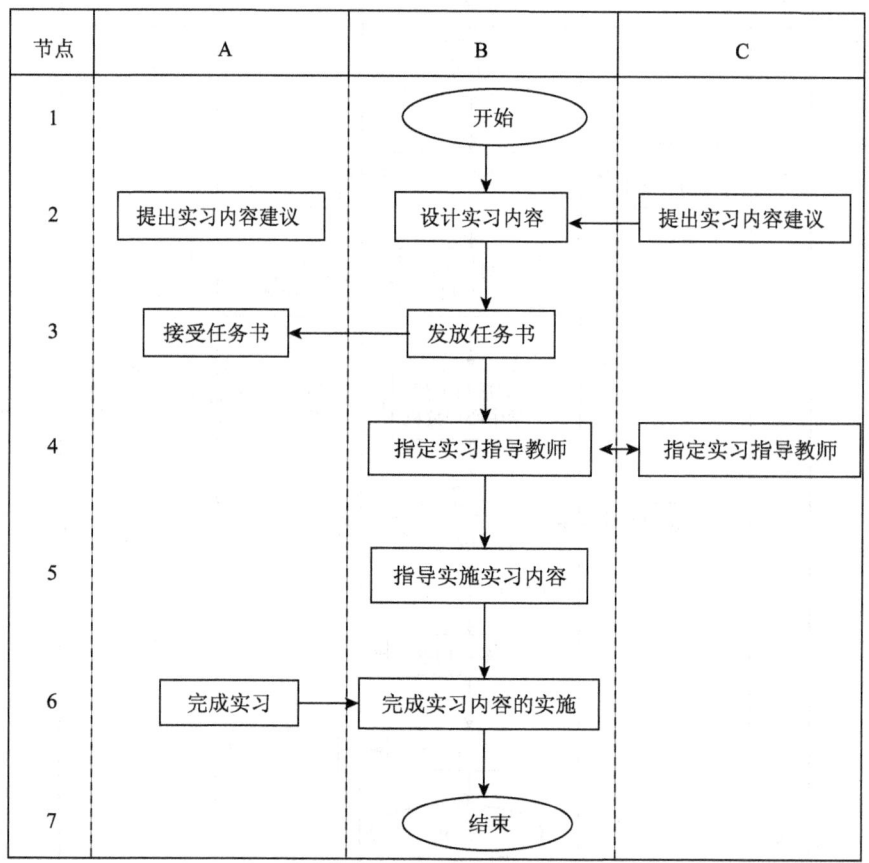

图6-8 实习方案的设计与实施流程图

从图6-8可以发现,实习内容的设计与教师的指导是关键的两个节点,下面就这两个节点展开顶岗实习中的质量管理。

首先,实习内容的设计必须赋予一定的灵活性,保证顶岗实习质量控制的有效性。学校可以根据行业人才需求的变化,根据企业的生产经营情况调整顶岗实习的计划,主动适应学生和企业的多元化需求,从而实现"刚性规范,柔性管理"的模式。实习的市场背景与岗位需求不断变化,因此学校的顶岗实习方案也不是一成不变的,而且每个专业、每个二级学院都具有自己的特点,学校应当主动下放权力,允许各教学单位在学校顶岗实习制度保持相对稳定的同时,进一步总结实践经验进行特色化的修订与完善。尤其是旅游行业,淡季和旺季的特征比较明显,学校应当允许在课程设置、教学进度、学时安排、顶岗实习时间等方面呈现一定的灵活性。

其次,在校企双导师方面,一方是由学校具有丰富教学实践经验的骨干教师或辅导员担任的校内指导教师,另一方是由企业在岗位管理人员、技术人员以及业务骨干中筛选出的企业指导教师。这两类指导教师能否组建成一个责任心强、能力突出的团队,是顶岗实习中这个阶段的重要的节点,因此,学校应当要求指导教师定期走访学生所在的实习单位,指导学生的顶岗实习,收集企业指导教师提供的各方面信息,并且及时交流沟通。

最后,对于不在学校所在地城市实习的学生,校内指导教师可以通过电话、短信、电子邮件以及写信等方式及时了解学生的实习情况,回答学生的提问,必要时针对学生的问题集中指导;同时要求指导教师每周做好辅导纪录,学校针对指导教师提出的各类问题进行检查与复核,并力求尽早提出解决方案,促进顶岗实习质量的提高。

(二)法律风险的控制与防范

顶岗实习生在形式上具有双重身份,既是职业院校的学生,又是企业的员工,但是在实际顶岗实习过程中,企业和学校一般不会严格按照实习大纲合理安排工作内容,有些企业只是将顶岗实习生当作提供劳务的临时工作人员,并没有按照同岗同酬的标准为实习生支付报酬。目前,国家尚无关于顶岗实习学生在实习期间权利和安全保护的专门法律法规,因此鉴于实习生身份的不确定性,一旦在顶岗实习过程中发生人身伤害,维权境地将会比较尴尬,这必然会对实习生的实习过程带来一定的法律风险(见图6-9)。

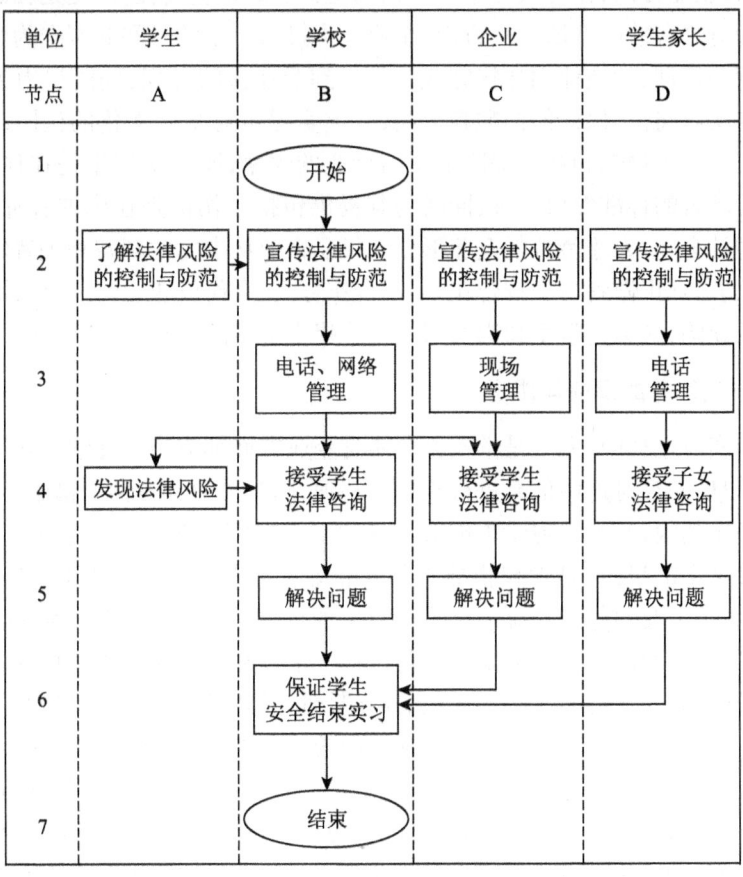

图6-9 法律风险的控制与防范流程图

在控制与防范顶岗实习生的法律风险时,需要学校、企业、学生以及学生家长的共同努力,其中学生与学生家长一般非常注重顶岗实习的安全,以避免法律风险的产生,但是真正的关键节点在于学校和企业这两个利益相关方。

首先,学校在法律风险的质量控制与防范中,至关重要的是慎重对待实习协议的签订与其中重要法律精神的落实。虽然在法律上没有明确界定学校、企业和实习生之间的法律关系,但是在不违反法律已有的范围内,按照"私法自治"的精神,学校可以力求在顶岗实习协议的签订上取得突破,承担起首要的责任。这是属于顶岗实习前的质量控制内容,并影响到顶岗实习整个过程。学校在遴选实习单位后,应当从学生角度出发,无论是签三方协议,还是学校和学生、学校和企业各签一份协议,都应当最大限度地维护学生的权益,在立法缺位的环境下通过签订顶岗实习协议来弥补。如果学生是自主实习,学校也应当出面协调,与实习单位签订协议或者指导学生与实习单位签订协议,承担起学校在顶岗实习过程中应尽的责任。学校除了要求学生签订顶岗实习协议,还应当开设讲座专门解读顶岗实习协议,指导学生利用法律的武器维护自己的合法权益。

其次,在企业方面,作为实习单位应当承担更多的社会责任,这也是在法律尚未完善之前最为行之有效的方法。一方面,企业应当投入一定的时间和资金为学生提供针对性的教育与培训,促使他们尽快完成从学生到职业人的转变,同时尽力为学生提供专业对口的实习岗位,保证他们顺利上岗,注重实习生对企业文化的认同;另一方面,企业应当在实习生报酬和社会保险上做出行业的表率,既然实习生是在顶岗工作,那么就按照劳动者的标准发放工资,同时为其提供包括工伤保险在内的各种社会保险,展现一个对社会、对人才负责的企业形象。只要企业从中立的利益相关者转变为积极的利益相关者,真正做到与学校合作办学、合作育人、合作就业、合作发展,那么既可以弥补立法的缺陷,又会为学生顶岗实习的立法提供宝贵的实践经验。

(三)学生信息的反馈与跟进

在顶岗实习过程中,无论是学校方面还是企业方面都应当关注学生在工作和生活中反馈的信息,并且对这些信息进行收集和整理,同时采取针对性的措施予以处理,消除各种不稳定的因素,为实习学生创造良好的实习氛围。在信息的来源上,一是依靠学生的各种文字汇报,二是学校指导教师与企业指导教师对实习生的实际观察与交流,其中前者是主要的信息来源。尊重实习生的反馈信息,并且及时为其解决实习的后顾之忧,这是一种以人为本的柔性管理过程。学校和企业对学生信息的管理方式不是一劳永逸的,需要针对学生实习环境的不同,研究影响学生实习质量的各种因素,从而决定采取的管理模式与方法,体现出软管理的基本思想(如图6-10所示)。

学生信息反馈与跟进是顶岗实习中期至关重要的一环,理应受到学校和企业的高度重视,其中有两个关键节点,分别是学生实习汇报的过程管理和学生实习生活的引导。在学生实习汇报的过程管理中,主要涉及实习日志与周汇报两个方面的信息。学校应当要求实习学生每天填写实习日志,记录每一天实习的内容和体会心得,直到实

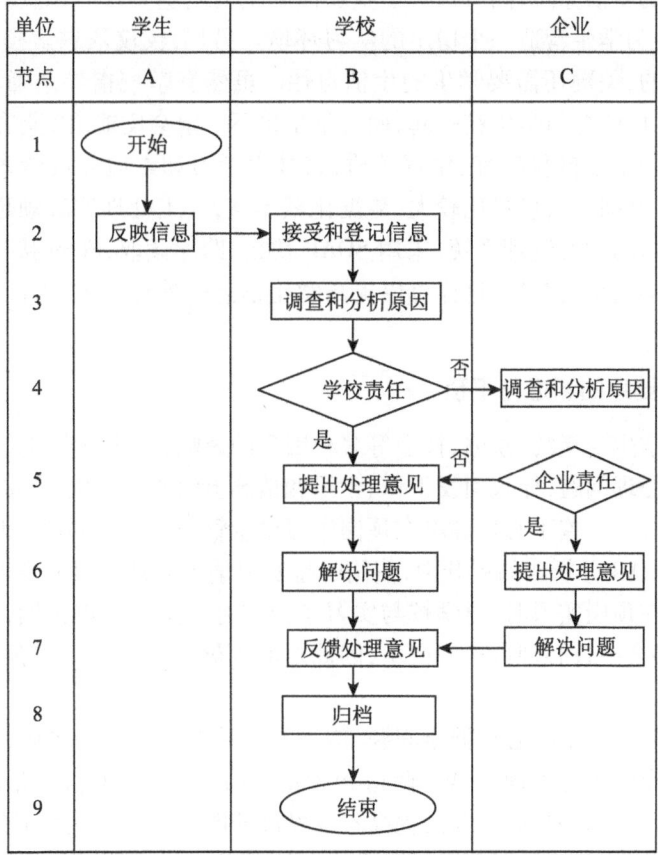

图 6-10　学生信息的反馈与跟进流程图

习结束。填写实习日志是学生积累专业实践知识和提高专业实践技能的一种有效途径,不仅有利于调适学生对企业实习工作的适应能力,培养勤于思考的习惯,而且还有利于学校检查学生的实习情况,实行全面的质量管理。

周汇报主要是指实习学生将自己在顶岗实习中遇到的问题通过电子邮件或者通信软件向学校指导教师汇报。每周汇报截止时间为周日,周一由指导教师统一收集整理,同时由教研室统一安排时间对学生提出的问题进行研究与讨论,提出行之有效的方案,然后再将处理的意见返回给学生。此外,学校还应当统筹安排指导教师定期走访实习生,采取访谈的方式了解学生的实习状况,当面回答学生的问题,提供必要的实习指导。

在学生实习生活的引导中,需要学校在遴选实习单位时就做好相应的准备工作,同时引导学生自我教育和管理。学生远离学校到企业参加顶岗实习,面对的是一个全新的生活环境,为了保证顶岗实习的质量,学校应当积极为学生解决生活上的后顾之忧。在实习过程中,学生最大的生活问题就是日常的生活开支和实习单位不提供住宿,因此,学校在与顶岗实习单位签订协议时就应当明确实习生的实习待遇,力求为学生提供最基本的生活保障,同时针对学生反馈的生活问题要及时调查和分析原因,积极与企业沟通,为学生营造一个稳定的实习环境。另外,仅仅依靠学校和企业的努力还是远远不够的,关键还需要学生的生活自律。虽然有学校指导老师和企业指导老师,但是他们不可能总与学生在一起,而且学生也不一定会反馈出实际的问题,这就需要学生干部引领学生自我教育、化解矛盾,将技术学习和素质养成紧密地结合起来。此外,由于学生反馈的信息量比较大,数据比较丰富,人工处理比较烦琐,学校可以尝试开发实习信息的动态管理系统,采用 SOAP 协议、跨库读取、Form 接口等技术,直接与学院办公自动化系统对接,这样可以提高学生信息的处理效率,提高顶岗实习质量管理的效果。

(四) 心理健康的调适与干预

顶岗实习学生受年龄、家庭、社会等多种因素的影响,在顶岗实习过程中会不断出现各种各样的心理问题,导致引发工作、学习和情感上的心理危机,直接影响到顶岗实习质量管理的效果。鉴于心理健康在顶岗实习质量管理中的重要性,因此本研究在计算机软件 MATLAB 分析法的展开中,使用的是实习学生心理危机问卷调查表。其实,顶岗实习学生在顶岗实习时,对学校与实习单位都有一定的心理预期,一旦这种心理预期失衡,势必会导致心理危机的产生,因此对心理健康的调适与干预在研究中显得十分重要。

面对顶岗实习学生的心理健康问题,应当积极采取针对性的措施,对实习学生的心理归因偏差及时进行干预、疏导、调适和矫正(如图 6-11 所示),帮助他们扭转心理失衡的态势,树立必要的自信心,提高自我发展的能力。在调适与干预过程中,有两个重要的关键节点,分别是对顶岗实习学生归因偏差的心理干预与辅导,以及对顶岗实习学生不良情绪的干预与辅导,前者是定量的分析方法,后者是定性的分析方法。在归因偏差的干预与辅导中,可通过归因训练的方式实现,即通过一定的训练程序,使个体掌握某种归因技能,形成比较积极的归因特点。为此,我们可以采取团体发展法进行归因训练,首先将学生分成若干小组,在一起讨论和分析行为的原因,由一名心理工作者对每个人以及整个小组的情况作出全面的分析,引导实习学生做出正确的归因;然后每个人都填写归因量表,要求从一些归纳的原因中选出与自己行为有关联的因素;最后由心理工作者对这些因素进行评定,对归因结果进行分析,同时做出反馈指导,指出归因偏差,鼓励积极的归因,引导学生对自身心理问题进行合理、正确的认识。在对顶岗实习学生不良情绪的干预与辅导中,学校要重视使用多元化的方法对学生由于心理归因偏差所引起的不良情绪进行调适与干预。具体做法是促使指导教师与学生建立良好的师生关系,了解学生的目的和意图;学校心理医生要接受学生的各种心理咨询,在分析和评估的基础上对实习学生的心理问题进行科学的诊断,查明导致心理问题以及心理危机的诱因,然后制订出解决方案。

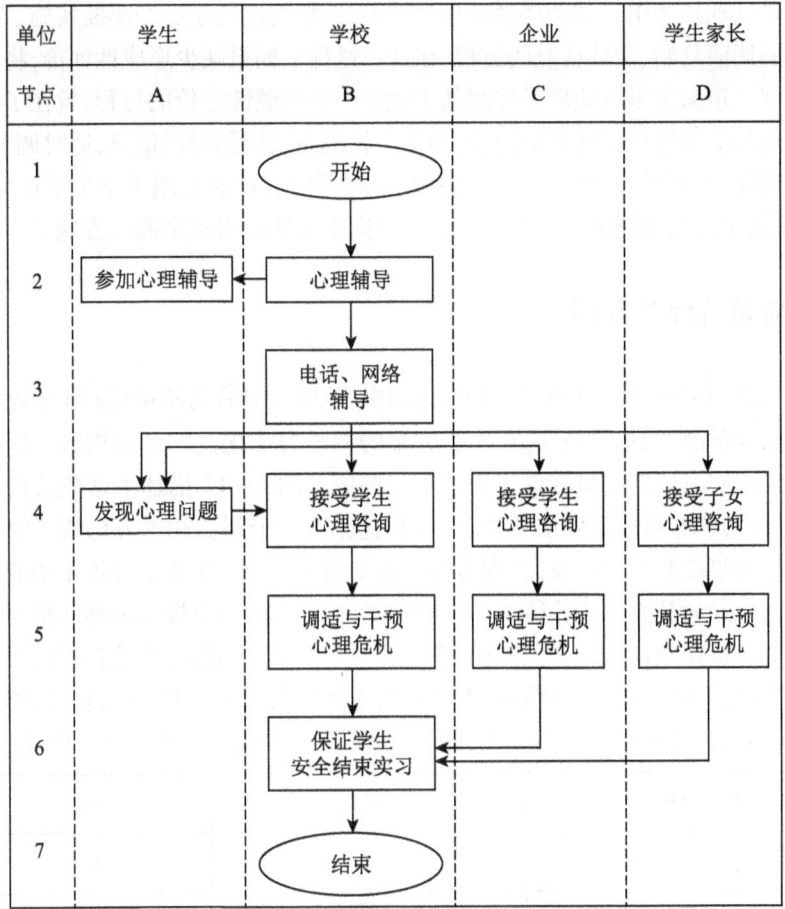

图 6–11 心理健康的调适与干预流程图

第四节 顶岗实习后的质量控制(A 阶段)

在顶岗实习的时间维度上,顶岗实习后的质量控制属于 PDCA 的处理阶段,这一阶段的质量管理是承上启下的阶段,既是对上一阶段质量管理的总结,也是对上一阶段质量管理的修正,从而保证质量环可以不断地呈现上升的运动态势,因此,顶岗实习后质量控制的地位也不容小觑,虽然所做的工作会比前面两个阶段要少,时间跨度也比较短,但是一旦处理不慎,会使前两个阶段的成果得不到高效利用和转化。

根据本研究的顶岗实习时间维度树状图,顶岗实习后质量管理主要包括三个关键节点:实习效果的评价与鉴定,实习经验的总结与交流,实习方案的调整与优化。这三个关键节点也基本显示了顶岗实习后质量管理的流程。首先由学校与企业共同对学生实行评价,然后是教师和学生共同总结经验,最后由学校与企业对实习方案再做调整,供下一轮质量管理环适用。戴明环循环理论认为,质量的提高是一个不断实施、不断改进、不断提高的周而复始、循环往复的过程,在这一过程中如果缺少形成性评价,将无法获得改进的依据。顶岗实习后的质量控制其实就是一个形成性评价的过程,旨在了解顶岗实习活动过程与活动过程中存在的问题,为下一轮的质量控制提供信息,适时调节控制,以充分提高顶岗实习质量。综上所述,实习效果的评价重要的意图不是为了证明,而是为了改进,是为了最大可能地促进每个学生在顶岗实习期间得到全面的发展。

一、质量管理流程图

在顶岗实习的时空二维质量管理树状图中,顶岗实习后的质量控制由实习效果的评价与鉴定、实习经验的总结与交流、实习方案的调整与优化这三部分构成。这些关键节点构成了顶岗实习后期质量管理工作的重点内容。图 6-12 描述了这些关键节点构成的工作活动。其中,单位主要由学生、学校和企业这三个利益相关方构成。学校对顶岗实习后期的质量控制非常重要,表现为利益的主动型。学生由于返校忙于毕业论文的写作,面临着就业的问题;企业等待着下一轮的实习生,所以不会投入足够的精力参与顶岗实习后期的质量控制,均表现为利益的中立型。下面从理想状态描述在顶岗实习中这个阶段质量管理的责任分配。如图 6-12 所示,学生的关键节点以 A 为标志,即 A3;学校是单位的核心,关键节点以 B 为标志,即 B1~B6;企业的关键节点以 C 为标志,即 C2。

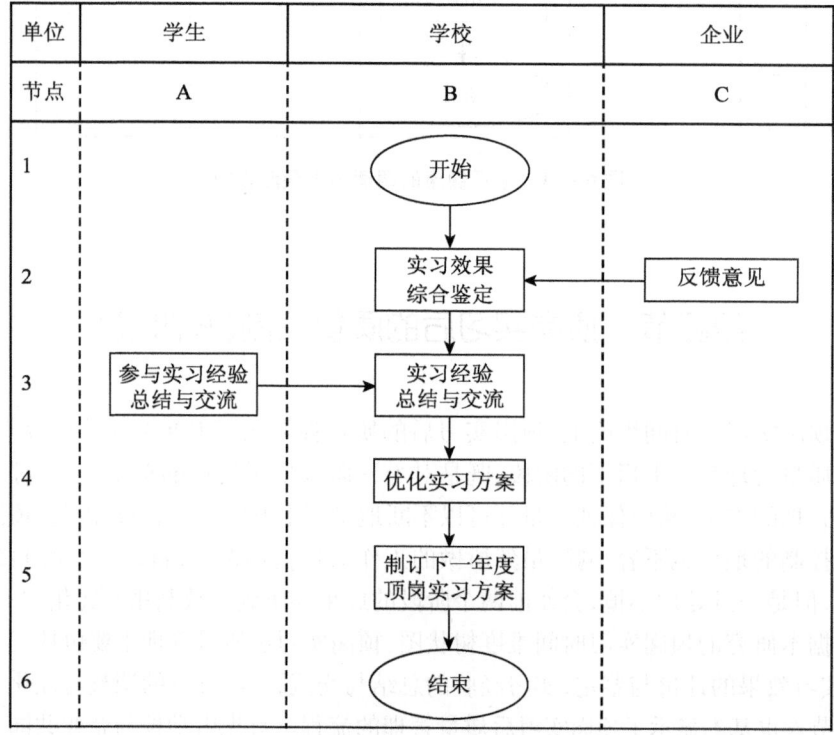

图 6-12 顶岗实习后质量控制流程图

二、质量管理的过程与关键节点

(一)实习效果的评价与鉴定

顶岗实习结束后,实习学生就会陆续返回学校,学校应当再次进行校内集中管理。由于经过校外的顶岗实习,实习学生脱离了严格的校内管理,纪律观念不断淡漠,因此为了保证顶岗实习质量管理的完整性,提高顶岗实习后质量管理的效率,必须对实习返校学生进行全方位的严格管理。所有学生返校后,正式启动实习效果的评价与鉴定工作(如图6-13所示)。实习效果评价与鉴定工作是检验学生通过实习是否在知识与技能两方面获得提高。考核方法主要采用学校考核和企业考核、过程性考核和结果考核相结合的方法。

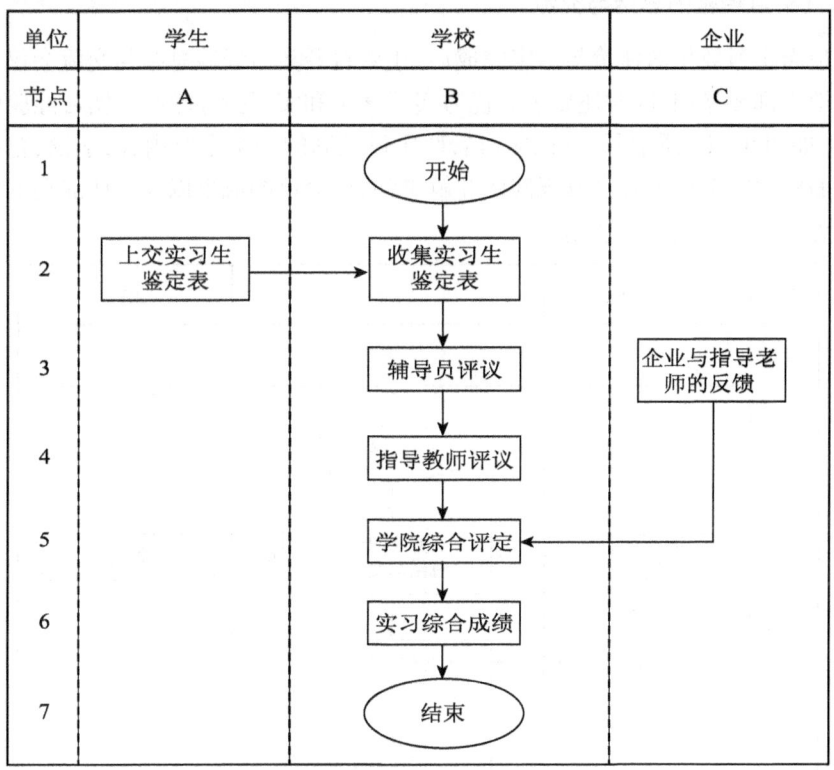

图6-13 实习效果的评价与鉴定流程图

在对实习效果进行评价与鉴定的过程中,需要学校、企业和学生共同参与,提高数据的真实性和准确性,从而保证质量控制的有效性。其中,有两个关键节点需要充分重视:顶岗实习的评价与鉴定方法和双导师在实习生实习效果评价中的地位与理解。

首先是顶岗实习的成绩鉴定。成绩鉴定作为顶岗实习质量管理工作必不可少的环节之一,其衡量为达到人才培养目标所制订的计划是否得以有效地实现。学校与企业不能简单地将顶岗实习成绩鉴定当作过程性考核或结果考核,而应将其作为过程与结果的双考核,并应将考核贯穿于实习的全过程。鉴定成绩由顶岗实习中的表现和实习成果构成,包括实习任务完成情况以及对实习过程的反思与总结,重点考察实习态度、实习内容、实习日志、实习总结以及在实习期间表现出来的职业素养;除了这些定性的方式,还包括考察与企业指导教师和校内指导教师交流的次数、实习日志的篇数等定量的方式。

其次,在对实习生实习效果进行评价与鉴定中,要充分吸纳双导师的意见,因为他们是学校和企业与实习学生接触最为频繁的主体。企业指导老师应当着重考察实习生的个人品格、工作态度、工作能力、纪律性、创新意识;校内指导老师应当着重考察实习生的个人品德、实习态度、实习成果和纪律性。也可以综合其他员工的评价,重点考核学生的实习能力、工作态度、工作责任心、团队协作、服务意识等。

(二) 实习经验的总结与交流

在顶岗实习效果的评价与鉴定完成后,还要召开实习经验总结与交流会议,学校、企业和学生都要参加,同时还要表彰优秀实习学生和实习指导教师。实习经验的总结与交流(如图6-14所示)是顶岗实习后期质量控制的一个重要内容,学校、企业和学生三方面对面的会谈更容易发现问题和解决问题,会议的成果以及一些成功的做法可以直接为下一轮顶岗实习使用。

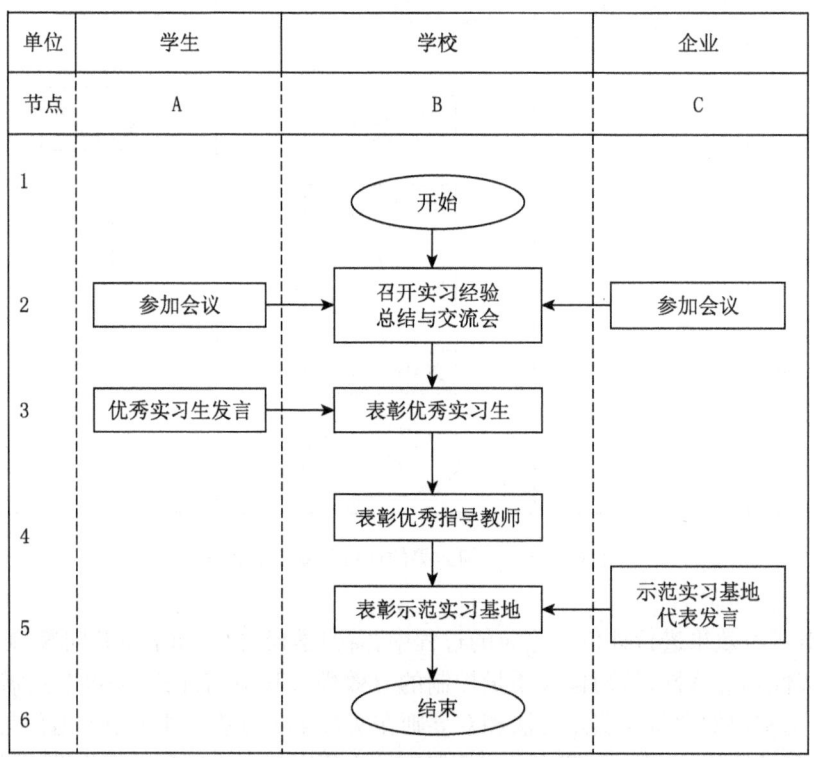

图6-14 实习经验的总结与交流流程图

在实习经验总结与交流会议中,有两个重要的关键节点,一是提高实习经验座谈会的质量,二是建立示范性实习基地。在召开实习经验座谈会时,需要选择具有行业以及区域代表性的企业,而不是仅仅选择一些知名的企业。在实习生的选择上需要考虑专业的覆盖范围以及是否具有代表性。座谈会的内容需要事先准备好。座谈会要对人才培养方案进行深入的研讨,探讨培养目标和人才培养规格是否适应社会对人才的需要,总结分析哪些课程是必须掌握的,哪些课程是应当加强的,哪些能力是需要培养的,从而反思教育思想和培养方案,完善教学的整个课程体系及教学环节。

在建立示范性实习基地中,学校应当具有一套比较成熟的评判标准,以定量为主,兼顾定性的分析方法遴选出示范性实习基地,同时还要注意这些基地的代表性,这样在校企合作的过程中可以以这些示范性实习基地为准,引导其他实习单位按照标准化程式落实顶岗实习的相关事宜,从而形成比较稳定的质量控制效果。

(三)实习方案的调整与优化

实习方案的调整与优化(如图 6-15 所示)是顶岗实习质量控制过程中的收官阶段,不仅意味着顶岗实习的结束,同时也意味着下一轮顶岗实习的开始,这是 PDCA 循环法承上启下的一个关键节点。在质量链管理理论模式下的顶岗实习质量控制模式中,最重要的一环就是对顶岗实习的绩效评价,并且将最后评价的结果落实到顶岗实

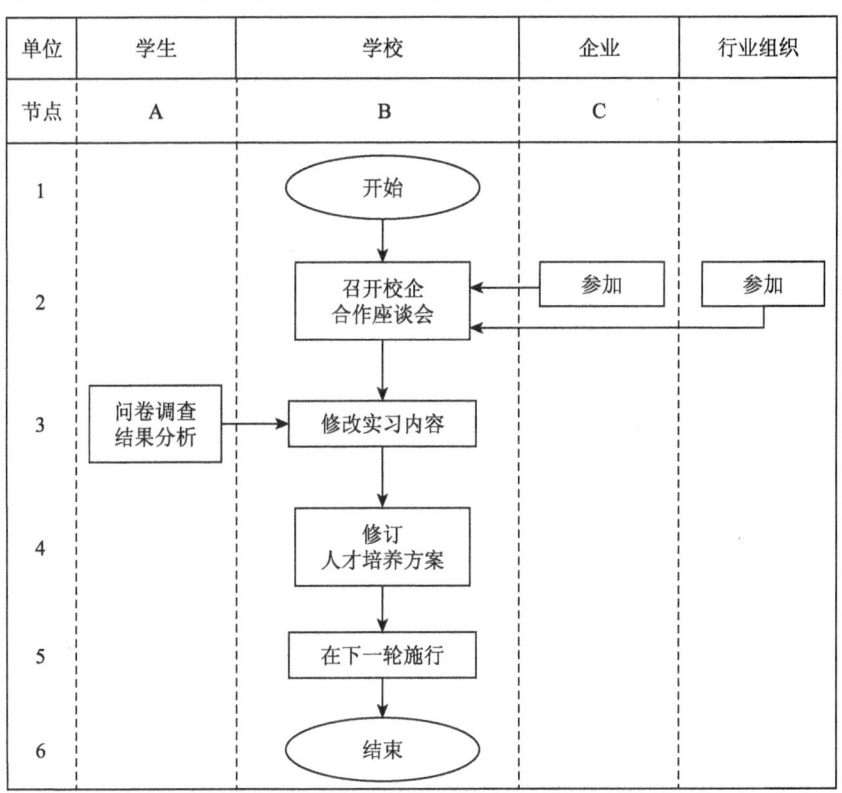

图 6-15 实习方案的调整和优化流程图

习的执行方案中。评价过程中,不但要遵循科学性、导向性、可操作性的原则,还要坚持定量评价与定性评价相结合的方针。在具体的质量控制过程中,学校应当建立并逐步完善三级评价指标体系:一级指标是明确评价内容,二级指标是明确具体考核内容,三级指标体现的是主要观测点,并且规定各观测点的权重和等级标准。

鉴于实习方案的调整与优化在顶岗实习质量体系中的重要地位,因此需要特别关注在这一过程中的关节节点,同时还应当邀请行业组织的参加,以保证人才培养方案实施修订的质量。首先,在这一过程中,有两个关键节点需要重点关注:一是需要充分重视学生、企业以及行业组织的意见,二是实习方案的优化需要将前瞻性与稳定性结合起来。学校要重视学生、企业以及行业组织的意见,要及时收集学生、企业以及行业组织的反馈信息和指导信息,根据学生、企业以及行业组织的要求改进工作,并提出解决方案。因此,从某种意义上来说,顶岗实习的质量控制就是根据反馈的信息和内外部不断变化的情况来改进工作,提高工作满意度。在修订实习方案时,尽可能不要做大的调整,因为这涉及与企业的衔接问题,但是对于一些成功的方法包括可操性比较强的实习建议可以采纳,这样既能达到修订的稳定性,又能保证修订的前瞻性。

第七章　基于空间维度的顶岗实习质量管理的探索与实践

第一节　基于空间维度的利益相关方理论

一、利益相关方图的设计与描述

"利益相关者"概念是在1963年由斯坦福大学的一个研究小组提出的。利益相关者概念最初的含义就是没有利益相关者的支持组织无法维持存在。这个理论的基本观点是所有利益相关者均对企业的生存和发展有贡献,也承担了相应的风险,所以企业应该考虑所有利益者的主张,因为企业是利益相关者权益实现的载体。利益相关方理论作为一种分析方法,旨在分析与组织相关的个人、企业、机构和上级单位以及其对组织的期望,以此判定他们在与组织合作中的地位,在考察组织内外部环境时是一种有效的技术手段。在顶岗实习基于空间维度的研究中,利益相关者被抽象成一个又一个空间,本研究重点考察的就是这一个个空间对顶岗实习所拥有的权力以及可能获取的利益和其行为的可预测性,将顶岗实习利益相关者分成三组,其中政府、学校和行业组织属于积极型,企业和学生属于中立型,而学生家长属于消极型(参见本书第二章图2-10)。

在这些利益相关者里面,权力的顺序从高到低分别是政府—学校—企业—行业组织—学生家长—学生,行为可预测性从高到低分别是学生家长—学生—学校—企业—行业组织—政府,因此通过权力—动态性矩阵(参见本书第二章图2-4)分析可以发现,最难应对的组织就是处于D区的企业。企业的观点比较难以预测,他们可能会支持顶岗实习的模式与管理方法,也可能会阻碍,因此在施行新的质量管理方法前一定要征求企业的意见;政府、学校、行业组织属于C区,属于典型的积极型组织;处于A区的学生虽然地位比较低,但是他们确实希望能够通过顶岗实习学到一定的知识和技能,提高自己的职业素养,因此他们是可以争取的,他们非常关注顶岗实习的质量;处于B区的学生家长尽管地位也比较低,但是也应值得重视,如果他们明确支持自己子女的顶岗实习,就会回到A区,有利于顶岗实习的质量管理。

通过权力—利益矩阵(参见本书第二章图2-5)分析可以发现,由于这些利益相关者的利益从高到低分别是学生—企业—学校—政府—学生家长—行业组织,因此处于C区的行业组织属于最难应对的组织。行业组织对顶岗实习的利益水平比较低,但是也具有一定的权力,对企业会产生一定的影响,进而会影响到顶岗实习的质量控制效果,因此底线是要行业组织保持满意;企业、学校和政府处于 D 区,由于和自身利益息息相关,所以是主要的参与者,因此也是本研究重点关注的单位;学生家长属于 A 区,他们对顶岗实习的质量漠不关心,同时对顶岗实习质量管理也影响不大,所以对这一群体只需要作出最少的努力;B 区的学生的地位虽然比较低,但是顶岗实习质量管理的水平与学生的利益密切相关,因此可以通过保持信息的交流来满足他们对利益关注的心理需求,促使他们关注顶岗实习的质量控制。

总之,利益相关者理论的一个基本逻辑起点就是,顶岗实习的质量管理必须充分考虑到利益相关者的权益。

二、利益相关方与多中心理论

利益相关方分析方法在分析顶岗实习的质量控制时也具有不可克服的缺陷,主要体现为没有系统地考察利益相关方相互之间的联系。通过研究发现,利益相关方之间的耦合对组织会产生质的改变,这种耦合效应会直接影响到顶岗实习质量管理的进程与效果。因此,在从空间角度展开顶岗实习的质量控制时,本研究还引入了多中心理论,与利益相关者理论相结合,取长补短,有效地克服了利益相关者理论先天的不足,优化了两者的组合效应。多中心理论的核心观点是通过多元主体的参与解决单中心治理模式的瓶颈,从而实现社会公共服务的优化配置。顶岗实习属于一种教育产品,教育也属于一项社会公共事业或者是社会公共产品,但是教育的利益相关者或者中心并非只有政府或者是学校,而应该将中心拓展到每一个利益相关者,形成与利益相关者的有机组合。

至此,顶岗实习质量管理时间维度和空间维度构成的一个场域就可以抽象出来了。其实,顶岗实习的质量管理主要在于控制由时间维度和空间维度构成的物理场,只有保证时间序列与空间位置的无缝集成,才能维持有效的质量流,从而输出高质量的顶岗实习效果,这也是本研究的核心。

第二节 政府层面的质量控制

一、概述

政府部门属于顶岗实习制度的主要参与者,同时位高权重,而且立场坚定,虽然不会具体参与顶岗实习的质量管理中,但是政府部门出台的政策却与顶岗实习质量管理的最终质量产出具有密切的关系,属于顶岗实习质量管理策略中需要重点关注的对象。

目前,政府包括教育主管部门在顶岗实习方面相关政策、法规和运行机制等方面都有所缺失,严重地影响了我国职业院校顶岗实习活动的有效开展。所以,政府部门应当充分发挥其政策导向和协调统一的功能,健全或完善相应的政策和法规,尤其是在财政和税收制度做出更多的突破;明确政府、行业组织、企业、学校以及学生等多方的责任、权利和义务;从国家层面上引导和规划顶岗实习培养模式;建立顶岗实习的专项基金制度;完善对企业和学校的奖励机制;牵头建立一套科学有效的包括立法、司法、行政和社会四位一体的职业教育实施监督体系,对高职院校和企业进行相应的顶岗实习监督管理。通过政府的导向、协调和监督,保障顶岗实习持续、健康、全面、有效地实施。

二、质量控制的顶层设计

(一)财政税收政策保障

随着我国经济发展和企业盈利水平的提高,我国公共财政收入和税收收入逐年提升,但是教育经费支出主要用于城市与乡镇免费义务教育和落实困难学生资助政策等基础教育中,用于职业教育的支出很少,与西方发达国家诸如德国"接收实习生企业享受优惠保障"、法国"实习学徒享有劳动者权益"以及英国"政府为学生实习岗位买单"的强力政策相比仍有很大差距,而且我国出台有关高职顶岗实习政策的部门一般只限于教育部,政策的强制性和执行力往往被削弱。《国家中长期教育改革和发展规划纲要(2010—2020)》针对职业教育提出"创建健全政府主导、行业指导、企业参与的办学机制",因此国家财政税收机关应当制定相应优惠政策,激励企业参与职业教育,推动高职顶岗实习制度的实施。

1. 财政政策保障

2013年国家财政性教育经费(主要包括公共财政预算教育经费、各级政府征收用于教育的税费、企业办学中的企业拨款、校办产业和社会服务收入用于教育的经费等)为24 488.22亿元,占国内生产总值的4.30%。当前教育部积极推动各省(区、市)落实《职业教育法》和教育规划纲要相关责任,制定和实施职业院校生拨款标准,高职教育经费投入稳定增长机制逐步建立。这些为我国高职院校顶岗实习的开展提供了较为充足的资金保障,并且切实提高了人才培养的质量,因此政府要进一步优化财政支出结构,新增财力应当优先保障教育支出,特别是高职教育的投入。由于高职教育的管理职责主要在地方政府,其经费补贴以当地政府的经费补贴为主,并且应该根据各地高职院校的不同情况加以区别对待。中央财政和地方政府有责任重点关注高职教育中弱势院校的发展状况,通过建立教育经费转移支付制度和专项扶持制度来改善经济欠发达地区高职院校的办学条件,健全促进高职教育事业发展的长效保障机制。除了保证投入外,合理使用财政教育经费、提高资金使用效益也格外重要。在教育经费安排上应当坚持以人为本,强化学校教育经费的预算管理,提高预算经费编制的科学性与准确性,同时明确管理责任,加强经费使用管理,切实提高经费管理水平。

此外，从利益相关方理论来看，高职教育有多个利益相关者，收益方包括政府、行业及企业、学校、学生及其家庭，其教育成本应由各相关利益主体来分担。当前我国高职教育成本分担体系的总特点是学生成本分担比例偏高，政府分担比例偏低，社会分担成本不足，地区结构不均衡。即使高等职业教育实行了按教育成本高收费，但经费仍然严重短缺，因此政府部门在财政政策上应当建立和完善符合市场经济发展要求的职业教育拨款政策和成本分担机制，结合高职院校办学实际的成本支出，兼顾学生家庭经济承受的能力，吸引社会资本来投资职业教育，鼓励民办高等职业教育发展以扩大职业教育经费的总量。

2. 税收政策保障

政府部门应当对校企合作开展高职顶岗实习进行积极干预，建立激励机制，出台免税政策，鼓励企业深度参与校企合作与顶岗实习的过程，形成互动、双赢的校企合作机制。对接受高职学生顶岗实习并支付报酬的企业，可以给予相应税收优惠。事实上国家税务总局《企业支付实习生报酬税前扣除管理办法》已经明确规定，企业支付在本企业实习学生的报酬，可以在计算缴纳企业所得税时扣除。但是，由于企业具体环节多，不易操作，而且企业没有直接收益，主观感受不强，此项优惠政策一直以来对企业驱动效应不明显。因此，可以考虑将此项政策中企业交纳税收减免优惠，改为由高职院校根据具体实习学生人数申领税收优惠数额的凭证，而后递交企业，企业在纳税时通过优惠凭证直接抵消应交税收，这种操作方法简易清晰，驱动效果更好。

(二) 专门法律法规保障

《高等教育法》第56条规定，高校学生在课余时间可以参加社会服务和勤工助学活动，但不得影响学业任务的完成。从该规定看，法律只授权在校大学生利用课余时间参加社会服务和勤工俭学，但是在司法实践中，劳动行政管理部门、劳动争议仲裁机构和法院一般不把学生实习视为事实劳动关系。2010年3月初，广东颁布的《广东省高等学校实习与毕业生就业见习条例》正式施行，规定国家机关、企事业单位等，必须按照一定比例接收大学生实习和见习。学生顶岗实习期间，实习单位应当按照同岗位职工工资的一定比例向学生支付实习报酬，非顶岗实习的学生，学校、实习单位和学生可以在实习协议中约定给予实习补助等，明确了实习各方的主要权利和义务。广东省在高校学生实习立法上进行了开拓性的尝试，对顶岗实习学生的法律规范取得了一定的突破，但该条例属于地方性法规，在适用上有属地范围的限制。教育是公益性的事业，单凭政府协调或市场机制无法达到资源配置的最优化，无法维持高职教育这个系统工程的良性运转，因此法律需要反映利益格局，对利益的分配状态加以确认，从而促进各种利益的实现和协调发展，并从法律上为其提供稳定的保障。

1. 高职院校开展顶岗实习的权利和义务

高等学校自批准设立之日起即取得法人资格，在民事活动中依法享有民事权利，承担民事责任。

高职院校应具有以下权利:第一,获得顶岗实习支持的权利。职业技能的培养是国家、企业和个体三方合力作用的结果。高职院校可以按照建设主体多元化的原则,多渠道、多形式筹措资金或取得其他形式的支持。第二,选择顶岗实习单位的权利。学校可以根据专业群或工作岗位群遴选企业建设顶岗实习基地,实现优化组合和资源共享。

高职院校开展顶岗实习应承担如下义务:第一,妥善选择实习单位。学校应就实习事宜与企业签订协议,明确双方的权利和义务及学生实习期间双方的管理责任。第二,建立实习管理制度。学校应当按照专业人才培养目标和教学大纲,制订实习计划,对学生进行安全、纪律教育,建立健全实习管理制度,监控学生实习的进展状况,建立过程记录档案。

2. 企业接收学生顶岗实习的权利和义务

企业作为顶岗实习的接收单位,应当享有以下权利:第一,获得税收优惠或专项补助的权利。国家应增加经费投入,给予企业由于接收学生顶岗实习增加的经营成本进行税收减免等优惠措施,支付相应的机会成本。第二,实习指导人员的报酬权。作为相对稳定、技术过硬的一批实习指导人员可受聘为高职院校的兼职教师并获得相应报酬。第三,对实习生的管理权。企业有权要求实习生遵守企业的管理规章制度。

企业作为最终用人单位所应担负的义务有:第一,提供顶岗实习的场所和工作岗位。企业提供的实习场所应具备顶岗实习所需的软硬件条件。第二,安排有经验的实习指导人员对实习生进行安全培训和技能培训。企业应安排技术水平高、责任心强的人员指导学生实习。第三,保障实习生的人身安全和健康。实习单位应如实告知学生该实习岗位的职业危害因素并采取有效的防范措施,对学生进行专门的上岗安全培训。

3. 学生参加顶岗实习的权利和义务

顶岗实习是实践性教学的重要环节。学生应当按照学校顶岗实习计划认真完成实习任务,同时,顶岗实习学生应当享有如下权利:第一,休息权。顶岗实习的劳动时间不得超过法定最长工作时间。对未满18周岁的实习生还应缩短工时,以保证其身体的健康发育和文化知识学习的需要。第二,报酬权。顶岗实习中,学生岗位较单一,能够参与实际生产并创造经济效益,所以企业应当按照同岗位职工工资的相应比例支付报酬。学校也可对实习学生交通、通信等必要支出给予补贴。第三,劳动保护权。学生自身应当严格遵守实习岗位操作规程,履行安全教育责任协议的各项条款。由于目前较突出的实习生意外伤害事故问题不属于《工伤保险条例》调整的劳动关系和工伤保险范围,实习生若在工作期间发生伤亡事故,只能按照一般侵权民事争议处理。这不利于实习学生合法权益的保障,因此,需要构建学校、企业和学生个人按照比例承担意外伤害保险的风险防范体系。具体比例可根据高职院校专项经费统筹、合作协议约定及学生个人具体情况确定。

第三节 行业组织层面的质量控制

一、概述

高职院校承担着为地方经济和社会发展提供高素质技能型人才的使命,而顶岗实习是培养高素质技能型人才的关键环节和重要途径,顶岗实习的质量直接关系到高职人才培养的质量。在顶岗实习的实际实施过程中,总会在一定程度上受到地方客观条件的制约,因此行业组织可以在权限范围内有所作为,尤其是在校企合作顶岗实习中担当起统筹和保障职责,当好中间人的角色,采取切实有效的措施,为职业院校学生的顶岗实习创造良好的区域环境。

在我国,行业协会对企业的约束力和控制力微乎其微,让行业协会参与职业院校学生顶岗实习的可能性不大。面对高职学生顶岗实习管理处于两不管的境地,也没有相关部门督促职业院校和企业加强高职学生顶岗实习的管理,我国可以借鉴德国行业协会在职业教育管理中的成功经验,充分发挥行业组织的作用,将行业组织吸引到高职学生顶岗实习过程管理中。依据《职业教育法》以及相关法规,赋予行业组织监督职业院校和企业对顶岗实习的管理、认证企业参与职业教育资格、提供职业教育咨询等权力。

二、质量控制的中层设计

(一)企业质量监督管理

目前,我国各地旅游行业组织的一个客观现状是不仅没有必要的权力,而且也没有一定的经费支撑。为此,国家旅游局要积极推进政府职能的转变,要把协会作为加强和改善行业管理、促进我国旅游业发展的重要力量,切实将应当由协会承担的职能和机构转移到协会,把一些适宜于协会开展的工作委托给协会,将管理企业的部分事项逐步转移由协会自律性管理,支持和保障协会独立开展活动。2013年4月25日颁发的《旅游法》第一章中就明确提出旅游行业组织实行自律管理,支持了旅游行业组织的存在,但是还不够具体、清晰,在地方旅游立法中可以考虑突出行业组织的权力。行业组织的自律管理首当其冲的就是对企业质量的监督与管理,而且监督与管理的内容应该扩大,不要总是侧重业务的监督,而且还要重视旅游人才的培养,监督企业顶岗实习的质量。

(二)校企合作中介服务

《国务院关于大力发展职业教育的决定》中明确提出:要"依靠行业企业发展职业教育,推动职业院校与企业的密切结合",要求"大力推行工学结合、校企合作的培养模式",再次强调了校企合作是我国职业教育改革的重要方向,是职业教育发展的根本举措。但是,随着校企合作的发展,在校企合作制度上还没有形成成熟的模式的情况下,可以考虑成立由地方政府牵头、行业协会和教育主管部门负责的专业建设指导委员会、顶岗实习指导委员会、校企合作法律咨询委员会等机构,形成有效的资源配置、信息交流、过程监督、矛盾化解机制,促进校企合作的双赢局面。

依托行业协会,校企合作的路将更加宽广。以前的校企合作是学校主动联系企业的"点对点"操作,有了行业协会做中介,校企合作就转变为"点对面"了,目前单一的校企合作模式可产生如下变化:一是由学校主动转变为校企互动;二是由校企双方合作转变为政府部门、学校、行业、企业多方协同;三是由"求企业合作"转变为"为企业服务";四是由学校"关门办学"转变为"开放办学";五是由松散型合作转变为紧密型联盟。

行业、企业和职业院校共建能切实加强学校技能性和实践性教学环节,提高顶岗实习的质量,也能使职业院校成为企业继续教育的基地、员工学习与岗位培训的平台,实现职业学校与企业的共同发展。只有校企共同发展,才会为顶岗实习学生营造一个宽松的环境。

第四节　学校层面的质量控制

做好高职学生的顶岗实习工作是高职院校的责任和义务。为确保高职学生顶岗实习目标的实现,提升学生顶岗实习的满意度,高职院校应当在顶岗实习质量管理中承担起基础性和主导性的职责。某些高职院校将学生推给企业后就撒手不管,缺乏对学生的有效指导和监督,导致顶岗实习变成了纯粹的"务工",因此,为保障实习效果,学校领导应高度重视,强化质量意识,并组建院、系部二级和高校、企业二元的顶岗实习领导机构(为保证利益共同体的协作,应把教育行政部门的领导以及各企业领导一并纳入领导机构),由教务处负责全校的顶岗实习具体运行和评估工作,各系、部应成立顶岗实习指导小组。高职院校应制订并完善一套包括实施方案、实施细则、实施流程、指导教师职责以及实习学生校外安全管理规定等多层级的顶岗实习管理制度和办法。

在实际的顶岗实习质量管理中,高职院校应当本着"互补、互惠、共赢"的原则,加强校企合作,与企业建立实质性、深层次、稳固的校企合作关系,建设一批长期稳定的能满足主干专业需要的顶岗实习基地。在顶岗实习基地的建设中,高职院校应当以战略眼光看问题,要以服务为纽带,主动上门,真正深入企业,了解企业需要,在满足需要中找准双方利益的共同点,大面积拓展专业对口的顶岗实习岗位,为学生提供更多更充足的顶岗实习信息,给学生顶岗实习提供更多的选择机会,提供更大的帮助。

一、学院质量管理总流程图

在顶岗实习的时空二维质量管理树状图中,学院质量管理主要由四部分构成,分别是学院、二级学院、辅导员和指导教师。跨功能流程图(见图7-1)描述了学院不同部门和不同工作人员的工作活动。其中,单位分别由学院、二级学院、辅导员和指导教师这四个主体构成。学院的关键节点以 A 为标志,即 A1~A2;二级学院的关键节点以 B 为标志,即 B3;辅导员的关键节点以 C 为标志,即 C3~C6;指导教师的关键节点以 D 为标志,即 D3~D6。

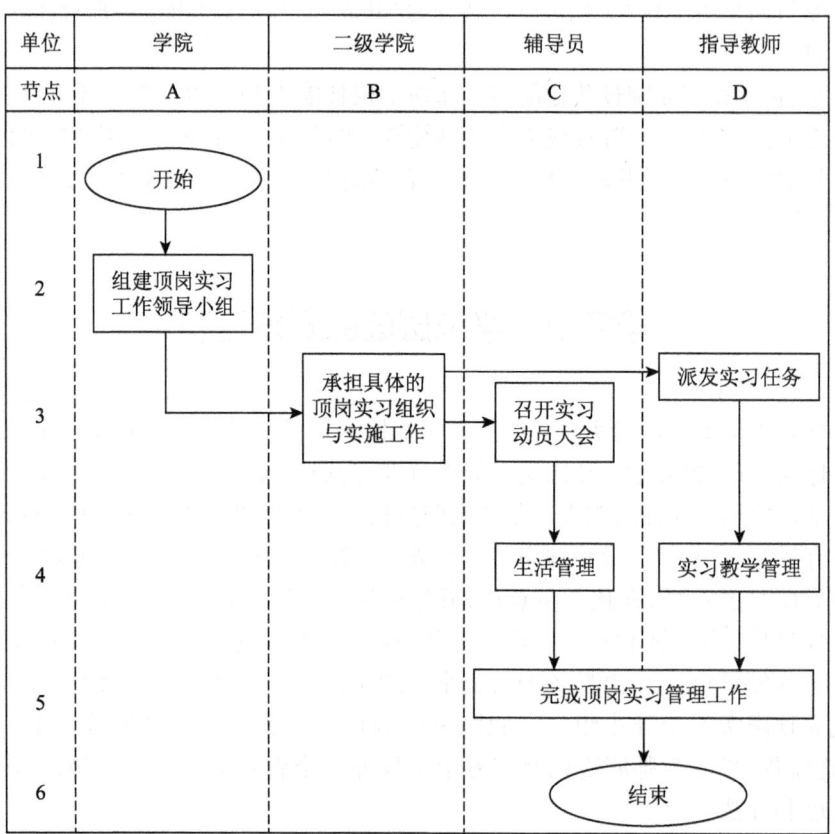

图7-1 学院质量管理总流程图

二、质量控制的中层设计

(一)二级学院直接管理

各二级学院或者系部负责本部门各专业顶岗实习教学的领导与组织、管理工作以及顶岗实习中的各项具体工作。本研究在探讨二级学院的基本工作流程时,使用的是简易流程图(如图7-2所示),通过二级学院的具体工作串联起整个顶岗实习的管理过程。

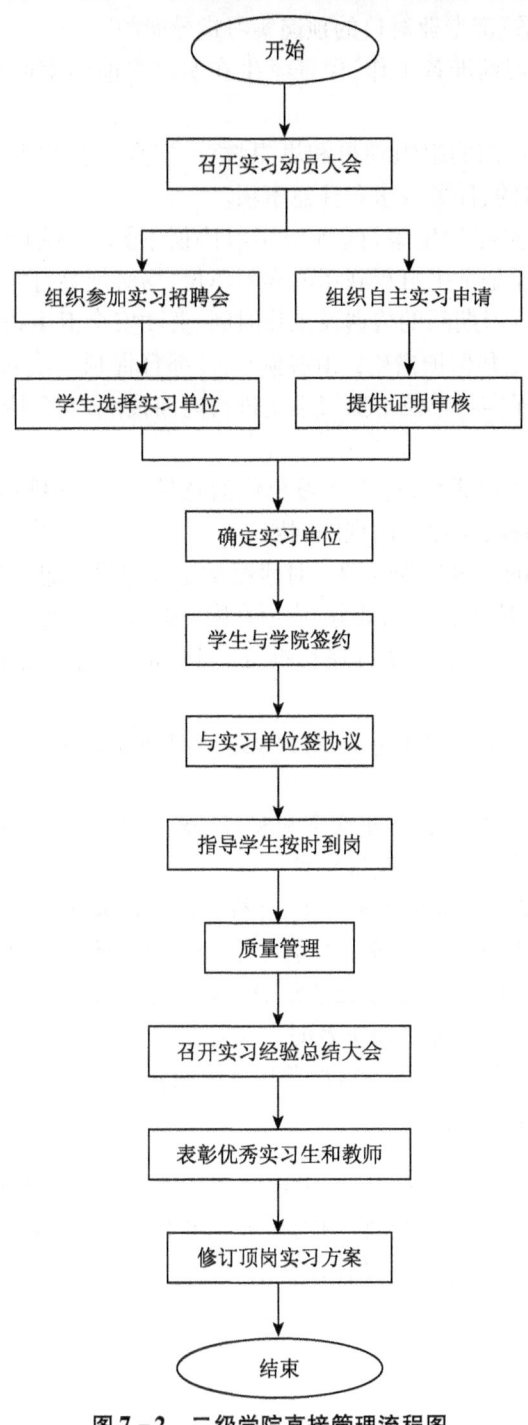

图7-2 二级学院直接管理流程图

(1)根据教学进度制定审核《学生顶岗实习计划》和《学生顶岗实习教学大纲》等实习教学文件并报主管教学副院长审批。

(2)确定本院(系)部专业对口的顶岗实习指导老师。

(3)做好学生实习前准备工作,保证学生在实习之前结束所有的考试、考查课程及补考课程。

(4)做好学生实习前的组织动员和思想教育、安全教育和组织纪律教育工作,使每位学生明确实习目的、任务要求和注意事项。

(5)代表学院与实习学生签订《顶岗实习协议书》。各院(系)部与顶岗实习单位,无论是学院推荐还是学生自行联系的实习单位,均必须签订协议,明确顶岗实习期间双方权利、义务和实习期间的待遇及工作时间、劳动安全卫生条件、法律责任等。

(6)落实劳动安全和保护措施。由各院(系)部督促顶岗实习学生办理实习期内的意外伤害保险,督促实习单位对实习学生进行岗前技术、安全培训,按规定落实各项劳动保护措施。

(7)加强与实习单位联系,尊重实习单位的意见,定期安排指导老师人员赴实习点巡查,及时了解和解决实习中出现的问题。

(8)负责实习生的实习过程管理。对违纪学生及时进行思想教育,视情节轻重根据《实习生奖惩办法》给予相应的处分,由所在院(系)部签署处分意见,经招生就业处审核,并报相关处室和分管实习副院长批复,同时记入学生档案,并告知实习所在单位。

(9)根据教务处关于实习生毕业设计(论文)原则性意见,各系制定毕业设计(论文)管理办法。

(10)实习结束后,组织召开座谈会和实习经验交流会,总结本院(系)部实习工作的成绩和存在的问题,并提出改进意见。

(11)组织评选院(系)部优秀实习生,并推荐院级优秀实习生候选名单。

(12)负责收集、汇总实习的各类教学文件(包括实习计划、实习安排统计表、学生实习协议书、实习生鉴定表、实习成绩汇总、优秀实习报告、实习小结、实习巡视表等),并根据教务处、招生就业处要求及时上交有关文档。

(13)实习生返校后,由各院(系)部负责后续教育教学管理工作。

(二)职能部门间接管理

职能部门的间接管理(如图7-3所示),主要涉及招生就业部门和教务部门,前者负责整个顶岗实习过程的程序性工作,后者负责对顶岗实习过程中教学环节的协调工作以及顶岗实习学分评定方法及评定要求。

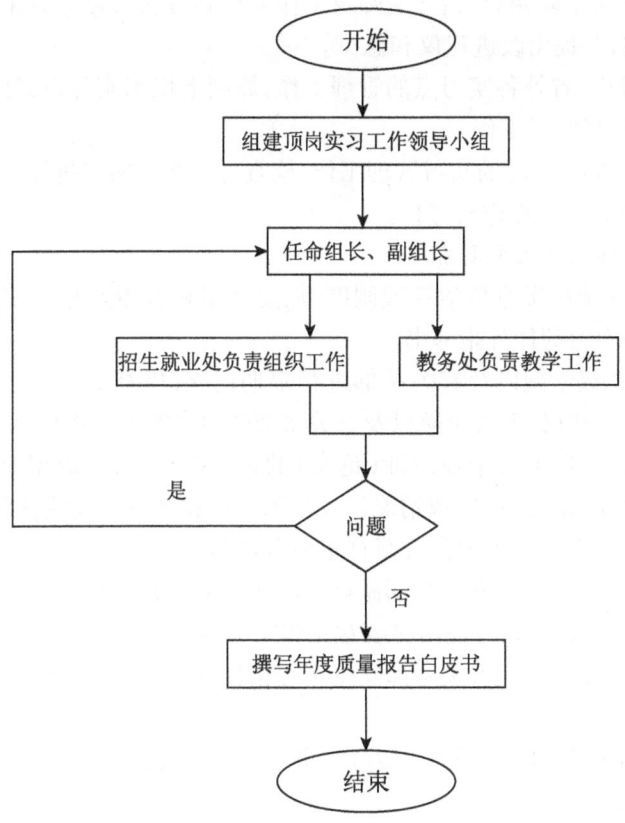

图 7-3 职能部门间接管理流程图

1. 招生就业工作部门的主要职责

(1) 负责全院顶岗实习的总体规划,协调全院顶岗实习工作。及时协调解决实习中出现的问题,确保顶岗实习的顺利进行。

(2) 负责健全和完善学生顶岗实习各项管理制度和相关文件的制定。

(3) 指导各院(系)部建立实习基地,配合检查、评估实习基地建设情况,保证优秀实习基地的建立。

(4) 负责与企事业单位联系,拓宽学生顶岗实习和就业的渠道。根据各院(系)部专业实习计划,邀请实习单位来校招聘顶岗实习学生,并确定实习时间。

(5) 负责学生顶岗实习工作的年度经费预算,审核学生顶岗实习经费。

(6) 代表学院与实习单位签订顶岗实习协议书。

(7) 负责协助向学生推荐顶岗实习单位或就业单位。对在实习期就业的学生,签订就业合同。做好毕业生的跟踪调查,做好就业稳定工作。

(8) 负责审核各院(系)部推荐的院级优秀实习生名单,并报分管实习副院长审批。

(9) 负责协调各院(系)部上报违纪实习学生的处分决定,并报相关处室和分管实习副院长审批。

(10)定期安排学院领导、指导老师及工作人员到各实习点巡查工作;分析实习工作中存在的问题,并提出改进建议和意见。

(11)做好省内、省外各实习点的管理工作,原则上根据实习点以区域为单位安排指导老师检查、监督实习工作。

(12)指导各院(系)部的实习管理工作,检查各专业的实习进度和实习质量,对各院(系)部的实习管理工作进行考核。

2.教务工作部门的主要职责

(1)负责建立顶岗实习教学管理制度,汇总并审核各专业顶岗实习教学计划、教学方案以及顶岗实习的任务指导书。

(2)定期对二级学院以及有关系部进行定期巡查,检查工作任务的执行情况,并且提出相应的专业建议,汇总全院以及有关系部的顶岗实习工作信息。

(3)配合二级学院开展毕业设计(论文)的指导性工作,制定相关规章制度,并且定期检查毕业设计(论文)的完成情况以及组织答辩和最后的成绩管理工作。

(4)安排顶岗实习经费预算,并且征求财务部门的意见。

(5)配合二级学院以及有关系部做好顶岗实习的过程监控,抽查顶岗实习以及人才培养方案的实施效果,并且提出整改意见和完善方法。

(6)配合二级学院以及有关系部安排实习指导教师,负责学生在实习单位中的授课安排与协调工作。

(7)建立顶岗实习的质量评价方法,并且监督二级学院以及有关系部评价的过程。

(三)专职辅导员管理

辅导员是顶岗实习学生的职业指导教师,是落实学生招生就业部门工作的主要实施者,其工作内容涵盖了大学生活的各个细节,他们对学生的性格特点、专业及综合能力等各方面都有一定的了解,这些有利条件是其他人员所不具备的。发挥辅导员在顶岗实习管理中的作用,尤其是专职辅导人员的作用,是顶岗实习质量空间维度管理中至关重要的一环。专职辅导人员管理(如图7-4所示)的主要职责是:

(1)专职辅导员是学生顶岗实习安全管理的直接责任人,负责学生顶岗实习期间的日常管理工作。在实习前需要组织学生学习有关实习管理制度和签订安全协议书。

(2)在顶岗实习前督促学生缴纳学费和教材费,组织学生参加毕业信息采集。

(3)与顶岗实习学生定期保持联系,建立班级QQ群,和专业指导教师在实习点建立实习小组,定期把有关信息通过电话、短信、网络告知每个学生。加强学生的思想教育工作,每周至少要与实习小组长联系一次以上,并做好记录。

(4)督促学生认真履行日常行为规范,负责做好学生实习期间的考勤、考核记录。做好实习学生奖(助)学金、助学贷款发放及评优评先、毕业档案整理等工作。

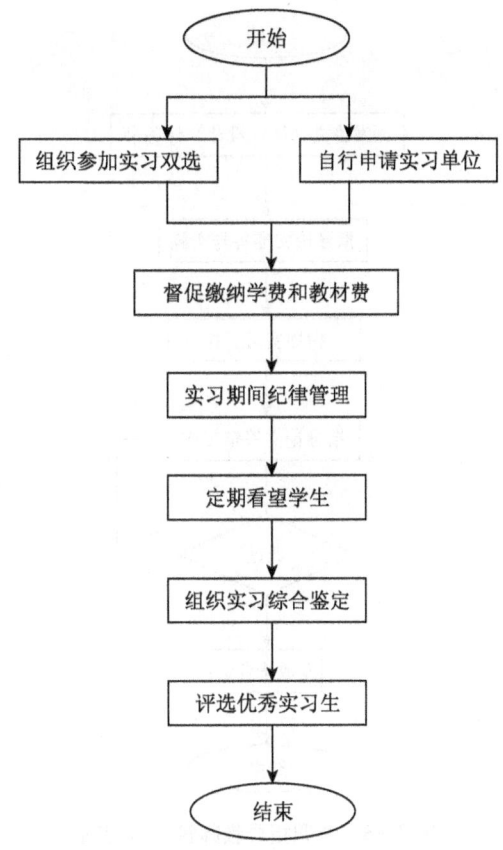

图7-4 专职辅导员管理流程图

(5)定期到实习单位看望学生,了解学生工作、学习和生活状况。学生实习集中的点要建立临时党、团组织,发挥学生自我教育、自我管理、自我服务作用,指导学生临时党、团组织开展活动。

(6)负责学生实习期间的操行考核鉴定和学生实习结束的综合表现鉴定。协助学院做好顶岗实习违纪学生的处理和优秀实习学生的评选工作。

(四)专业指导教师管理

专业指导教师是落实学校教务部门工作的主要承担者(如图7-5所示),主要负责顶岗实习学生专业方面的指导工作,同时负责执行人才培养方案和指导学生毕业设计(论文)写作工作。顶岗实习的最终质量效果与专业指导教师的管理有较大的关联性。专业指导教师主要工作职责是:

(1)制订顶岗实习教学方案(课程学习安排、毕业设计要求、资格证书的考取等),经二级学院或者系部批准并报教务处备案。

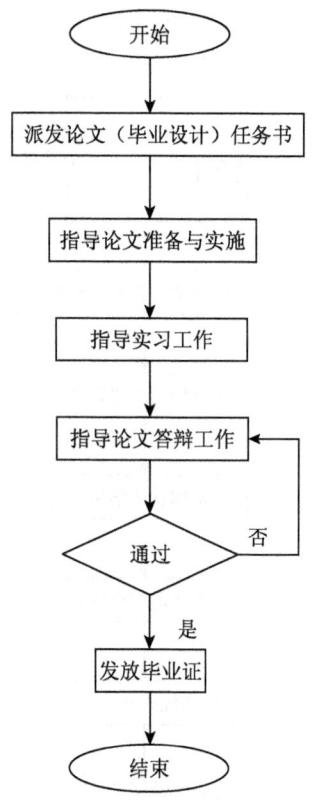

图 7-5 专职指导教师管理流程图

(2)根据实习学生不同的实习单位、岗位及要求,会同实习单位确定具体实习内容并拟订顶岗实习方案、顶岗实习指导书。

(3)组织学生落实顶岗实习教学方案和具体的实习计划,下达实习指导书;明确实习目的和要求、时间安排及步骤,介绍实习单位情况和实习应注意的事项,宣布实习纪律等。

(4)会同企业指导教师对学生的专业能力、专业素质等进行具体指导,可采取定时、定点到企业现场指导与电话指导、在线指导等方式。

(5)为顶岗实习学生提供专业上的指导,包括指导学生填写实习日志和撰写实习报告,指导学生合理选题撰写毕业论文(设计),指导学生整理装订毕业论文(设计)材料并组织参加答辩。

(6)负责学生实习考核和评定实习成绩,向学生传达与班级有关的学院及系部的各种信息。

(7)掌握实习学生在企业实习的状况等信息资料,并做好与学生联系指导的记录,负责收集学生顶岗实习相关的各种材料。

(8)协助企业指导教师对学生进行业务指导和组织管理(如建立实习小组),每周至少与实习小组长联系一次。要经常到实习单位与企业指导教师、学生进行沟通、交流,掌握学生的思想和工作动态,及时向学院顶岗实习指导小组通报学生实习情况,并认真填写《顶岗实习检查记录表》《顶岗实习教学日志》。

第五节　企业层面的质量控制

企业是以营利为目的的社会组织。企业对高职学生顶岗实习虽然有一定的参与度,但是认同度并不高,在顶岗实习的利益相关者中处于中立的地位。企业吸纳顶岗实习学生更多的是出于获取廉价的劳动力,减少人力资源成本,以满足企业的短期经营为目的,因此对顶岗实习的学生并没有一个系统的人力资源培养规划。由于实习学生没有工作经验,企业也不敢提供给实习学生更多的顶岗机会,这些都直接制约了顶岗实习的质量管理效果。因此,企业应该转变对顶岗实习制度以及学生的传统观念,积极投入到职业教育的体系中,对高等职业院校学生大胆使用。

目前,很少有企业制定了针对顶岗实习学生的管理制度,一般是参照正式员工管理制度。为保证顶岗实习质量的实现,企业应当首先制定专门针对实习生的管理办法,同时成立由企业分管领导和人力资源部门、相关业务部门等领导参加的领导机构,负责顶岗实习的相关组织和协调工作。同时,实习单位是学生顶岗实习期间的直接管理者,应积极落实校企双方制订的实习计划,参与二级学院或者系部制定顶岗实习教学大纲、顶岗实习方案、顶岗实习指导纲要等一系列教学基本文件,与学校共同确定学生的实习岗位、实习内容、考核形式等。企业选派的技术指导人员应当具有较强的工作责任心、技术水平和丰富的工作经验,同时要具有一定的理论水平和语言表达能力,具体负责学生顶岗实习期间的考勤、业务考核、技能训练、实习鉴定等工作,落实顶岗实习任务,做好学生的安全教育工作,并填写好《学生顶岗实习考核表》。此外,对于建立长期校企合作的实习单位,学校可以将校外指导教师纳入学院兼职教师管理的范畴。

一、质量管理流程图

在顶岗实习的时空二维质量管理树状图中,企业层面的质量管理主要由四部分构成,分别是学生、人力资源经理、部门经理和岗位导师。下面用跨功能流程图来描述学院不同部门和不同工作人员的工作活动(如图7-6所示)。其中,单位分别由学生、人力资源经理、部门经理和岗位导师四个主体构成。学生的关键节点以 A 为标志,即 $A2 \sim A4$;人力资源经理的关键节点以 B 为标志,即 $B1 \sim B3$;部门经理的关键节点以 C 为标志,即 $C3 \sim C4$;岗位导师的关键节点以 D 为标志,即 $D4 \sim D5$。

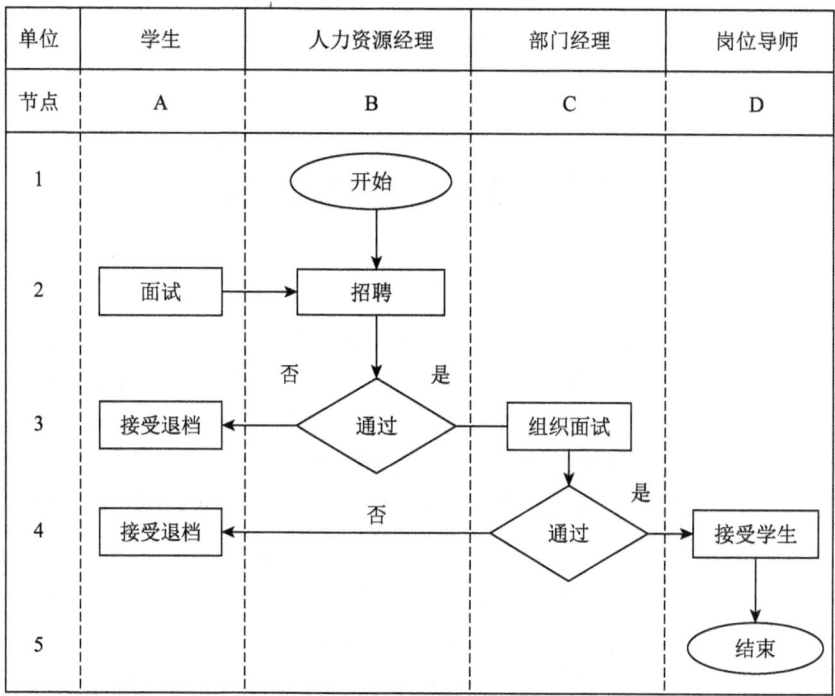

图7-6 企业层面质量控制总流程图

二、质量控制的中层设计

(一)人力资源部门管理

从人力资源开发的角度分析,高职院校顶岗实习实际上属于企业人力资源开发的延伸,因为接受学生实习的许多企业留用了实习的学生。从校企合作和工学结合的角度看,企业本身也是学生顶岗实习的培训主体,承担着学生实践教学的责任与义务。顶岗实习为企业定向培养人才和招聘合适人选提供了一定的优势,既可以减少人力资源培养成本、缩短人力资源培养周期,又可以有更多的机会招聘到符合岗位需求的人才。企业人力资源部门(如图7-7所示)顶岗实习管理的基本职责为:

(1)根据企业经营发展需要,组织实习生的面试、筛选,确定顶岗实习人员。

(2)结合实习生专业方向,制订培训指导计划,明确实习岗位、实习时间和实习进度等,并且跟踪了解实习生实习进度以及实施效果及时调整,提高顶岗实习的实效性。

(3)在实习中定期组织专业培训。组织企业文化、规章制度等方面的培训,与实习生进行有针对性的沟通与引导,组织召开座谈会及时修正培训内容。

(4)配合业务部门加强对实习生的督导、检查以及考核工作,实习期满组织考核鉴定,考核结果优秀者列为企业年度招聘人选或者优先录用。

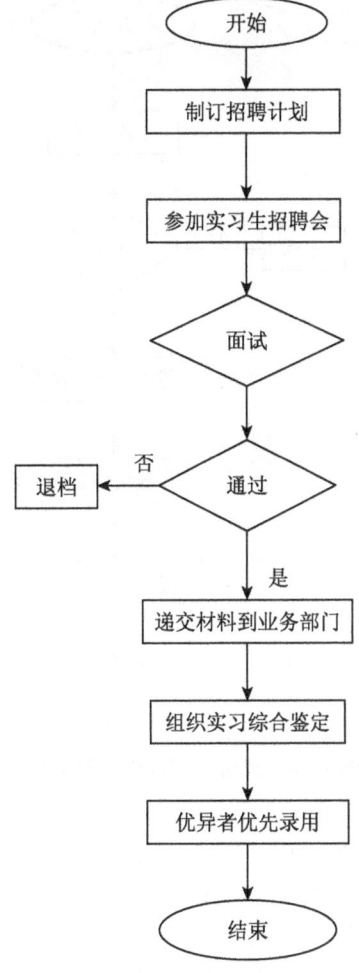

图7-7 人力资源部门管理流程图

（二）业务部门管理

企业的业务部门（如图7-8所示）在人力资源部门对实习学生进行初次面试后，应当就业务技能要求安排第二次面试，最大限度保持实习学生专业的对口率，扬长避短，既要培养学生的专业技术技能，又要保证人尽其用，充分发挥实习生的能力和水平。如果遇到不合适的学生，可以推荐给其他部门，或者及时通过人力资源部门反馈给学生，合理安排学生等待时间，保证实习生不至于因为等待贻误寻找下一家实习单位的时间，体现企业对学生的人文关怀。业务部门顶岗实习管理的基本职责是：

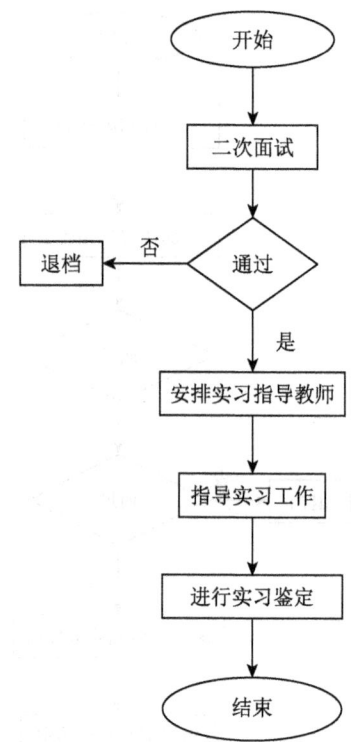

图7-8　业务部门板块管理流程图

(1)负责实习生日常管理工作。

(2)负责组织岗位职责、工作规范、工作业务流程、基础专业知识等的培训指导，并根据实际情况，不断调整培训指导计划，保证实习效果。

(3)负责安排实习指导教师，并且明确指导要求。

(4)负责实习生在实习期间的考勤管理、纪律管理以及工作规范的质量管理。

(5)负责企业对实习生的业务考评，公正、客观地评价实习生的综合素质与业务技能，将优秀实习生和违纪实习生的情况及时汇报给人力资源部门。

(6)加强与实习生的沟通与交流，关心实习生的工作与生活，及时掌握了解实习生的思想状况、企业认同感、工作目标等。

(7)实习期满负责实习生的工作鉴定。

(三)企业岗位导师管理

企业岗位导师在顶岗实习期间是与学生接触机会与接触频率最多的人(如图7-9所示)。岗位导师的作用不仅包含培养顶岗实习生的专业技能，而且还兼顾向实习生介绍企业的历史和文化，倡导企业员工的职业道德，同时帮助实习生融入到业务团队之中。企业岗位导师对实习生潜移默化作用很大，直接影响顶岗实习的质量管理，应该引起高度重视。企业应该选择德才兼备的技术管理人员担任岗位导师。岗位导师要注意举止得体,要引导实习生恪守职业道德。企业岗位导师与专职辅导员、专业指导教师共同构成了顶岗实习生的"三导师",三导师制度直接促进了学生实践能力、创造能力和业务水平等方面的综合提高。企业岗位导师的基本职责是:

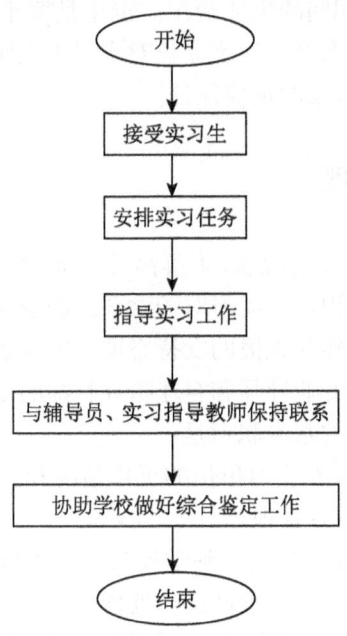

图 7-9 顶岗岗位导师管理流程图

(1)配合学校指导教师共同做好顶岗实习生的思想、工作、生活等方面的指导和监管工作。

(2)与学校指导教师保持联系,全面、及时地向校方反馈实习生的实习情况。如遇突发事件第一时间通知校方。

(3)关心实习生的日常生活,注重实习生的思想疏导工作,及时制止实习生的不良行为,帮助实习生解决实际困难。

(4)悉心对实习生进行专业技能和职业道德的指导,做好实习生遵章守纪、诚实守信、爱岗敬业、安全生产等方面的教育和引导工作。

(5)及时处理安全生产方面存在的隐患,保证实习生安全生产。

(6)重视实习单位对实习生工作情况的意见和建议,切实做好顶岗实习生与实习单位的沟通协调工作。

(7)顶岗实习结束,协助学校做好实习生考核鉴定工作。

第六节 家长与学生层面的质量控制

在顶岗实习过程中,学生是自我管理、自主学习、自觉工作、自立生活的主体,但在整个管理体系中,学生是唯一的客体,同时接受着高职院校和企业的管理和监督。之所以将学生家长与学生归纳到同一个空间维度,是因为实习生在顶岗实习期间经常联系的主要对象是家长。学生向家长反映的问题集中在两方面:一是倾诉实习期间的身心压力,二是要求增加实习期间的生活费用。也正是鉴于这样的情况,学生家长始终对顶岗实习制度采取消极的态度。学生家长对实习生工作、学习和生活的正确健康的引导,是顶岗实习质量管理效果的重要保证。

一、家长正面能量管理

学生家长首先要转变传统的观念,了解高等职业教育与普通高等教育之间的区别,树立工学结合的理念,认识顶岗实习对子女今后职业生涯发展的作用,应从反对或者观望顶岗实习的消极态度转为积极的支持态度。家长积极支持学生实习,也会促使学校与企业、校内职业导师、专业导师和企业指导教师的工作顺利进行,并能提高顶岗实习质量管理的效率。家长的基本职责是:

(1)家长要经常了解子女在实习单位的工作情况和生活情况,实现家长对子女实习、节假日以及工余时间的有效管理。

(2)将家长作为一个法律主体纳入到学校与实习单位的实习协议中,明确家长监护人的职责,协助学校、企业对相关事件进行处理。

(3)家长要及时和学校实习单位沟通,掌握子女的情况,反馈对实习工作的建议和意见,共同致力于子女职业能力和职业素养的提高。

二、学生自我自主管理

高职学生的特点是理论知识丰富,思维敏捷,勤于思考、善于动手,易于接受新生事物,但也容易出现眼高手低、不肯脚踏实地从基层做起的现象。实习生作为顶岗实习质量管理的客体,同时也是顶岗实习质量管理的重要对象。实习生应当学会自主管理,调整心态,对实习单位要有合理的期望;要主动去适应社会的需求,珍惜实习机会,自觉提升技术应用或者专业服务能力,力争留在实习企业工作。

学生自我自主管理的基本要求是:

(1)学生必须认真学习顶岗实习的有关规定,了解实习任务。学生顶岗实习前要交清第三学年学费和教材费,并向系(部)提交《顶岗实习安全教育协议书》和《顶岗实习申请表》,经实习单位负责人、学生家长、辅导员、系(部)领导签字同意方可参加实习。

(2)按规定时间到实习单位顶岗实习,无正当理由不得擅自离开实习单位。确因特殊情况需要终止实习的,必须由本人提出书面申请,并提供证明材料和家长同意证明,经实习单位批准,报系部备案。未经专业导师(职业导师)及实习单位同意擅离岗位者,实习考核按不合格处理。

(3)学生可通过电话、短信、QQ、e-mail、网上留言等多种方式,每周至少与专业导师(职业导师)保持一次联系。注意校园网上公布的与毕业生有关的信息。联系电话和工作地点发生变动要及时通知指导教师和家长,并保证提供的联系方式正确有效。

(4)顶岗实习的学生具有双重身份,既是一名学生,又是实习单位顶岗实习的一名员工,要服从实习单位和学校的安排和管理,尊重实习单位的领导、指导教师和其他员工。如果在实习期间由于违反单位的管理规定或因品德表现等原因被实习单位退回学校,则视为实习成绩不合格。

(5)按照顶岗实习计划、工作任务和岗位特点,安排好自己的学习、工作和生活。发扬艰苦朴素的工作作风和谦虚好学的精神,培养独立工作能力,努力提高业务技能。在实习期间,必须强化职业道德意识,爱岗敬业,遵纪守法,做一名诚实守信的实习生和文明礼貌的员工。

(6)收集好有关资料,认真填写《顶岗实习日志》和《学生顶岗实习报告》,完成各项实习任务。

(7)自觉遵守国家法律法规,遵守实习单位和学院的规章制度,不做有损实习单位形象和学院声誉的事,不参与一切违法犯罪活动。

(8)要有高度的安全防范意识,切实做好安全工作。实习学生应牢记"安全第一",严格遵守安全管理规定,避免安全事故发生。因不遵守安全制度造成的事故,实习学生本人要负全责;对工作不负责任造成的损失,必须追究相关责任。

(9)顶岗实习学生应积极办理有关保险手续。系部要与实习单位联系为学生统一办理有关保险手续,系部要积极督促自主实习的学生办理保险手续。

第七节 旅游管理系顶岗实习满意度问卷调查分析报告

为了解学生顶岗实习的现状,解决实际问题并提高学生顶岗实习的科学性和有效性,本课题组制定了旅游管理系境内顶岗实习满意度问卷调查表。调查问卷面向导游专业、旅行社专业、旅游市场营销专业、旅游管理专业、园林专业,共发放问卷276份,其中收回有效问卷239份,有效率为87%,符合研究要求。问卷调查分析如下。

一、顶岗实习的专业对口率较好

调查显示,导游专业、旅行社专业、旅游市场营销专业、旅游管理专业学生的顶岗实习对口率较高,分别达到83%、89%、92%和95%(如图7-10、图7-11、图7-12、图7-13所示)。其中导游专业、旅行社专业和旅游管理专业的顶岗实习单位比较集中,旅行社、景区和旅游饭店的比重较大,旅游市场营销专业的实习单位类型比较多样。

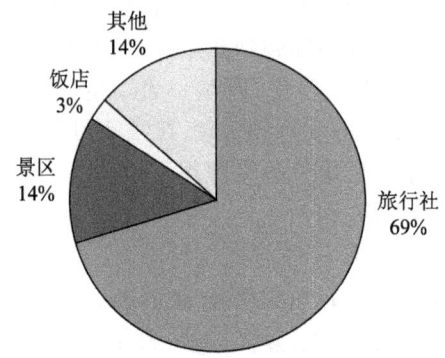

图 7-10 导游专业学生顶岗实习单位分布图

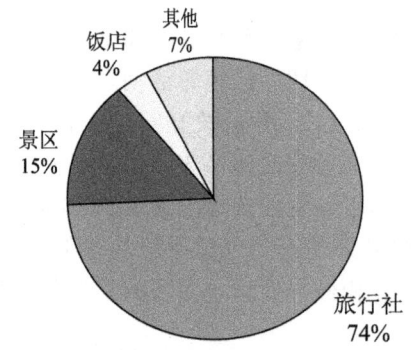

图 7-11 旅行社专业学生顶岗实习单位分布图

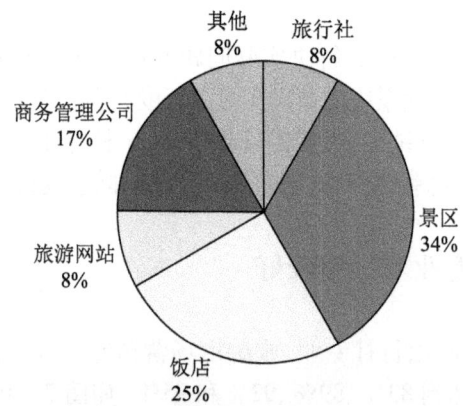

图 7-12 旅游市场营销专业学生顶岗实习单位分布图

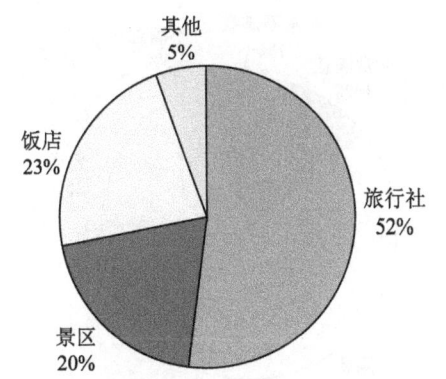

图 7-13 旅游管理专业学生顶岗实习单位分布图

二、实习前说明会的安排有助于学生提早了解实习工作环境

调查显示,37 名学生对实习前的说明会表示非常满意,占 16%;127 名学生对实习前的说明会表示满意,占 53%;65 名学生对实习前的说明会表示一般,占 27%(如图 7-14 所示)。总体满意度较高。

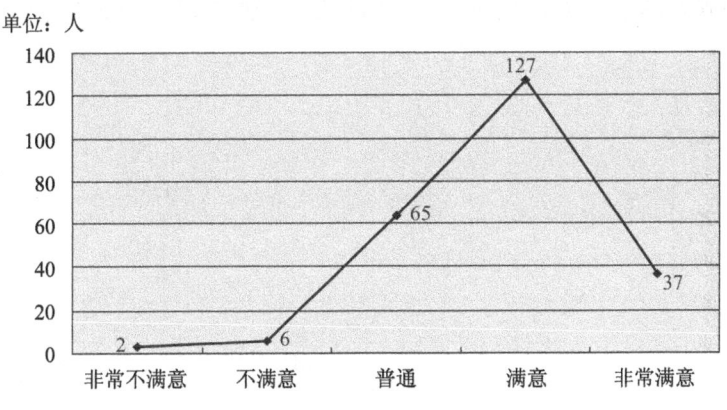

图 7-14 实习前说明会满意度图示

三、系部顶岗实习的过程管理较好

调查显示,实习生对实习顶岗制度的行政配套措施(如:安排实习月度小结、系教师至实习单位的指导及访视)方面感到满意。选择非常满意和满意的学生数到达 34 人和 130 人,分别占 14% 和 56%(如图 7-15 所示)。

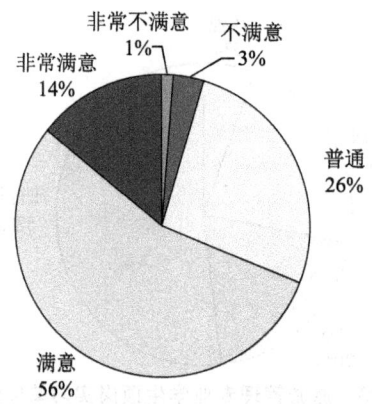

图 7-15　对实习顶岗制度的行政配套措施满意度图示

四、实习单位的顶岗实习计划与方案较为科学合理

调查显示,实习生大多认为实习单位的顶岗实习计划与方案较为科学合理。选择非常满意和满意的学生数达到 40 人和 136 人,分别占 17% 和 57%(如图 7-16 所示)。

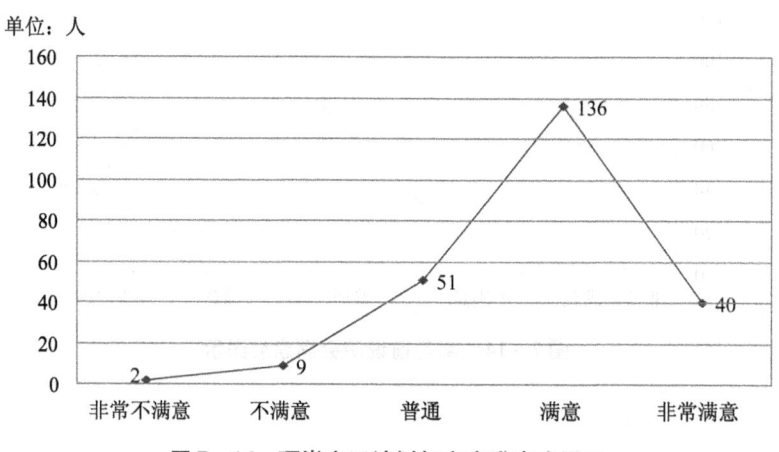

图 7-16　顶岗实习计划与方案满意度图示

五、与顶岗实习相关的课程设置较为合理

与顶岗实习的过程管理和企业的实习计划相比,实习生对与顶岗实习相关的课程设置满意度略低。选择非常满意和满意的学生数分别为 29 人和 126 人,分别占 12% 和 54%;选择一般的占 30%(如图 7-17 所示)。

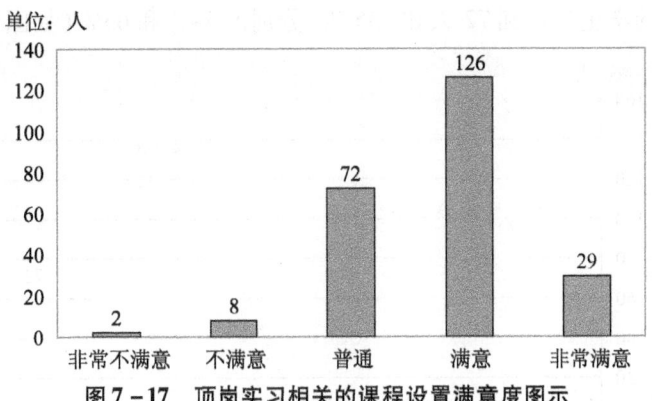

图 7-17 顶岗实习相关的课程设置满意度图示

选择非常满意和满意的学生认为学校课程设置中的专业核心课程尤其是职业技能证书的考证课程对其实习和就业帮助很大;服务心理、沟通技巧、形体礼仪等课程对其适应工作环境和提升工作质量起到催化剂的作用。同时,有不少实习生认为学校课程设置总体上理论多于实践,实用性不强,灵活度不够,职业氛围不浓,学生在校期间的实践训练偏少,能力培养较弱。

六、学院专业教师的指导及时到位

调查显示,大部分实习生在实习单位遇到困难或障碍时,系部老师能适时地给予辅导与协助,普遍认为专业教师的指导比较及时和到位。选择非常满意和满意的学生数达到 37 人和 122 人,分别占 27% 和 51%(如图 7-18 所示)。

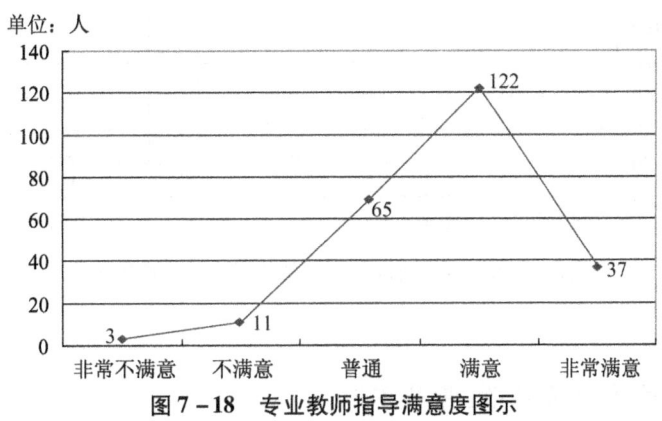

图 7-18 专业教师指导满意度图示

七、人际合作关系良好

调查显示:绝大部分实习生在实习单位与主管或同人能保持良好的互动关系。关系非常好和好的学生数达到 72 人和 135 人,分别占 34% 和 63%(如图 7-19 所示)。

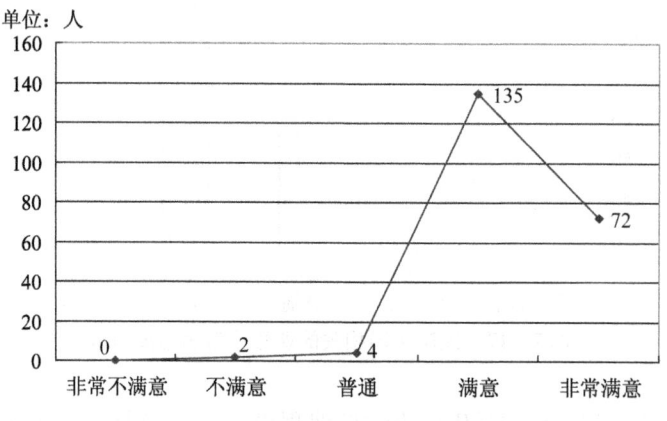

图 7-19　人际合作关系满意度图示

八、实习有利于职业能力的提升

调查显示,实习生一致认为顶岗实习有利于职业能力的提高。选择非常有用和有用的学生数占 91%(如图 7-20 所示)。

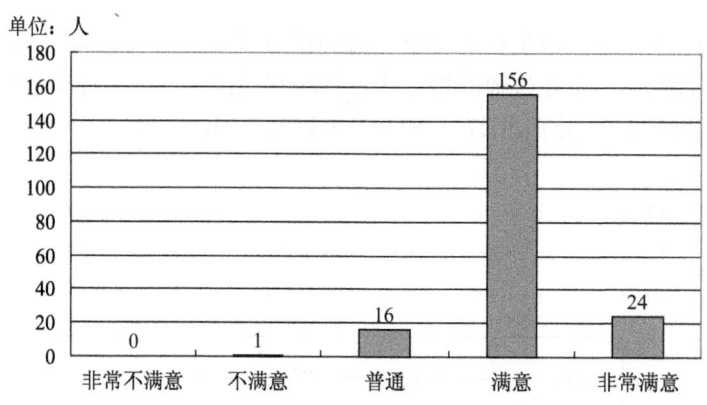

图 7-20　实习有利于职业能力提高满意度图示

九、实习整体评价满意,收获丰厚

调查显示,实习生对本次顶岗实习的整体评价大多表示满意。选择非常满意和满意的学生数分别为 66 人和 138 人,分别占 28% 和 60%(如图 7-21 所示)。

通过半年到一年的顶岗实习,实习生普遍反应实习收获丰厚。主要表现在职业道德、基础能力和职业技能的提升上。

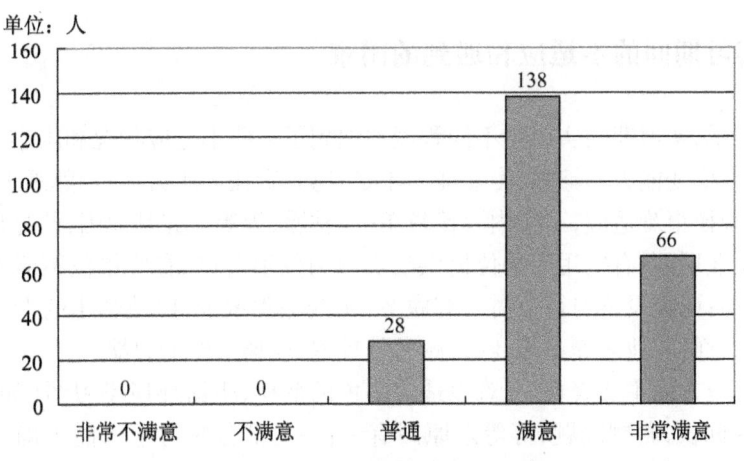

图7-21 实习整体评价满意度图示

职业道德方面主要体现在:责任意识、团队意识和服务意识的加强,吃苦耐劳、爱岗敬业、遵纪守法等。如问卷调查中学生说,"学会了吃苦","人际关系好了","锻炼了社交能力,培养了吃苦耐劳精神","不怕辛劳,工作态度很重要,严格遵守规章制度","成长、历练、懂得拼搏","找到以后工作的方向","学到了经验",等等。

基础能力方面主要体现在:沟通能力、应变能力、抗挫折能力、语言表达能力、协调能力的提高。如问卷调查中学生所说,"懂得控制情绪,学会与人相处","增强了与人沟通的能力,加强了口才的锻炼","语言表达能力得到提高,沟通能力提高","解决问题能力得到了很大提高","工作经验丰富了","能够面对各种各样的客人,无论他们是否友好,都能从容解决","心理承受能力提高","遇到挫折懂得应对","遇事能冷静应对","学会了耐心、细心、恒心",等等。

职业技能方面主要体现在:能够掌握相关岗位的专业基本知识,能根据工作流程和标准,独立完成本岗位的各项工作,如导游、计调、票务、销售、客房、餐饮服务、前台接待等岗位工作;够掌握一定的销售理论与方法,具有良好的销售能力;能够将理论与实践相结合,进行各项工作;能正确地运用相关旅游企业的政策法规处理相关问题。如问卷调查中学生所说,"提高了专业技能","处理问题的能力增强","能独立操作带领一个团队","学到了多项才艺,锻炼了胆量,学会带团讲解","学会了出票技能","掌握了旅行社运作程序","能较好解决游客纠纷","处理问题快速,与人沟通更加顺畅","人变得成熟,能淡定面对所有问题,冷静处理各种事情","对旅游业有了更多的了解",等等。

顶岗实习有利于学生适应社会,对学生最终步入职场提供宝贵的锻炼机会。正如学生所说,"理论与实践结合,为以后工作做铺垫","能直观进入社会,锻炼了心智","成熟了,工作经验也丰富了","接触了社会,变得老练了","体验到了社会的人情冷暖","可以随时适应多种环境","对自己的人生有了新的认识","专业和实践结合,提高了自身能力",等等。同时也认识到自己的不足,如"发现自己要学习的还很多","现在所掌握远远不够","知道自己的不足"等。

十、实习期间的不适应和遇到的困难

调查显示,实习期间实习生不同程度地遇到了一些不适应状况和困难。工作方面主要表现为:应变能力不够强,专业能力不足,感到责任大压力大,不熟悉工作流程,旺季、淡季的转换很难适应,工作内容比较单一、枯燥,等等。究其原因,凸显出三个层面的问题。企业层面:有些用人单位提供的实习岗位不对口,有些单位不能实现轮岗制度;学校层面:课程设置与行业需求有脱节,实践课程偏少,以致学生的专业技能水平不高;学生层面:职业素养不够,吃苦耐劳精神差,职场工作能力缺乏。

工作环境方面主要表现为:难以适应角色的变换,生活环境不习惯(如住宿、交通等),工作时间长,薪酬问题,等等。原因有三:一是部分实习生未能正确认识到顶岗实习的重要性,对顶岗实习存在误解;二是部分实习单位对实习生的劳动保障不够重视;三是部分企业员工对实习生的态度冷淡,缺乏实习指导。

十一、实习单位和学校对实习生的帮助

调查显示,实习生希望实习单位和学校分别给予相应的协助和帮助。实习生希望实习单位方面能指导专业技能,给予实践锻炼机会,劳动保障等方面有待改进。如"希望在职老员工悉心指导","多教些实用东西","多安排一些操作培训课程","希望能进行岗位实际操作考核","多增加些员工业余娱乐设备","充分考虑与专业相符的工作岗位","定期轮换岗位","给予更多的机会提升实践能力","加强对实习生的技能培训","对遇到的困难多提供帮助","多与实习生沟通","改善公寓环境","增加薪酬,保障基本工资,提供保险","提供一些福利","以后能继续签约",等等。

实习生要求学校加强顶岗实习的管理过程,加强与企业的联系,关心学生;教学过程中加强学生的实践活动,加强就业指导。如"能够多关心在外学生","多与实习单位沟通,了解我们的情况","多到实习单位考察","与用人单位协调提供食宿问题","协商提高工资待遇","能提供岗前培训","多提供些就业信息以便选择","为就业做出指导",等等。

十二、实习生对解决困难的满意度较高

在实习期间,学生遇到的困难,企业和学校大多能合理及时的解决,满意度较高,达到90.5%。

十三、对实习单位较为满意,认可度高

在"是否会继续向该实习单位征求实习机会并推荐学弟学妹至该单位实习"的回

答中,大部分实习生选择会,占85.6%。理由主要集中在机会多、福利待遇好、公司规范、人文环境好等。如被调查学生所说:"实习单位好,确实能学到东西","很轻松的氛围,大家都很热情","实习工资相对比较高","单位认真负责","是实习锻炼的好地方","单位不错,经理关心员工","单位部门分布清晰,领导有亲和力,待遇也不错","该公司较规范,员工也很友好,值得作为学弟学妹实习单位","实习单位人性化,工作气氛较好",等等。一些实习生认为实习单位工资待遇低,员工权利受不到保护,没有发展前途。

十四、渴望海外实习机会

被调查实习生普遍渴望海外实习机会,认为海外实习能够开阔视野、丰富阅历、锻炼口语能力,并且拥有更高的薪酬和更多机会。如被调查学生所说:"海外实习能开阔眼界","口语得到锻炼,能带来更多机会","找工作会更有信心"。

第八节 旅游管理系顶岗实习涉法问卷调查分析报告

为了从法律角度检查顶岗实习的质量,课题组以南京旅游职业学院2011级境内实习学生为调查对象,设计并派发了顶岗实习涉法调查问卷(见附录35)。此次调查面向导游、旅行社、旅游管理、旅游市场营销、园林技术等5个专业。调查问卷共派发250份,回收有效问卷243份,有效率为97.2%,符合课题组数据分析要求。课题组对研究价值比较高的数据展开了分析与归纳。

一、顶岗实习学生法律知识储备不足

调查问卷显示,顶岗实习学生在顶岗实习前并不是很熟悉顶岗实习过程中所涉及的相关法律,其中非常了解的学生占9%,一般了解的学生占54%,不知道的占37%(见图7-22)。即使是非常了解和一般了解的学生,在填写具体的法律名称时都集中在《合同法》这一部法律上。学生之所以填写《合同法》,是因为《旅游政策法规》这门课程涉《合同法》,因此顶岗实习学生整体的法律意识还比较薄弱。

另一方面,由于学院重视顶岗实习的组织工作,绝大多数同学选择了集体实习,因此学校、实习单位与学生三方协议的签订上比较完善。调查问卷显示,签订协议的占81%,没有签订三方协议的占10%,不知道是否签订三方协议的占9%(见图7-23)。其中,没有签订协议与不知道是否签订这部学生认为实习形式是自主实习。访谈调查表明,实习学生基本上都没有对实习协议提出异议,没有主张自己的权利,不少学生签订时根本就没有阅读过实习协议书,这部分学生问卷调查显示占26%。

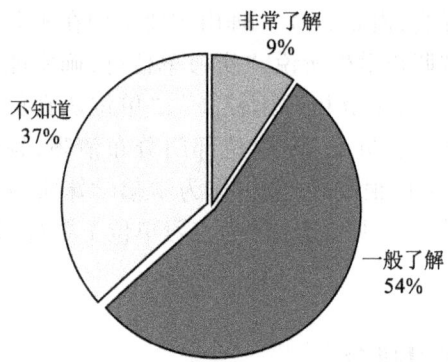

图7-22　熟悉顶岗实习所涉及法律的程度

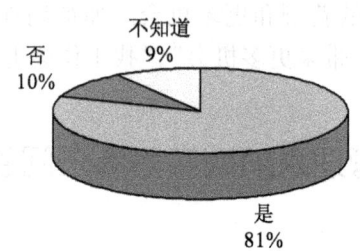

图7-23　是否签订三方实习协议书

二、顶岗实习学生实习报酬明显偏低

调查问卷显示,顶岗实习期补贴明显偏低,其中无补贴的占23%;每月补贴500元以下的占19%,每月补贴500~1000元的占37%,每月补贴1000元以上的占21%。图7-24显示无补贴学生比重较大,比重最大的是每月补贴500~1000元。虽然顶岗实习学生签订的不是劳动合同,但是他们为实习单位提供了劳务,而这种劳务必然会产生劳动价值,所以学生应当享有劳动报酬权。一些实习单位将实习学生视为廉价的劳动力,侵犯了学生的报酬权。

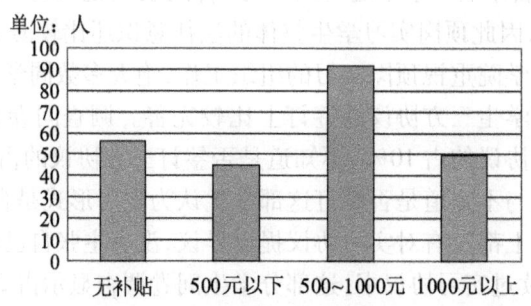

图7-24　实习生的实习补贴示意图

问卷进一步调查显示,实习生每天工作 8 小时以下的占 18%,8 小时的占 59%,8 小时以上的占 23%(见图 7-25)。实习单位大部分不提供住宿(见图7-26)。实习学生一方面无实习补贴或者补贴较低,另一方面大多数同学还要承担住宿费用,因此实习权益难以得到保障,从而影响了顶岗实习的质量。

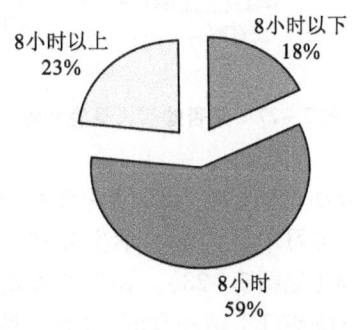

图 7-25 每天的实习工作时间示意图

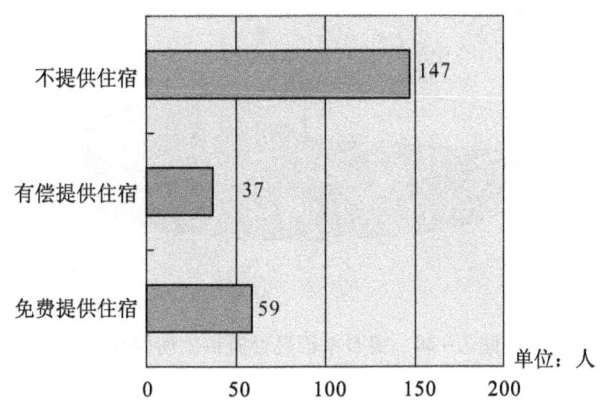

图 7-26 实习单位提供住宿情况示意图

三、顶岗实习学生人身伤害救济风险较高

调查问卷显示,在购买人身意外险中,其中自费购买的占 31%,学校购买的占 4%,实习单位购买的占 6%,没有购买的占 18%,不清楚的占 41%(见图 7-27)。这个统计结果最大的问题在于不清楚的学生占 41%,这与学院以及实习单位不注重实习生的人身保险有关。其实不清楚的同学都没有购买人身意外险。

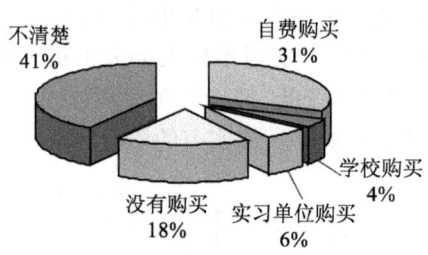

图 7-27　是否购买人身意外险

由于实习协议不适用《劳动合同法》，所以实习学生不能够主张实习单位为其缴纳工伤保险。调查问卷显示，实习单位为实习学生办理工伤保险的仅占5%，没有办理的占65%，不清楚的占30%（见图7-28）。访谈调查发现，缴纳工伤保险的大多是自主实习的学生，并与实习单位签订了劳动合同，这是一种积极的尝试，而不清楚的同学多数都没有享受工伤保险。因此，一旦在实习过程中出现人身伤害，存在着较高的救济风险。

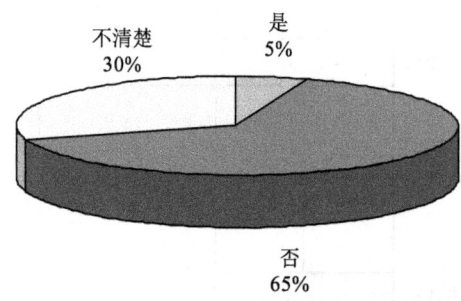

图 7-28　实习单位是否提供工伤保险

根据以上调查分析，实习协议规范风险、实习报酬侵权风险、人身伤害救济风险构成了顶岗实习的三大法律风险。由于实习学生法律意识薄弱，尚不能意识到这三大风险的隐患，如果要求学校与实习单位做出改观并不现实，因此课题组尝试从政府方面提出了预防与保障的对策。

(一)出台官方强制实习合同范本

在顶岗实习组织与安排中，虽然各学校统一制定了顶岗实习格式合同，但是由于各学校制定的标准不一致，在保障实习学生权益上会表现出不同的效果。因此，省教育部门与人力资源和社会保障部门应当联合从保护顶岗实习学生的权益出发，制定全省统一的顶岗实习合同示范文本，建立起学生、学校与实习单位三方风险共担机制，参照《劳动法》《劳动合同法》《工伤保险条例》的相关条款，规范合同的必要条款内容。出台官方强制实习协议文本后，政府部门还应当加大跟踪监管力度，确保顶岗实习合同示范文本在全省推广，将顶岗实习的隐患在最大程度上减少或根除。

(二)提供财政税收双重政策支持

职业教育是一种国家行为,具有公益性,作为社会公共服务职能主体的政府必须承担起职业教育的责任。这种责任首先应当体现在政府对职业教育的投入上,这种投入主要体现在财政与税收的双重支持上。一方面,我省应当设立实习专项基金,用于对学生、学校以及实习单位的各种实习成本性支出补贴,同时运用财政贴息的方式为企业的学生实习成本价格进行补贴,并且健全实习单位绩效评价与追踪问责机制,保证财政支持流向积极参与校企合作的实习单位。另一方面,我省应当通过税收减免政策为实习单位提供实习生培养成本的补偿,激励实习单位为学生提供更多的实习资源。通过对实习单位提供财政与税收的双重支持,实习单位会在实习报酬上做出有利于实习生的让步,达到实习学生与实习单位的共赢。

(三)将实习生定义为特殊劳动者

实习生实习权益之所以难以得到《劳动法》《劳动合同法》的保障,是因为实习生的法律身份不是劳动者。因此,实习生在劳动权益保护方面缺失,国家在法律上应当针对其特殊的身份进行倾斜保护。从德国、法国等西方国家以及中国台湾的立法实践看,这些国家和地区都把企业内参与实习劳动的青少年视为特殊劳动者,纳入劳动法进行调整,这是推动这些国家或地区职业教育发达的原因之一。所以,从立法实践上看,应将实习生定义为特殊劳动者,扩大《劳动法》《劳动合同法》的适用范围,而不是回避实习生的劳动权。希望立法部门能够重视实习生的现状,通过立法来保障这一弱势群体的权益。

(四)将实习生纳入工伤保险体制

《工伤保险条例》是《劳动法》《劳动合同法》的下位法,是对后两个法律有关劳动者社会保险权的具体实施法规。《劳动法》《劳动合同法》如果扩大适用范围,将实习生定义为特殊劳动者,则《工伤保险条例》也应当进行相应的修正。《工伤保险条例》将《企业职工工伤保险试行办法》中关于将实习生纳入工伤保险体制这一规定予以否定,是立法的倒退,也反映出一种立法的不自信,同时也给学校和实习单位传达了不利于实习生实习权益保障的法律暗示。

在顶岗实习中,实习生处于学校和实习单位的双重管理之下,因此立法应当注重三者利益的平衡。与一般民事侵权解决方式相比,将实习生纳入工伤保险体制不仅可以减轻实习生的维权成本和举证难度,而且也可以分散学生、学校和实习单位的风险,增强三者在顶岗实习中的积极性。因此,在这种立法理念的指导下,《工伤保险条例》应当修正,确认实习生的工伤保险主体地位。至于工伤保险的缴纳主体可以进行变通,在顶岗实习期间确定由国家承担工伤保险费的责任,各省区市可以在省级财政预算中将顶岗实习工伤保险费列入专项开支,省区市财政部门根据各教育行政主管部门统计的各院校顶岗实习的统计数据一次性拨付给各地保险机构。

如果将实习生定义为特殊劳动者尚存在立法上的障碍，那么应当先行将实习生纳入工伤保险体制，譬如中国澳门地区虽然也未将学徒定义为劳动者，但是却未影响工伤保险法律制度对其的适用。因此，我省人力资源和社会保障部门应当要求实习单位为实习生购买工伤保险，在将学生定义为特殊劳动者之前做出一种保护弱者的尝试，从而规避实习生人身伤害救济的风险。

第八章 主要研究结论和研究贡献

本章是对整个研究过程和结果的总结与展望,既对主要研究结论进行了提炼,也对课题的后续研究提出了思路。高职院校顶岗实习的质量管理是一个全面的、运动的、联系的一个系统,应当不断探索与实践,以求适应顶岗实习发展的需要。本研究对国内外有关高职学生顶岗实习的大量文献进行了分析与述评,对样本院校的顶岗实习模式和顶岗实习管理进行了深入的研究与总结,并且引入 MATLAB 软件回归分析的方法修正调查问卷,对质量管理进行预测与决策,同时借助流程图的技术手段以及 PDCA 循环理论、质量管理链理论、利益相关方理论、多中心理论等相关理论展开顶岗实习的质量管理探索与实践,最终形成时空二维物理场的顶岗实习质量管理新型理论。本章在前面研究的基础上,总结出主要的研究结论,描述本研究对顶岗实习质量管理研究的贡献以及急需进一步展开研究的问题。

第一节 主要研究结论

一、MATLAB 软件在心理危机问卷调查分析中的结论

本研究在分析顶岗实习学生心理危机调查问卷时,采用了 MATLAB 软件对调查数据建模,并且采用回归分析的算法得到以下几个结论。

(一)数据模型难以预测不及格、及格、良好和优秀 4 个等级

通过 regress 函数的编程运算,我们可以取得顶岗实习学生心理危机的回归系数,形成每个自变量的加权因子,并且挑选出对因变量影响较为显著的自变量用于回归分析,此时因变量指标是顶岗实习的鉴定结果。

在调查问卷 4 项人口统计学特征变量和 43 项主观变量都通过数据模型参与预测不及格、及格、良好和优秀四个等级时,预测结果与最后实际鉴定结果误差较大,然后再通过影响较为显著的 5 个变量建模预测,发现预测结果与最后实际鉴定结果还是存在较大的误差。这说明,本调查表的提供变量对预测顶岗实习的鉴定结果没有预测价值,或者说在考查学生 4 个实习等级时,无法针对性地采取相应的质量管理方法。上述建模的失败在某种程度上表明了心理危机干预无法与实习生及格、不及格、良好和优秀的鉴定结果形成直接的对应结果。

(二)数据模型能够预测不及格和及格

在数据模型预测不及格、及格、良好和优秀4个等级失败后,本研究首先关注的是顶岗实习成绩的合格和不合格。这是顶岗实习质量管理的基础目标,通过一些影响较为显著的自变量的控制,干预实习生的心理危机,从而保证向企业输入合格的实习生。

在调查问卷4项人口统计学特征变量和43项主观变量都通过数据模型参与预测及格和不及格时,预测结果与最后实际鉴定结果误差较小,但是鉴于因变量较多不利于集中采取相应的措施,因此在研究中又选取5个显著变量进行预测,发现误差较大;当选取10个显著变量进行预测后,显示误差很小。这10个显著变量分别是:是否能够做好本职工作,是否保持最佳的情绪状态,是否对实习工作感到力不从心,与同事、指导教师关系是否融洽,遇到困难是否可以为自己减压,是否结交新朋友,面对新环境是否感到恐惧,在工作环境中是否舒服自在。以上10个因素可以直接为顶岗实习质量管理在顶岗实习前期、中期和后期的心理干预提供行之有效的决策依据,而不是全盘考虑47个因素,以求达到事半功倍的效果。这10个变量可以分为3组变量,包括工作能力、沟通能力与减压能力,这3组变量的表现直接决定学生顶岗实习是否达到合格的标准。

1. 工作能力

在顶岗实习质量管理中,首先应当关注实习生的工作能力,因为多数学生还没有准备好从学生角色到职业人角色的转变,尤其是没有兼职工作经验的学生,对是否胜任工作呈现不同程度的忧虑,对从课堂走到工作岗位也有诸多的不适应表现。这些心理压力需要学校和企业共同干预。学校在人才培养方案的制订上一定要适应行业的发展,尤其是课程设置需要改革与创新,并经过顶岗实习的不断实践和顶岗实习后的不断修正,形成一套成熟的人才培养方案;同时注重顶岗实习前校内实训和校外实训的安排,提前完成学生的角色转变。

2. 沟通能力

顶岗实习学生的沟通能力主要来自于两方面:一是与企业指导教师与同事的沟通,二是与客户的沟通。分析显示实习生的沟通能力主要是前者。由于学生在学校主要接触的就是同学和教师,并逐渐形成自己的交往圈,进入另一个陌生的工作群体时,学生需要开始重新适应。一些性格内向的同学在人际交往能力上明显比较薄弱,一旦与企业指导教师或者同事出现交际裂痕,情绪便会出现很大波动,直接影响到整个顶岗实习,这一点上需要学校专职辅导员、专职实习指导教师与企业指导教师共同努力,本着培养与造就人才的精神,多指导,多鼓励,多沟通,消除实习生的人际交往压力,争取在实习结束后待人处事的能力有很大的改观。

3. 减压能力

由于大二下学期时学习任务不太紧张,当学生走上实习单位工作岗位时,正碰上旅游行业的旺季,此时工作量比淡季成倍增长,因此这种大的变化和落差会造成实习生情绪的波动。如果在实习中又遇到困难,一些情绪出现波动的学生极有可能会变更实习单位或者旷工,直接影响到顶岗实习的管理。因此,学校应当针对实习生这种现实状况,开设抗挫折教育和户外拓展课程,减轻学生压力,培养学生顽强的品质。同时,学校应该保持常态性回访,专职辅导员和专职指导教师应该掌握学生的动态,学生家长也应该发挥积极作用。

(三)数据模型能够预测优秀和不优秀

在成功预测顶岗实习学生成绩的及格和不及格之后,本研究开始关注优秀学生的培养与选拔。顶岗实习质量管理的另一作用是挖掘优秀实习生的影响因素,并且将这些因素纳入培养优秀学生的质量管理体系,以求向企业输入优秀的实习生。

在调查问卷4项人口统计学特征变量和43项主观变量通过数据模型预测优秀和不优秀时,预测结果与最后实际鉴定结果误差较小,但是鉴于因变量较多,不利于集中采取相应的措施,因此在研究中又选取9个显著变量进行预测,误差没有显著变化;在选取20个显著变量进行预测时,相比9个显著变量的结果少了一个错误判断。因此,这9个显著变量具有独立评价的价值。这9个显著变量分别是:是否能够做好本职工作,是否能实现学生到工作者角色的转变,是否对实习工作感到力不从心,顶岗实习是否与专转本考试相冲突,是否感到别人总是从自己这里获利,是否适应顶岗实习的学习实践,与指导教师关系是否融洽,是否具有精神压抑的倾向,是否会受到失恋的影响。

在得出预测实习学生鉴定成绩优秀和不优秀的显著影响变量后,分析发现与预测及格和不及格的显著影响变量中有3个交叉变量:是否能够做好本职工作,是否对实习工作感到力不从心,与指导教师关系是否融洽。这3个变量决定实习学生鉴定成绩的合格,如果提高实习生对这3个变量的适应能力,可以进一步培养出优秀的学生。此外,其他几个显著影响变量都具有优秀学生印记的特殊标签,譬如,优秀的学生不仅会做好本职工作,而且会强化自己尽快实现从学生到职业人角色的转变;优秀的学生如想继续深造,获取本科学历,因此会提前准备专转本考试,但他们会担心实习工作会影响考试的准备;优秀的学生在顶岗实习期间会参加各种学习的实践,进一步提升自己的文化修养与内涵;优秀的学生由于既定目标较高,因而会在精神上造成一定的压力;优秀的学生会容易得到异性的爱慕,但是一旦失恋又会对他们造成打击。根据问卷调查的分析结论,要做好以下3个方面工作。

首先,从政府层面上来讲,政府部门应当积极改革高职学历提升教育制度。在高职教育体系中,探索如何为在顶岗实习期间表现优异的学生提供深造的渠道与政策,或者在专转本入学考试中增加面试环节,考查学生顶岗实习的实习表现以及对行业的理解,从而让一些有着学历提升目标的优秀学生能安心参加学校安排的集体顶岗实习。同时,政府通过财政和税收上的优惠政策,鼓励和支持企业将优秀的实习学生派遣到国内外进修,对学历教育与非学历教育进行双重提升。

其次,从学校和企业层面上来讲,学校和企业应当注重优秀实习生资源的挖掘。一方面,在顶岗实习前,一些学生希望在大一暑假进入企业进行实习,或者利用平时周末去企业兼职,对于这样的学生,学校应该支持他们提前实现角色的转变。另一方面,在顶岗实习中,学校专职辅导员和专职指导教师应当联合企业指导教师,为一些优秀学生的发展制订特殊的培养方案,譬如在企业内进行轮岗学习,并且在其毕业后直接录用。

最后,从实习生自身层面而言,实习生应当以学业为重,保持健康和阳光的心态。优秀实习生要正确对待失败,当目标没有实现时,要调整好心态,不能一蹶不振。同时,要学会合理工作时间和业余时间,要正确处理感情问题。

二、时空二维的质量链关键节点控制与耦合效应分析

在本研究中,一个基本研究思路就是在时间与空间两个维度上对顶岗实习的质量管理进行评价。贯穿本研究始终的基本理论是 PDCA 循环理论,附属理论为质量链管理理论、利益相关方理论以及多中心理论,所有的理论或理论组合都是为顶岗实习的质量管理服务的。MATLAB 分析法在本研究中的应用只是一个开端,本研究主要是寻找和控制顶岗实习过程中的关键节点以及寻求和扩大顶岗实习利益相关方的耦合效应。

(一)顶岗实习质量链关键节点的寻找和控制的总结

为确保顶岗实习的高质量输出,在顶岗实习过程中,必须寻找质量链的关键节点,并提出行之有效的解决方案。下面总结顶岗实习前、顶岗实习中和顶岗实习后三个阶段关键节点的控制过程。

1. 顶岗实习前

(1)人才培养模式设计。

①人才培养模式是人才培养方案的一个基本内容,无论是"2+1"的人才培养模式,还是"1+0.5+1+0.5"或者其他人才培养模式,都需要注重与行业、企业的融合,而不是由学校单方闭门造车,那样势必会造成落后于行业的发展与实践。在内容上,人才培养方案主要体现为课程体系的设计,而课程体系的设计包含职业岗位核心能力的分析、实践教学体系的设计与专业课程的设置,这构成了人才培养模式设计的关键控制节点。

②人才培养方案既要保持稳定性,同时还要保持一定的灵活性,针对行业、企业的需要并且经过必要的评估与论证可以适时地对人才培养方案进行修正。职业岗位的核心能力分析需要学校的专职教师与企业的一线员工共同完成。核心能力的分析和描述上要重实践轻理论,即重在描述与实际工作岗位相关的核心能力,而不要将精力耗费在某个词语或者某种理论的讨论上。在分析上需要综合行业内各种类别企业的岗位设置与业务范围,最后提出标准化的核心能力。

③在实践教学体系上,学校应当利用校内外各种实训实习资源,开创多种形式的实践教学活动。从教室的实况教学到校内实训室的实训教学,再到校内和校外实训基

地的实训教学,最后到实习单位的顶岗实习教学。学校应该建立多层次、多渠道的全面实践教学体系,以保证顶岗实习的质量效果。

④在专业课程设置上应当敢于改革和创新。在充分理解职业教育特点的基础上,调整课程的设置,尤其要注重课程的实用性,遵循企业的工作任务与工作过程,而不是单纯强调学科的理论体系,应与普通高等教育严格地区分。顶岗实习的时间和内容安排应该要符合行业、企业的特点,将顶岗实习作为一个例行的工作任务看待。

(2)实习单位的遴选。

实习单位的遴选工作是顶岗实习前的一个关键节点,实习单位的企业文化底蕴以及在行业内的影响直接决定了实习学生在顶岗实习中的质量,因此应当得到学校高层的重视。

①一般来说,当可供选择的实习单位数量有限时,学校的遴选方式比较单一,主要依靠学校招生就业部门以及相应的二级学院直观的感性认识,直接通过会议讨论的方式予以确定。但是当实习单位的数量以及提供工作岗位的数量远远超过学校的供应能力,此时就需要通过一定技术方法进行定量和定性分析。因此,这一关键节点的控制主要是依靠建立实习单位的评估指标体系,从实习条件、实习管理、培训体系以及实习效果等方面进行全面的设计,最后根据评估的分值进行分档,最终确定进场的实习单位。

②在学校与实习单位之间,会存在一定的利益关联,具体体现在学校对企业的实习管理费用的收取。由于实习的学生在法律上还不是劳动者,只是一名注册的学生,不能享受劳动者的社会保险,这就减轻了企业人力资源成本压力,因此一些企业会通过相应的成本博弈决定是否参加实习单位的遴选,这样可能会造成企业只关注实习学生的工作业务量,为企业创造效益,而不关注学生的能力培养与可持续发展的现象发生。可见,当学校遴选实习单位时,首先应当考虑的不是企业会给学校带来多少收益,而是要重点考察企业能够为学生创造的职场环境和福利。此外,在实习单位的遴选过程中,学校还应当尊重学生和教师的意见,保证实习单位遴选过程的科学性、民主性和合理性。

2. 顶岗实习中

(1)实习内容的设计与实施。

在确定好人才培养方案和实习单位后,学校应当召开实习学生动员大会,派发实习任务书,正式启动顶岗实习。此时,顶岗实习质量管理的关键控制节点就是确定任务书中的学校和企业的指导教师,指导教师的好坏直接关系着顶岗实习学生的实习质量。

一方面,学校各个教研室派遣具有丰富教学实践经验以及拥有行业挂职锻炼经历的骨干教师担任实习指导教师;另一方面,学校在已经确认的实习单位中筛选各岗位的一线业务骨干或者管理人员担任技术指导教师,从而形成学校实习指导教师和实习生的师生关系与企业技术指导教师和实习生形成的师徒关系。

在实习中实习生应当制定自己的职业生涯规划,努力将实习的外部压力转换成自己内部的动力,支配自己的行为、意志和情感。只有将顶岗实习转换成学生自觉的内在需求,才能充分发挥他们实习的主动性和创造性,才能提高职业素养和服务技能。

(2)学生法律风险的控制与防范。

在顶岗实习过程中,会出现各种法律问题或纠纷,譬如实习生的报酬,实习生因工受伤,侵害实习生合法权益等,但现行法律法规对顶岗实习学生的法律问题没有具体的规定,顶岗实习期间的学生存在不同程度的法律风险,这直接影响到顶岗实习的质量管理,因此实习生的法律风险控制与防范是一个重要的关键节点。

在法律法规还没有明确对实习生的法律地位定性时,学校与企业应当在自己的职责范围内最大的程度上控制与防范学生的法律风险。首先,实习生的法律风险往往是与实习安全相联系的,因此学校在与实习单位签署协议时不仅要落实实习生的实习报酬,更重要的是落实实习生的实习安全,防范人身安全事故的发生;同时学校和实习单位要在实习生中广泛宣传安全生产的相关制度,警示学生注意实习安全。其次,实习单位可以从社会责任角度出发,为实习生购买人身意外商业险,也可以有限地与部分实习生签订劳动合同,为其缴纳包括工伤保险在内的各种社会保险,从而达到分散法律风险的目的。

(3)学生信息反馈与跟踪。

实习学生在顶岗实习期间,会因工作问题联系学校的辅导员或者指导教师,寻求相关的帮助,或者就实习环境提出一些建议或者诉求。顶岗实习开始的上半段时间实习学生反映的信息明显多于下半段时间,这主要是实习生从学生角色转变为职业人角色这一过程中,他们更愿意寻求指导教师的帮助,或向学校以及指导老师反映,或向企业领导以及企业师傅反映。学校和企业要建立一个反馈与跟踪的渠道,这个渠道的建立便是一个重要的控制节点。

具体说来,学校或者辅导员、指导教师以及企业领导或者企业师傅在收到学生的信息后,应当予以重视,除了由教师或者师傅可以解决的事项,其他事项需要统一汇总到学校或企业的指定部门,并且定期反馈给学生;对于一些重大的问题还需要制订相应的行动计划;指定的管理部门还应当跟踪检查最后的解决情况。这既保证了顶岗实习的质量,同时也体现了学校和企业的人文关怀。

(4)学生实习心理调适与干预。

顶岗实习学生从校内封闭式的学习转化为校外开放式的顶岗实习,对工作环境和人际环境还不是很适应,因此会产生不同程度的心理危机。心理危机是否能够顺利调适与干预,直接关系到顶岗实习最终的质量,具有独立的评价价值,因此本研究在引入MATLAB分析法时选择的视角之一就是顶岗实习学生心理危机的干预,这也是顶岗实习重要的节点之一。

按照顶岗实习前、顶岗实习中和顶岗实习后学生的特殊心理状态,心理危机干预体系的构建体现出一定的灵活性和针对性,同时顶岗实习中的心理危机干预又是至关重要的一个环节。在顶岗实习中,学校和企业应当积极寻求化解实习生心理危机的思路,对他们的心理危机进行干预、疏导、调适和矫正,帮助实习生弥补心理缺失,平衡心理态势,更好地融入实习环境。

第一,要加强对实习生的引导工作,帮助学生树立正确的学习观、学习方法和学习态度,使学生的重心逐渐转移到实习工作上,对实习逐渐产生浓厚的兴趣。第二,注重通过归因训练对实习生进行心理矫正。通过对实习生归因偏差的心理矫正,使出现心理危机的实习生能够运用正确的归因理论,对心理问题进行合理、正确的调整,从而完善自我。第三,重视对顶岗实习学生不良情绪的干预。在顶岗实习期间,一些没有达到心理预期的实习生容易产生不满或苦闷、急躁情绪,难以自我调适,因此需要进行及时的调适与干预。第四,建立顶岗实习学生建议与沟通体系。主要是建立与实习单位领导层之间的建议与沟通体系,让学生参与企业的管理,及时反映工作中遇到的问题,为企业的发展进言献策,从而提高实习生的满意度。

(5)学生实习评价。

学生的实习评价主要体现为实习企业对学生的评价,该评价是学校进行实习效果综合鉴定的重要参考,并且也是顶岗实习质量管理中的一个阶段性评价。该评价现在多流于形式,评价的方法也比较单一,不能满足顶岗实习质量管理的要求,但是鉴于学生实习评价的重要参考作用,因此有必要也将此作为一个控制的关键节点。

实习单位在评价学生的最终实习质量时,应当首先建立符合行业特点又体现企业自身特点的实习生评价指标体系,然后出具实习评价的报告书,最终形成不及格、及格、良好和优秀4个等级。

3. 顶岗实习后

(1)实习效果综合鉴定。

在顶岗实习结束后,学校会对顶岗实习的效果进行综合鉴定,既考核顶岗实习的过程,也考核顶岗实习的结果,鉴定的重点是考查学生知识应用、技能操作和社会适应的能力。根据最后的综合鉴定结果,对优秀的实习生进行表彰。综合鉴定结果是本研究 MATLAB 软件数据建模的因变量,它的准确与否直接关系到数据建模的质量,因此也是一个关键控制节点。

在对实习效果综合鉴定时,应当首先建立鉴定的指标评价体系。该体系可以参考人才培养方案中的职业岗位的核心能力部分。同时,实习效果的考核应针对顶岗实习的整个过程,而不仅仅是毕业鉴定,所以不要根据学生在学校的一贯表现进行评分。在实际操作中,辅导员和指导教师是最初的鉴定人,因此辅导员和指导教师深入顶岗实习现场进行指导,就能够保证鉴定结果的准确性。

(2)实习经验的总结与交流。

在完成顶岗实习效果的综合鉴定后,各二级学院应当召开顶岗实习的经验总结与交流会。为保证座谈会的质量,应当考虑实习生的专业、实习生所在企业、实习生考核成绩等一系列因素来安排参加座谈会的学生。与实习生面对面的沟通与交流,可以为顶岗实习质量管理的探索与实践提供第一手的材料,作为进一步深入研究的重要依据。因此,实习经验的总结与交流也是一个重要的关键节点。

顶岗实习学生返校后,学校应该在第一时间安排实习生的总结与交流会。各二级学院应当高度重视,所有参与实习指导的辅导员与指导教师必须参加。实习生在会议中会提供许多关系自身利益的要求,特别会对人才培养方案提出宝贵的意见,这些要求和意见将构成本研究的重点关注内容,同时也直接影响着学校顶岗实习制度以及人才培养方案的调整。

(3) 实习内容的优化。

实习内容不是一成不变的,要紧跟行业、企业的发展,通过校企合作不断修正,不断优化,这是顶岗实习 PDCA 循环承上启下的重要一步。实习内容的优化将会启动下一轮质量管理的循环,而且体现的是一种前进式的上升过程。因此,实习内容的优化也是一个重要的关键节点。

实习内容的优化是一个艰巨、复杂的工程,优化体现的是一种质的飞跃,而不是仅仅是量的改变。在实际优化过程中,当学校将任务派发给二级学院,二级学院再派发给教研组,教研组再派发给指导教师,指导教师往往根据自己的理解做一些局部的调整,经过调整的方案极有可能构成最终的方案。实习内容的优化需要学校高层的引导,同时学校领导要直接参与实习内容优化的方案制订过程。实习内容的优化需要经过校企双方的多次讨论,最后确定前还需要征求实习生的意见,这样才能最终达到优化实习内容的目的。

(二) 顶岗实习质量链的耦合效应分析总结

耦合是物理学的一个基本概念,原意是指两个或两个以上的电路元件或电网络的输入与输出之间存在紧密配合与相互影响,并通过相互作用从一侧向另一侧传输能量的现象。在质量管理研究中,质量链系统通过各自的耦合元素产生相互作用、彼此影响的联动关系就是一种耦合效应。在顶岗实习的质量管理过程中,空间上势必会涉及多个利益相关方,包括政府、学校、行业协会、企业、家长、学生等主体。这些利益相关方在顶岗实习上具有不同的需求和期望,同时也会形成不同的地位和立场。本研究不是孤立地分析这些利益相关方,多中心理论的引入其实就是重点考察这些利益相关方的相互关系,即在质量链条上实现这些利益相关方的耦合效应。因此,顶岗实习的最终质量在表象上体现为实习生的质量,其实质上却是一系列组织在质量链中传递、积累以及相互作用的整体效应。稳定、有序、畅通、可控质量链路的形成,对于保持并持续改进顶岗实习质量管理链以及实习生的质量状态具有重要的意义。

1. 多中心管理联动机制

如果顶岗实习的质量链上只存在各组织的自身运动,或者各组织之间产生简单、机械、被动的联系,那么就不会产生耦合效应,也就无法体现各组织之间所需功能的统一性与整体性。一旦质量链上组织之间的统一性与整体性遭到割裂,那么各组织就不能形成正方向的合力,即使各组织都能实现预先的计划,但是却不能保障顶岗实习质量链的整体最优,因此,在顶岗实习质量管理中,需要通盘考虑政府、学校、行业协会、企业、家长、学生等主体之间的关系,打破原有的各种边界,使顶岗实习质量流能够按照总体利益最大化的原则自由流动。为此,我们要建立基于实习生质量的各组织的最优集成,注重各要素的互补、融合、协同、共进的联动模式,推进整个管理的同步。尽管顶岗实习各个利益相关方都有自己的利益诉求,但是应当尽最大可能保持各个组织的管理制度、管理方法、管理措施和管理手段的协调性,同时还要保证各个组织管理导向与系统目标的一致性。各个利益相关方都是为了追求实习生质量的最大化,这样就可以打破顶岗实习质量黑箱的封闭界限,在各个利益相关方之间建立一条敏捷、畅通、可控与优质的多中心质量管理链路,从而在整体上提升顶岗实习管理系统以及各个利益主体的质量管理水平,营造一个开放、合作、协同的环境,形成新型的联盟模式的顶岗实习质量管理体系。

2. 多中心资源共享机制

假若多中心管理联动机制是一种主耦合效应,那么多中心资源共享机制就是一种附属耦合效应,多中心资源的共享本质上还是为了促进无缝的管理联动机制的形成。在顶岗实习质量管理中,多中心资源共享机制主要表现为信息资源的共享。从质量链角度来看,信息联动是要在各个利益相关方之间不断地进行信息的对话、交换和使用,将原先分立隔离的信息格局改变成一个运用耦合效应协同合作的信息共享整体,为各组织提供第一手的质量信息,帮助各个主体在不同的关键节点中改善和提升质量管理的效果和水平。

在顶岗实习的质量管理链路上,包含着质量计划、质量执行、质量检查与质量改进等诸多领域的重要信息。这些质量链路上的信息贯穿于三个维度,分别是信息延展维度、信息广度维度、信息强度维度。其中,信息延展维度是指顶岗实习学生向上下游组织交换质量信息的程度,程度越大,则说明顶岗实习生对政府、学校、行业协会和实习单位的质量信息关注和依靠越紧密;信息广度维度是指顶岗实习学生使用质量信息的范围,范围越大,则说明顶岗实习学生交换质量信息的紧密联系的利益相关方就越多;信息强度维度是指顶岗实习学生与各个利益相关方之间交换质量信息的数量,其值越大,则说明顶岗实习学生与利益相关方之间协同合力的效果越大。顶岗实习生是顶岗实习质量管理链路上的核心,只有保证他们能够主动地收集、整合和使用质量链中所有利益相关方的质量信息,才能够发挥其作为一个质量流流动的中枢作用,实现顶岗实习质量链完全的无缝集成,增强顶岗实习质量链的耦合效应。

第二节 研究贡献

一、PDCA 循环理论与质量管理链理论组合理论

PDCA 循环理论与质量管理链理论是质量管理中比较成熟的管理理论,因此构成了本研究主要的理论基础,在时间和空间两个维度上都得到了最大程度的体现,也是本研究的起点和归属,从理论出发,最终按照理论的理想模型有效地运行与实施。

PDCA 循环理论描述的是一种周而复始、循环不止的运动过程,同时循环套循环,

呈现出一种前进与上升的运动趋势,而质量管理链理论在 PDCA 循环理论中的最佳切入点是过程中的关键节点。关键节点是 PDCA 循环机器中的关键零件,关键零件的正常运转关系到整个循环机器的正常运转,一旦关键零件失灵,势必造成整个循环机器的减速或者停止,因此,在顶岗实习质量管理的探索与实践中,研究者的任务就是寻找顶岗实习过程中的有效关键节点,并且针对关键节点提出行之有效的风险预防和质量控制方法。综上所述,质量管理链理论可以被视为 PDCA 循环理论的一种工具性理论,两者组合在一起形成一种新型的概念性理论模型,即 PDCA 循环中的关键节点控制理论。

与 PDCA 循环理论一样,关键节点也是环环相套,关键节点中还蕴含着新的关键节点,而且关键节点随着 PDCA 的运动而发生变化,所以关键节点在 PDCA 循环中的介入必须顺应质量管理循环的前进和上升趋势,同时维持 PDCA 循环的正常工作。此外,质量管理链理论不仅包含关键节点这一理论点,还包含质量流、耦合效应等研究思路,这也决定了 PDCA 循环理论与质量管理链理论组合还有很大的研究空间。

二、利益相关方理论与多中心理论组合理论

利益相关方理论作为一种分析方法,旨在分析与组织相关的个人、企业、机构和上级单位以及其对组织的期望,以此判定他们在与组织合作中的地位,在考察组织内外部环境时是一种有效的技术手段。经过不断地发展,利益相关方理论已被广泛应用到管理学、经济学、行政学乃至教育学领域。将利益相关方分析方法运用到顶岗实习的质量管理研究上,可以为其探索与实践提供一个启发性的研究视角,而且利益相关方理论在顶岗实习的时空二维质量管理研究中具有一定的理论可行性和实践可操作性。本研究除了考察顶岗实习质量管理利益相关者对顶岗实习质量的期望外,更重要的是考察利益相关方的立场及其对顶岗实习质量态度的评估,主要是将利益相关方区分为积极型、中立型和消极型三种类型,从而提出针对性的解决方案。

利益相关方分析方法在分析顶岗实习的质量控制时也具有自身的缺陷,主要体现为在利益相关方相互之间的联系上缺少必要的评估,而这些利益相关方之间的利益关联对组织也会产生举足轻重的影响。因此,本研究在利益相关方分析中融入了多中心理论,强调的是多中心相关利益方分析的组合效应。

多中心理论强调的是对于公共物品的生产或公共事务的治理可以通过产权、契约等形式交由相互独立分散的多方主体,使公共物品的生产或公务事务的治理得以分散,从而使每个主体都拥有公共物品的有限生产权利或公共事务的有限治理权利。多中心理论的核心观点是通过多元主体的参与解决单中心治理模式的瓶颈,从而实现社会公共服务的优化配置。顶岗实习属于一种教育产品,教育也属于一项社会公共事业或者是社会公共产品,但是教育的利益相关者或者中心并非只有政府或者是学校,而应该将中心拓展到每一个利益相关者,并且考察各个利益相关者的权利与义务,从而保证顶岗实习质量产出的最大化,这是多中心相关利益方组合分析的一种必然判断。

三、时空二维物理场理论

时间和空间两个维度是本研究的基础研究视角,贯穿于研究的始终。在本研究中,时间的维度主要体现为顶岗实习前的计划与准备、顶岗实习中的执行与检查和顶岗实习后的处理与改进三个有序循环与发展的阶段;空间的维度主要体现为政府、学校、行业组织、企业以及学生和家长多中心的利益相关方。

场是物理学的一个概念,是指物体在空间中的分布情况。在顶岗实习的质量管理中,时间和空间维度显示了所有利益相关方在质量管理场中的运动状态。顶岗实习是"校企合作、工学结合"人才培养模式的集中表现形式,充分体现了校企合作办学、合作育人、合作就业、合作发展的工作思路与精神,因此,顶岗实习本身是一种先进的人才培养模式,但是顶岗实习最终的质量输出并非一个简单的线性演绎过程,而是需要经过一种特定背景的推动,这种特定的背景就是由时间维度和空间维度构成的顶岗实习物理场。

综上所述,顶岗实习的质量管理重在控制由时间维度和空间维度构成的物理场,只有保证时间序列与空间位置的无缝集成,才能维持有效的质量流,从而输出高质量的顶岗实习效果,这也是本研究的核心研究范式。

四、MATLAB 软件在管理学中的建模尝试

MATLAB(matrix & laboratory,MATLAB)软件是一种综合的数学建模软件,具有数值运算、符号运算、数据可视化、图形界面设计、程序设计、仿真等功能,相比 SPSS 统计分析工具,在功能上更为强大,尤其是在大数据处理以及绘图上具有独特的优势。

目前,MATLAB 软件主要运用在理学、工学和医学等学科中,在管理学和教育学领域中尚无涉及。本研究主要利用 MATLAB 软件的数值运算功能修正调查问卷的设计选项,并且建立调查数据的预测模型。鉴于顶岗实习质量管理的 MATLAB 分析法是一次全新的技术尝试,因此本研究主要介绍的是一种可行的统计分析角度和统计分析思路,主要采用的是数值运算中的回归分析法,通过构造函数来预测数据变化的趋势。

在本研究中,首先确定影响顶岗实习质量的变量,并且对变量进行操作化定义;然后建立统计分析的多元回归模型,包括线性回归函数和非线性回归函数;再通过 MATLAB 软件编写程序,采用回归分析的算法对数据进行挖掘,区分出对因变量影响较为显著的自变量和影响不显著的自变量,以区别影响顶岗实习质量管理的重要因素和次要因素;最后建立顶岗实习质量管理影响因素的回归模型,对顶岗实习的鉴定结果进行有效的预测和控制。

第三节　有待进一步研究的问题

一、利益相关方多中心流程图的绘制

在本研究中，利益相关方理论的图解比较普通而简单，主要侧重的是识别组织的内外部利益相关方、分析利益相关方的需求和希望以及评估利益相关方对组织的地位和立场。一个完整的利益相关方分析是个相当复杂的任务和过程，它需要运用更加复杂的方法评价利益相关方的需求和态度。

此外，利益相关方理论与多中心理论在理论与实践上具有组合的可行性与可操作性，但无论是单个理论还是理论的组合，仅仅通过文字的描述是难以清晰地廓清各个利益相关方的地位、责任以及相互之间的联系。本研究主要依托的是跨功能流程图来描述利益相关方的多中心理论。流程图只能描述谁从事什么样的活动，以及他们属于哪个职能部门，但是并不能直观体现这些职能部门之间的相互联系，因此，利益相关方的多中心组合理论需要用更高阶的流程图来描述，这不仅在流程图的绘制技术与技巧上需要进一步的提升，而且要在理论知识与流程图的契合度上展开深入地思考，让流程图更加顺应顶岗实习质量管理体系发展的规律，这将是本研究进一步深入和展开的一个中心任务。

二、MATLAB 软件分析法的完善与修正

MATLAB 软件的强大统计分析功能在本研究中已经得到证实，但是本研究只是采用了 MATLAB 软件的一种数据挖掘方法，即回归分析方法，MATLAB 分析工具在顶岗实习中的应用还有广泛的空间，同时本研究的回归分析方法还比较粗糙，需要进一步修正。

按照 MATLAB 软件分析方法，数据挖掘开始之前应当进行数据预处理，但是在本研究中，这个过程被技术忽略了。在现实世界中，数据大体上都是不完整、不一致的脏数据，而且还会出现观察噪声，无法直接进行数据挖掘，或者挖掘结果不能达到预测与控制的目的，譬如在顶岗实习的问卷调查中，会出现一部分漏填或者多填的数据以及明显无效的填写数据等调查瑕疵，此时为了提高数据的挖掘质量，就必须进行数据预处理。数据预处理有多种方法，譬如数据清理、数据集成、数据变化、数据归纳等，其中数据清理是一种主要的预处理方法。数据清理是通过填写空缺值、平滑噪声数据、识别或删除孤立点并解决不一致性来"清理"数据，从而达到格式的标准化、清楚异常数据、纠正错误以及清除重复数据的目标，降低实际数据挖掘所需要的时间。因此，在进一步的研究中，需要增补数据预处理阶段的修正内容。

此外，MATLAB 数值运算的功能是在顶岗实习质量管理的探索与实践中最具有利

用价值的一种分析方法,但是数值运算的编程方法有很多,回归分析的方法只是其中之一。就数据挖掘任务而言,包括描述性任务和预测性任务两种。描述性任务包括聚类、关联分析、序列、异常检测等,预测性任务包括回归和分类。

  在完善顶岗实习质量管理的 MATLAB 分析法中,最具有数据延伸建模价值的是分类方法,如果说回归是用于预测连续的目标变量,那么分类是用于预测离散的目标变量。分类的方法可描述如下:首先输入数据,或称训练集,这是由一条条记录组成的,每一条记录包含若干条属性,组成一个特征向量。同时,训练集的每条记录还有一个特定的类标签与之对应,该类标签是系统的输入,通常是以往的一些经验数据。一个具体样本的形式可为样本向量:$(V_1, V_2, \cdots, V_n : C)$。在这里 V_1 表示字段值,C 表示类别。分类的目的就是分析输入的数据,通过在训练集中的数据表现出来的特性,为每一个类找到一种准确的模型,该模型能把数据库中的数据项映射到给定类别中的某一个,因此分类可用于提取描述重要数据类的模型或预测未来的数据趋势,辅助人们进行决策。在顶岗实习质量管理探索中,假若我们的样本是 1000 个顶岗实习学生,我们可以确定输入列和预测列。预测列就是预测顶岗实习学生最后的实习效果,建立数据模型,这时模型数据集就是 1000 个会员数据,然后再将模型集分成 800 个训练集和 200 个检验集,再用训练数据集填充模型,对模型进行训练,获取分类的内容,最后再用模型对 200 个顶岗实习学生的检验集进行查询,以确定模型的分类方法是否准确。如果获取准确的数据模型,那么就可以通过这些分类的数据识别出新顶岗实习学生实习质量的结果,然后采取针对性的质量管理方法,这些都可以通过在 MATLAB 中编程实现。

  可见,MATLAB 软件分析方法介入顶岗实习的质量管理,还需要不断地完善与修正,扩充其中的数据挖掘技术,以求通过不同的挖掘技术检验最后的预测结果,形成准确且稳定的数据模型。

附 录

附录1 南京旅游职业学院旅游管理学院旅游管理专业2014年人才培养方案

一、专业服务领域

本专业主要职业面向旅行社、景区、酒店,培养一线服务人员、经营人员和基层管理人员(见附表1-1)。要求学生能适应导游服务、旅行社门市接待、计调服务、前厅服务、客房服务、餐饮服务、景区票务、讲解服务及基层管理的需要,并且同时具备旅游企业中层管理人员的基本素质。

附表1-1 职业面向及典型工作任务

职业面向	典型工作任务
酒店	前厅管理与服务、客房管理与服务、餐饮管理与服务
旅行社	导游服务、旅行社门市接待、计调、外联、电子商务营销等服务与管理
景区	景区票务、讲解服务、景区营销
旅游行政部门	游客管理、人力资源管理、卫生管理、危机管理

二、招生对象

普通高中毕业生。

三、学制

三年制。

四、学分制说明

学分是学生学习量的计算单位,以教学计划中课程学时数为主要依据(见附表

1-2),本专业学生需要修满各个模块的学分方可毕业,各个模块学分之间不可以相互替代。

附表1-2 课程、模块及分配学分

课堂	模块	分配学分
第一课堂学分	必修课	81
	综合实践(含实训周)	26
	职业资格证书	5
	专业限选课	3
	公共选修课	2
第二课堂学分		12
总计		129

五、培养目标

(一)培养总目标

培养与我国旅游行业需求相适应,具有良好的思想道德和身心素质,主要服务于旅行社、景区、酒店及旅游行政等部门,具有本专业职业生涯发展能力的德智体美劳全面发展的高技能、应用型专门人才。

(二)职业素养目标

1. 思想道德素养

拥护中国共产党的领导,掌握马克思主义、毛泽东思想和邓小平理论的立场、观点和方法,具有鲜明正确的政治方向,正确的人生观价值观、高度的社会责任感,客观辩证的思想意识。热爱旅游事业,正确认识旅游事业的价值,具有良好的思想与职业道德和素养,敬业爱岗、遵章守纪、团结协作、乐于奉献,具有诚信意识与热诚服务意识,并具有一定的创新精神。

2. 科学文化素养

毕业生应具备扎实的基础知识和实用的专业知识,建立合理的知识结构,围绕自己选择的工作方向,对自己所掌握的知识进行合理组合、恰当调配,形成知识系统,内化为稳定的人格、气质、修养,具备一定的国学素养,文化品位较高。具有较强的自学能力,持续发展的潜在能力和较强的社会适应能力。

3. 身体、心理素养

毕业生应具有健康的体魄和良好的心理素质,养成文明的生活习惯,形成健全的人格、健康的个性和健康的情趣。要能正确评价自我,胸襟开阔、豁达大度、积极乐观,能够正确对待挫折,克服期望值过高的心理,培养坚忍不拔的毅力,增强自信心,培养心理调试能力,乐观、自信、心态平和,宽容礼让,不怕挫折,能够自我认知和提升,以良好的心理素质迎接未来的工作。

(三)职业能力目标

掌握旅游管理专业基本知识,熟知旅游服务岗位职业流程,具备专业和职业能力,能适应旅游行政管理部门、旅游企业、事业单位等服务业一线需要的高技能应用型人才。

六、职业能力规格

(一)职业能力分解表(见附表1-3)

附表1-3 旅游管理专业职业能力分解表

	项目	要求
基础能力	政治素质	1. 热爱祖国,树立正确的世界观、人生观 2. 热爱本职工作,有尽职尽责的职业道德 3. 有健康的体魄
	外语应用能力	1. 有本专业要求的英语阅读能力 2. 具有旅游管理工作需要的交流对话能力 3. 通过全国英语应用能力测试 4. 鼓励学生报考英语导游考试、饭店工作英语考试
	计算机应用及信息管理能力	1. 有一定的计算机实际操作能力 2. 掌握计算机信息处理技能 3. 能够运用计算机对旅行社、景区、酒店进行信息管理
	一定的法制观念和良好的职业道德	1. 了解旅行社、酒店、景区等旅游企业的相关国内外政策法规 2. 养成高尚的人格和良好的职业素养,具有较强的服务意识
	心理调节能力和社会适应能力	1. 具有良好的心理素质和承受挫折的能力 2. 能用良好的心态面对学习、生活和未来的工作 3. 拥有较为理性、成熟的思维,具有处理各种问题的能力
	身体素质	拥有健康的身体,能够胜任现在的学业和将来的工作对体质的要求

续表

项目		要求
专业能力	旅游企业管理能力	1. 掌握旅游企业的管理学知识 2. 掌握旅游企业财务管理知识
	景区管理与营销能力	1. 掌握景区各岗位服务的基本要求和技能 2. 掌握景区人力资源管理、安全管理、游客行为管理、质量管理等基本知识,并能够灵活运用
	旅行社经营与导游讲解能力	1. 掌握旅行社各业务部门运营工作 2. 能够进行旅行社产品的设计、营销 3. 掌握导游带团的基本技能,并能够为游客提供讲解,落实各项具体事宜
	酒店服务与管理能力	1. 具有酒店管理的基本知识 2. 掌握酒店前厅服务的基本技能和流程 3. 掌握酒店客房服务的基本技能和流程 4. 掌握酒店餐饮服务的基本技能和流程

(二)职业资格证与技能等级证书要求

学生大专毕业要求具有 5 个学分的资格证书。除了"计算机 ATA 等级证书(1分)""普通话 2 级乙等证书(1分)""全国英语应用能力考试 A/B 级等级证书(1分)"三个必须取得的证书以外,本专业毕业生原则上要取得如下职业资格证书(可选其一,见附表 1-4),旅游管理专业学生鼓励优先考取导游证。

附表 1-4 职业资格证书及分值

序号	名称	类别	分值
1	导游证	职业资格证书	4 分
2	展览讲解员	职业资格证书	2 分
3	餐厅服务员	职业资格证书	2 分
4	客房服务员	职业资格证书	2 分
5	前厅服务员	职业资格证书	2 分

七、课程设置与计划(见附表1-5)

附表1-5 课堂设置与计划一览表

课程类别		课程学时比例（%）	学时	学时分配	
				理论教学	实践教学
课堂教学	公共课	33.9	774	477	297
	专业通识课	14.2	324	242	82
	专业核心课	25.2	576	378	198
	专业选修课	6.3	144	144	
综合实践	顶岗实习	12.6	288		288
	毕业论文	1.6	36		36
	实训周	6.3	144		144
总学时			2286	1241	1045
占总学时比例/%				54.3	45.7

八、教师任职资格

(一)本专业校内教师的任职条件

(1)具有高等职业院校教师资格证书；
(2)具有本专业相应中级以上的职业技术等级证书；
(3)具有较高的职业素养和敬业精神；
(4)知识面宽,专业理论坚实,有较强的实践能力；
(5)具有课程开发和专业研究能力；
(6)具有组织、协调、引领、指导学生学习的能力。

(二)本专业校外兼职教师的任职条件

(1)具有从事本专业课程教学的经验或具有3年以上该行业工作的经验；
(2)具有较高的职业素养和敬业精神；
(3)知识面宽,专业理论坚实；
(4)具有组织、协调、引领、指导学生学习的能力。

九、基地配置标准

(一)教学设备

图书馆馆藏图书能形成具有鲜明特色的藏书体系,旅游管理专业相关的书籍种类丰富;馆藏适应专业发展的要求,有现代化的管理手段;图书流通率较高,图书有计划地逐年增加。校园网信息畅通。重视网络资料库的建设与管理工作,建设教学科研板块和精品课程网站,通过建立资源共享平台,为在校师生教学服务,以提高教学水平和质量。

(二)校内实训室建设指导

1. 导游模拟实训室

运用集成虚拟现实技术、数据库技术和多媒体技术,建立一套高度沉浸性的仿真场景。通过模拟多个景点进行讲解,培养学生景区导游讲解的能力。

2. 旅行社模拟实训室

配备接待前台、计调软件、电脑、传真机、投影仪等的教学设施和设备,培养学生的旅行社业务流程、旅游产品与旅游线路开发、游客接待等能力。

3. 旅游电子商务实训室

配备服务器、客户机等硬件,配置教学版的旅游电子商务、饭店管理、旅行社管理等软件平台,构建旅游行业仿真信息管理与业务平台。

4. 前厅基地配置

配备电话、预订单、办公桌椅、电脑等,配置教学版的前台软件系统,构建旅游行业仿真信息管理与业务平台。培养学生订房、入住登记和前台软件操作的能力。

5. 客房基地配置

配备卧室床垫、床架、床上用品、配套与卫生间等设备用品,培养学生铺床、清扫整理客房、布置特色客房的能力。

6. 餐饮基地配置

配备餐桌、餐椅、转盘、台布、桌裙或装饰布、菜单、收银夹、工作台、吧台等餐厅服务硬件,培养学生中餐、西餐摆台与服务的能力。

十、评估方式

学院制定相应的管理职责、评估程序和评估制度,构建学院、督导专家、学生等多方参与的人才培养质量评价体系,实施在校学习阶段由学院统一进行质量监控。校企合作共同建立专业人才培养评价体系,同时引进社会评价机制,对毕业生就业率及就业质量、专业综合素质、教学质量等环节进行评估,形成了校企合作人才培养模式下的多元化教学质量评价体系。

十一、作业的布置与课外训练

学生除课堂学习之外,需要加强课后的实践训练,教师应当结合课程内容布置实践性较强的作业让学生课后练习,并加以指导和点评。每门专业课程的课后作业量不应少于课堂教学时间的1/3。

十二、实施建议

(1)本计划为实施性人才培养方案,必须严格执行。

(2)院系部设立教学指导小组,对教学管理(课程设置、教学运转、教材)和教学质量管理等方面进行评价(估)。

(3)公共课和专业基础课程理论强调实用原则,确实为专业服务。

(4)确立以"学生为本"的教学理念,按照学生实际能力设计、组织教学活动。

(5)根据学生的心理特点和职业能力形成的规律,激发学生学习兴趣和热情,尽可能开展教学互动,帮助学生树立成就感和自信心,努力营造宽松、和谐、民主的学习氛围。

(6)积极利用和开发课程资源,重视学生的生活经验,积极创设项目课程实施情境,促进学生实践能力的形成和综合素质的提高。

(7)以提高学生综合素质为原则,开展课程教学,将素质教学贯穿于教学过程的始终(见附表1-6)。

附表1-6 旅游管理专业课程设置与教学计划表

类型	类别	序号	课程(课程代码)	课时 理论	课时 实践	学分	学期 一	学期 二	学期 三	学期 四	学期 五	学期 六	考核形式	开课单位
必修课	公共课	1	思想道德修养与法律基础	36	18	3		3			顶岗实习	顶岗实习	考试	思想政治部
		2	毛泽东思想和中国特色社会主义理论体系概论	36	18	3	3						考试	思想政治部
		3	军事理论与军训	36		2	2						考查	军事理论教学部
		4	职业礼仪		18	1	1						考查	人文艺术系
		5	大学语文	36		2	2						考试	基础部
		6	大学英语	144		8	4	4					考试	国际旅游系
		7	计算机(旅游)应用基础/ATA	18	18	2		2					考试	基础部
		8	体育		72	4	2	2					考试	体育部
		9	形体		36	2		2					考查	体育部
		10	职业生涯规划与就业创业指导		18	1							考试	招生就业处
	专业通识课程	1	旅游学概论	36		2	2						考试	旅游管理学院
		2	旅游心理学	36		2			2				考试	酒店管理学院
		3	旅游经济学	36		2				2			考试	旅游管理学院
		4	酒店概论	36		2			2				考试	酒店管理学院

续表

类型	类别	序号	课程(课程代码)	课时 理论	课时 实践	学分	学期 一	学期 二	学期 三	学期 四	学期 五	学期 六	考核形式	开课单位
必修课	专业通识课程	5	世界旅游地理	36		2				2			考试	旅游管理学院
		6	中国旅游地理	18	18	2	2						考试	旅游管理学院
		7	旅游英语	36	36	4				4			考试	国际旅游系
		8	旅游市场营销	36		2			2				考试	旅游管理学院
	专业核心课程	1	导游基础知识	36	36	4		4					考试	旅游管理学院
		2	自然景观概论	36		2	2						考试	旅游管理学院
		3	导游法规	72		4		4					考试	旅游管理学院
		4	导游服务技能	36	36	4	4						考试	旅游管理学院
		5	旅游企业财务基础	36		2				2			考试	酒店管理学院
		6	旅游策划	18	18	2				2			考试	旅游管理学院
		7	景区服务与管理	36	36	4			4		顶岗实习	顶岗实习	考试	旅游管理学院
		8	旅行社运营管理	36	36	4				4			考试	旅游管理学院
		9	旅游电子商务	36	36	4			4				考试	旅游管理学院
		10	南京导游词设计与讲解	36	36	4			4				考试	旅游管理学院
	合计学时			972	468	80	23	26	14	16				
实践课	综合实践	1	毕业设计(论文)		36	2							考查	旅游管理学院
		2	顶岗实习		288	16							考查	旅游管理学院
		3	实训周		144	8							考查	旅游管理学院
选修课		1	生态旅游与遗产保护	18		1	1						考查	旅游管理学院
		2	旅游创造学	18		1	1						考查	旅游管理学院
		3	旅游美学	18		1		1					考查	旅游管理学院
		4	声乐入门	18		1		1					考查	旅游管理学院
		5	艺术品鉴赏	18		1			1				考查	旅游管理学院
		6	休闲旅游与度假区	18		1			1				考查	旅游管理学院
		7	旅游摄影	18		1				1			考查	旅游管理学院
		8	旅游公共关系	18		1				1			考查	旅游管理学院
备注														

附录2　南京旅游职业学院实习基地评估指标体系(试行)

一级指标	二级指标	主要评估点	分值	评估标准 A(等级系数为1.0)	评估标准 C(等级系数为0.5)	自评等级	自评得分	系部等级	系部得分	评估方式
A 见习条件	规模与条件	接受岗位	4	一次能安排实习学生10人(含10人)以上	一次能安排实习学生5人(含5人)以上					实地考察查阅材料
		实训条件	6	实训设备配套齐全,应用状况良好,能满足实习教学需要	实训设备配套基本齐全,基本满足教学需要					
		食宿状况	4	提供食宿,住宿条件良好,适合学生消费水平	食宿地点基本满足学生需要					
		环境状况	6	工作环境良好,无危害人体的有害因素	工作环境状况一般					
		安全状况	6	重视安全工作,有相应的安全措施与安全管理规定,从未发生任何安全事故	有相应的安全措施与管理规定,未发生较大的安全事故					
B 见习管理	建立	建立时间	4	基地建立两年(含两年)以上	基地建立一年(含一年)					查阅协议书及有关资料
	稳定性	合作协议	4	与学院有合作协议并挂牌	有基地合作协议,未挂牌					
		建设规划	4	有实习基地建设规划,建设目标明确,建设标准高,并付诸实施	有实习基地建设规划,但目标欠明确					
		使用状况	4	基地实际使用连续三年(含三年)以上,稳定性强	基地实际使用一年					
	管理	规章制度	4	有健全的实习生管理规章制度	有相关的管理规章制度					
		资料保存	4	历届实习生、毕业生资料保存完整	仅保存部分相关资料					

续表

一级指标	二级指标	主要评估点	分值	评估标准 A(等级系数为1.0)	评估标准 C(等级系数为0.5)	自评等级	自评得分	系部等级	系部得分	评估方式
C 培训体系	实习导师	导师配置	4	对实习生配备工作生活上专职指导师,具有中级以上职称的指导教师达到50%以上	具有中级以上职称的指导教师达到30%以上					收集有关材料定期交流
	岗前培训	大纲与教材	6	有规范明确的实习教学大纲和岗前培训教材	没有规范的实习教学大纲或培训教材					
	实习计划	培训计划制订与执行	10	有与实习基地实际情况相配套的详细的实习计划,操作性强,且执行情况良好	有与实习基地实际情况相配套的实习计划;基本能保证实习质量					
	校企合作	教师实践岗位	10	每年能提供我院年青教师实践岗位	能提供我院年青教师实践岗位					
D 见习效果	见习效果	实习教学效果	4	有开展因材施教、开发潜能的项目,并取得良好的效果	有实习项目,并取得较好的效果					实地访谈、学生座谈、问卷调查
			4	实习结束,能对学生进行实习核对鉴定,并颁发相应的实习证明	实习结束,能对学生进行实习核对鉴定					
			4	90%(含90%)以上学生对基地满意	60%(含60%)以上学生对基地满意					
			4	实习基地对90%(含90%)以上学生的表现满意	实习基地对60%(含60%)以上的学生表现满意					
			4	留用实习生总数不低于实习人数的20%以上	留用实习生总数不低于实习人数的10%以上					
					总成绩					

注:1.评价指标划分为 A、B、C、D 四档,表中只给出 A、C 的标准,低于 A 高于 C 为 B,低于 C 为 D。2.每项得分=分值×等级系数(等级系数:A=1.0;B=0.75;C=0.5;D=0.25)。3.评分等级:85~100 分为优秀;75~84 分为良好;60~74 分为合格;低于60 分为不合格。4.评价总分等于每项得分之和。

附录3 实习基地遴选与管理制度

一、校外实习基地遴选的基本程序

(一)系部专业老师提供实习单位初选名单

(二)学院再选

学院招生就业处(分管部门)对实习单位再选(并制定顶岗实习单位标准)。
(1)单位考察:组织系部老师、专业负责人、与招生就业处负责人对实习单位考察。
(2)拟定实习单位:依据实习基地确定的基本要求结合考察拟定实习单位。
(3)被选定的单位填写实习就业基地申请书。
(4)经分管领导审核后签订校企合作协议合同。
(5)发放实习就业基地证书和基地铭牌。
(6)对历年实习基地评价,符合条件的入选为南京旅游职业学院示范实习、就业基地。
(7)企业填写示范实习、就业基地申请书。
(8)发放实习就业基地证书、示范实习就业基地证书。

二、校外实习基地遴选的基本要求

校外顶岗实习基地是学生了解行业、接触行业、服务行业的主渠道。通过建立校外顶岗实习基地,一方面可以解决工学结合的任务,提高学生的岗位实践能力,另一方面可以为教师提供教学和科研的场所,促进教师融入行业发展。为了加强校外实践教学、规范基地管理,特制定本管理办法。

(一)指导思想

校外顶岗实习基地建设要以学校与行业结合为前提,充分利用行业资源为基础,以提高教学质量为首要目的,以有效措施为保障,既要遵循教育规律,又要适应社会主义市场经济体制的要求。努力做到有利于加强实践教学,培养学生的创新精神和实践能力;有利于教师的教学和科研活动,提高学科整体水平。校外顶岗实习基地建设要坚持"政策激励、项目带动"的原则,充分发挥基地的教学和科研的功能,使其成为人才培养的重要依托。

(二) 建设原则

1. 充分满足教学需要的原则

校外顶岗实习基地是实现培养目标、培养人才的重要依托,基地应为实习教学提供必要的条件和场所,充分满足实习教学要求,确保实习教学质量。

2. 坚持教研相结合的原则

学院应根据专业建设、学科发展需要,结合不同地域的经济发展条件,积极探索校企合作的新内容和新形式,不断探索新的校外基地建设模式。

3. 坚持"互惠互利、双向受益"的原则

学校利用基地的条件培养学生动手能力和创新精神,基地可以从实习生中优先选拔优秀人才,达到双向受益、共同发展的效果。

4. 稳定核心基地为主,发展松散型基地为辅的原则

校外基地实行动态管理,对于一些条件好、发展稳定的基地可以相对固定;有些基地则根据实际情况灵活调整,以保证基地的教学质量和合作效果。

(三) 建设条件

顶岗实习基地建设的依托单位必须是具有独立法人资格的行政或企、事业单位,并具备以下条件:

(1) 既能满足我院相关专业学生的实践教学要求,又具备横向课题合作推广的条件,并有与我校合作的愿望。

(2) 在行业内具有一定的影响,并且具有行业代表性。具有较先进的服务与管理水平,形成了独有的企业文化。

(3) 基地建设和发展基础较好,能够提供必要的顶岗实习条件,具有对学生实习进行科学的组织、指导和管理能力。

(4) 基地原则上可以每年或每学期按计划安排一定的顶岗实习任务,或者在某一领域可供学生参观与实训。

(四) 审批程序

学院对待建基地进行初步考察与论证,与基地依托单位初步协商,达成建立校外顶岗实习基地建设的初步意见,写出可行性论证报告,填写南京旅游职业学院建立校外基地审批表,报招生就业处。

三、校外实习基地的管理

(1) 基地建设的指导思想和目标明确,符合相应学科行业特点和时代特色。基地要制订可行的实施方案,不断提高基地管理水平和教学效果,积极与学校开展相关横向课题合作。

(2) 校外教学实习基地采用院系两级管理。学院负责教学基地的宏观管理,制定

基地建设与管理的规章制度,协调有关事宜。系部负责制定有关制度,并指定专人负责基地的建设与管理工作。

(3)领导机构健全,专人负责基地建设。学院要有专门领导和部门分管校外基地建设与管理工作,学院要成立顶岗实习基地建设与管理的领导班子,各专业要配备专门人员负责基地的管理和运行,在基地挂职的教师有一定的组织能力和管理力量,并具有较强的指导教学实习的经验。

(4)校外顶岗实习基地的确定要经充分调查研究与论证,基地要能够促进学生专业应用能力的提高,能够满足实习要求,并严格按照《南京旅游职业学院校外顶岗实习基地遴选管理办法》中的具体实施程序进行组建。基地的设立、顶岗实习协议书及有关材料要报招生就业处备案。基地的调整与撤销,应经合作双方同意,并分别报分管院长审批和招生就业处备案。

(5)校外顶岗实习基地一经确立,学校和基地的责权利要明确,所属系部应与基地立即着手商定双方管理模式与档案建设管理的具体办法,建立长期合作关系并报招生就业处备案。

(6)学院和系部均要建立完整的校外基地管理档案,所属系部应每年对于每次在校外基地进行的实习、合作等情况做出总结,并由实习基地所在单位签署意见(一式两份),一份系部存档,一份报招生就业处备案。

(7)为促进顶岗实习基地建设和规范管理,学校制定顶岗实习基地建设评估办法,教务处将按照评估标准的要求,组织相关专家不定期到基地检查、评估实习教学情况。对成绩突出、基地建设好的单位给予表彰和资助;对存在突出问题的基地,提出整改要求,如限期达不到要求,经学校批准取消基地资格。对协议到期且评估合格的基地,根据双方合作意向与成效,可办理协议续签手续。

(8)各系部要加强对校外顶岗实习基地的指导与管理,建立定期检查指导工作制度,协助企事业单位解决实习基地建设和管理工作中的实际问题,帮助实习基地做好建设、发展、培训的各项工作。

(9)学院每年末召开一次顶岗实习基地建设总结会。各系部应在详尽分析本系部实习基地作用与效果的基础上,做出工作总结,共同研究新基地的成立与原有基地的保留及取消等问题。

(10)对在校外顶岗基地建设中做出突出贡献的个人,学校在职称评聘、教学成果奖评定中给予政策倾斜。对不履行职责、完不成任务的人员给予批评。因管理不善,人为造成重大损失的,要追究其责任。

(11)系部可根据校外实习基地承担的任务,从运行费中安排部分费用用于校外基地的运行管理,同时通过多种渠道集资方式,积极向有关企事业单位、各级政府和职能部门争取经费支持。

(12)实习基地建设与管理情况,将作为各系部教学评估的重要条件。

附录4　南京旅游职业学院实习基地遴选申请表

校外实习基地情况	基地名称				准备建立时间	
	地　　址				邮　　编	
	单位负责人		职务		联系电话	
	学院负责人		职务		联系电话	
	合作单位基本情况介绍					
	主要合作内容					
	可接收实习专业					
	可容纳学生人数					
	可提供的学生实践项目					
	可提供的学生实践条件	学生实践场所面积		学生住宿面积		
		学生实践酬劳		其他		
教务处意见	专业负责人签名：　　　　　　　　　　　　　　　年　　月　　日					
系(部)意见	系(部)主任签名：　　　　　　　　　　　　　　　年　　月　　日					
合作单位意见	主管领导签名：　　　　　　　　　　　　　　　　年　　月　　日					
招生就业处意见	处长签名：　　　　　　　　　　　　　　　　　　年　　月　　日					
主管院长审批意见	主管院长签名：　　　　　　　　　　　　　　　　年　　月　　日					

附录5　示范实习基地申请书

南京旅游职业学院
示范实习基地申请书

示范基地名称：_____

基地行业类别：_____

申　报　系　部：_____

申　报　日　期：_____

填 表 说 明

一、《申请书》是申请单位向教育厅申请省级示范实习实训校外教学基地申报材料标准格式,由申请单位组织填制,一式 10 份,报省教育厅高教处。每个实训基地填制一份《申请书》。

二、"实训基地类别"系指校内实训基地或校外实训基地。

三、"实训基地名称"应当按照规范的用语表述。

四、"申请学校"必须填写单位全称。

一、基本情况

学校名称			学校性质	
详细地址			邮政编码	
申请实习实训基地名称				
基地所覆盖的专业	专业名称		学生人数	
基地包含实习实训室名称	地　　点		年安排学生数量	

二、基地条件

基地所在企业、单位名称					
详细地址			邮政编码		
企业单位职工总数			法人代表		
兼职教师人数			实习、实训专业		
近两年来年接收实习实训学生人数	201 年		近两年来年接收毕业学生人数	201 年	
	201 年			201 年	
基地使用情况(包括实习、实训情况,师生住宿条件等):					

三、审批

申请理由	学校实习实训管理部门盖章　　　　　　　　　　　年　　月　　日
学校意见	负责人(签字):　　　　　　　　　单位公章　　　　　年　　月　　日
专家组意见	负责人(签字):　　　　　　　　　　　　　　　　　　年　　月　　日
质量工程领导小组意见	负责人(签字):　　　　　　　　　　　　　　　　　　年　　月　　日

附录6　南京旅游职业学院实习基地调整与撤销审批表

校外实习基地情况	基地名称				原建立时间	
	地　　址				邮　　编	
	单位负责人		职务		联系电话	
	学院负责人		职务		联系电话	
	合作单位基本情况介绍					
	调整与撤消理由					
	原合作内容					
	调整后合作内容					
教研组意见	专业负责人签名：　　　　　　　　　　　　　　　　　年　　月　　日					
系(部)意见	系(部)主任签名：　　　　　　　　　　　　　　　　　年　　月　　日					
合作单位意见	主管领导签名：　　　　　　　　　　　　　　　　　　年　　月　　日					
招生就业处意见	处长签名：　　　　　　　　　　　　　　　　　　　　年　　月　　日					
主管院长审批意见	主管院长签名：　　　　　　　　　　　　　　　　　　年　　月　　日					

注：审批材料一式三份，合作单位、招生就业处、系(部)各执一份。

附录7　关于做好我院2012年实习、就业工作安排的通知

为了做好我院2012年实习和就业工作,根据教育部《普通高等学校毕业生就业工作暂行规定》(教学〔1997〕6号)、《国务院办公厅转发教育部等部门关于进一步深化普通高等学校毕业生就业制度改革有关问题意见的通知》(国办发〔2002〕19号)以及我院出台的《顶岗实习管理手册》的精神,结合我院实习和就业工作的实际情况,现将本学期实习、就业工作安排如下:

一、基本情况

(1)2012年我院毕业生为1730人,共52个班级,其中三年制为1261人,五年制为349人,成人高考班120人。

(2)2012年我院实习生为1957人,共53个班级,其中,工程技术系119人,基础部53人,酒店管理系596人,旅游管理系478人,烹饪工艺与营养系136人,人文艺术系227人,外语系348人。

二、指导思想

2012年我院实习和就业工作的指导思想是:以党的十七大精神为指导,贯彻和落实"三个代表"重要思想和科学发展观及教育厅有关文件精神,紧紧围绕"培养高素质应用型旅游人才"的办学特色,充分认识实习和就业工作的重要性,拓宽毕业生就业渠道;以学生职业生涯辅导为工作起点,以提高学生就业指导水平、拓展毕业生就业市场为工作重点,以理念创新、制度创新、方法创新为工作动力,以提高就业率与就业质量为工作目标,采取一系列切实可行的措施,认真做好2012年实习工作和就业工作,努力实现实习生得到锻炼、毕业生充分就业,为江苏省大旅游的发展培养旅游人才。

三、就业原则

国家教育部对毕业生就业政策的原则是:毕业生在国家就业方针政策指导下,依据《普通高等学校毕业生就业工作暂行规定》,通过供需见面会和双向选择,在一定范围内落实就业单位。在规定时间内,落实工作单位的毕业生国家负责派遣;未落实工作单位的毕业生,学校可将其档案和户籍关系,转至家庭所在地,由当地毕业生就业指导机构帮助推荐就业。

毕业生就业工作贯彻以下原则:

(1)保证国家需要。

(2)择业实行平等、竞争、自愿和择优推荐的原则。

(3)学以致用、人尽其才。

(4)就业工作"三公开"原则,即"就业政策公开、需求信息公开、择优推荐公开"。

(5)支持并鼓励参加"西部计划""三支一扶""选聘高校毕业生到村任职"计划和"预征入伍"等基层就业项目。

(6)鼓励自主创业。

(7)鼓励到非公有制单位就业。

(8)招生就业处对毕业生的就业流向实行宏观调控,对签订就业协议书的实行监督管理,并保证协议书的严肃性和有效性。

四、就业政策

(1)凡取得2012届毕业生资格的学生,应在国家就业方针、政策指导下,根据"市场导向、政府调控、学校推荐、毕业生与用人单位双向选择"的机制落实就业。毕业生通过双向选择与用人单位达成协议后,应及时与用人单位签订就业协议书,并到学校办理相关手续。每名毕业生只能与一个用人单位签订就业协议书。凡与两个或两个以上用人单位签订就业协议书的,除认定最先签约的用人单位外,其他一律无效。毕业生与用人单位有其他约定的事项,必须在协议书备注栏内注明,并严格遵守。毕业生与用人单位以口头形式的约定涉及就业政策或要求学校办理有关就业事宜的,学校一律不予承认。在与用人单位正式签订就业协议书时,一律以原件为准,复印件无效。

(2)对优秀毕业生,依据本人的意愿,根据用人单位的需求,学校将优先推荐。

(3)毕业生选择到祖国西部等艰苦地区工作的,户口和档案可根据个人意愿保留在学校或转回生源所在地。

(4)准备报考专升本、专转本的毕业生,应在签订就业协议书时向用人单位说明,经协商达成一致意见后,在就业协议书备注栏中注明。如果被录用,应及时通知用人单位,并向学校出示有关证明。未告知、未协商而被用人单位追究违约责任的毕业生,后果由本人负责,并按违约对待。

(5)专接本的毕业生,继续在校学习本科课程,由招生就业处统一办理有关派遣手续,本科学业结束后办理相关就业手续。

(6)学校支持和鼓励毕业生自主创业,须在4月底前提交书面申请及相关材料。

(7)经体检不能参加就业的毕业生,就业资格、户籍关系在校保留一年。一年内病愈的,可参加下一年度就业;一年内仍未痊愈的毕业生,学校将户籍关系转入毕业生家庭所在地,自谋职业,学校不再负责办理相关就业手续。

(8)凡申请自费出国留学的毕业生,须在2012年4月底前向所在系部提出书面申请,经批准报招生就业处备案,学校可协助出具相关出国证明;同时,学校将不再负责其就业事宜。

(9)毕业生在2012年7月10日前签订就业协议的,按协议派遣。毕业生一经派遣到就业单位,原则上不能更改。

五、就业协议书的管理

(1)协议书由招生就业处统一发放。任何单位及个人不得自行印制,否则将追究有关人员责任。

(2)协议书按编号发放,每名毕业生为唯一编号。

(3)毕业生与用人单位达成就业意向后,必须签订协议书,并按协议书上所列项目逐项认真填写(提供样本)。协议双方有其他约定条件的,须在就业协议书中注明,所填内容要真实可靠。毕业生填写自己的应聘意见,用人单位签署接收意见,到招生就业处加盖"南京旅游职业学院招生就业处"公章,协议书即生效。

六、保障措施

(1)院系共同努力,积极广泛地收集用人信息,广开渠道,利用各种外出开会、讲课、咨询的机会,积极推荐毕业生就业。

(2)毕业生就业工作政策性强,涉及学生的切身利益和社会的和谐与稳定,各院、系部及毕业生就业管理部门应搞好服务、提供方便,充分调动各方面的积极性,做好毕业生就业工作,保证按期完成派遣工作。

(3)各院、系部应加强对毕业生的思想教育,及时掌握毕业生的思想动态,帮助学生树立正确的就业观;应认真研究提高一次性就业率的措施,确实为毕业生排忧解难,帮助毕业生克服在就业中的焦虑情绪,积极引导毕业生增强自信心和竞争意识。

(4)招生就业处要积极联系用人单位,加大宣传力度,提高我院的知名度。

(5)本通知在实施过程中若与教育部或省教育厅下达的新政策和规定相矛盾时,按新的政策和规定执行。

七、实习原则

学生专业实习是高职院校教学过程中的重要组成部分,是学生对所学专业建立感性认识、巩固理论知识、培养专业技能和实际工作能力的重要教学环节,是全面贯彻党的教育方针、理论联系实际,提高合格旅游从业人员综合素质的必修课程。全院各部门必须统一认识,共同做好学生的实习工作,规范学生实习工作,确保培养质量,提高学生的就业、创业能力和岗位适应能力。

八、实习组织原则

招生就业处负责顶岗实习的全面工作,各系部承担具体的顶岗实习的组织与管理工作。

九、实习形式

(1)统一安排实习。
(2)自主实习。
(3)境外研修和留学项目(国际交流中心)。
(4)其他(升学、自费留学)。

备注:准备参加境外研修、留学或报考专升本的同学,需留在南京实习,便于办理相关手续。如专升本被录取或境外研修、留学项目选拔通过,应及时向所在系部说明,由学院告知用人单位,方可离开实习单位。

十、实习工作安排

今年共有53个班级1957人参加实习,除外语系、旅游管理系、人文艺术系部分专业实习起止时间另定外,其余专业实习期为2012年6月13日至2013年4月18日(见附表7-1、附表7-2)。

附表7-1 实习工作安排表

序号	班级	系部	人数
1	085旅游韩语班	外语系	38
2	085旅游日语班	外语系	42
3	085旅游英语1班	外语系	33
4	085旅游英语2班	外语系	36
5	103酒店管理日语(单招)班	外语系	35
6	103旅游日语1班	外语系	30
7	103旅游日语2班	外语系	30
8	103旅游英语1班	外语系	44
9	103旅游英语2班	外语系	41
10	103应用韩语班	外语系	19

续表

序号	班级	系部	人数
11	085空中乘务1班	人文艺术系	49
12	085空中乘务2班	人文艺术系	52
13	103动漫设计与制作班	人文艺术系	35
14	103空中乘务1班	人文艺术系	48
15	103空中乘务2班	人文艺术系	43
16	085烹饪工艺与营养	烹饪工艺与营养系	10
17	103烹饪工艺与营养(单招)班	烹饪工艺与营养系	30
18	103烹饪工艺与营养班	烹饪工艺与营养系	32
19	103西餐工艺班	烹饪工艺与营养系	21
20	103中西点制作工艺班	烹饪工艺与营养系	43
21	103旅游管理(单招)班	旅游管理系	36
22	103导游1班	旅游管理系	42
23	103导游2班	旅游管理系	40
24	103导游3班	旅游管理系	39
25	103导游4班	旅游管理系	42
26	103高尔夫经营与管理班	旅游管理系	23
27	103景区开发与管理班	旅游管理系	20
28	103旅行社经营管理班	旅游管理系	26
29	103旅游管理1班	旅游管理系	38
30	103旅游管理2班	旅游管理系	39
31	103旅游管理3班	旅游管理系	41
32	103旅游管理4班	旅游管理系	38
33	103旅游市场营销班	旅游管理系	30
34	103园林技术班	旅游管理系	24
35	085酒店管理1班	酒店管理系	40
36	085酒店管理2班	酒店管理系	41
37	103酒店管理(单招)班	酒店管理系	37

续表

序号	班级	系部	人数
38	103酒店管理(会所俱乐部管理)班	酒店管理系	41
39	103酒店管理(中澳)1班	酒店管理系	32
40	103酒店管理(中澳)2班	酒店管理系	32
41	103酒店管理1班	酒店管理系	47
42	103酒店管理2班	酒店管理系	44
43	103酒店管理3班	酒店管理系	45
44	103酒店管理4班	酒店管理系	43
45	103酒店管理5班	酒店管理系	45
46	103酒店管理6班	酒店管理系	46
47	103旅游财会1班	酒店管理系	50
48	103旅游财会2班	酒店管理系	53
49	103旅游文秘1班	基础部	28
50	103旅游文秘2班	基础部	25
51	103酒店工程管理1班	工程技术系	41
52	103酒店工程管理2班	工程技术系	43
53	103酒店网络与智能控制班	工程技术系	35

附表7-2 2012年实习工作时间安排表

时间	工作内容	工作要求
2月28日	1.各系部上报实习单位 2.需新增实习单位,可在3月15日前将单位详细信息报招生就业处汇总	根据实习生管理反馈情况向招生就业处推荐2012年实习单位名单,招生就业处汇总,报分管院长审批
3月中旬	部分实习单位来校宣讲	由招生就业处牵头,各系部具体落实
4月20日	上报自主实习、境外实习、专接本、专升本和自费留学的学生相关材料(4月25日前未申报的同学,必须参加实习双选会)	由系主任签字审核后,报送招生就业处和分管院长批复

续表

时间	工作内容	工作要求
4月26日	下午13:00~17:00实习双选会(体育馆)	学生穿校服进场,系领导和辅导员必须到场,配合招生就业处参与双选接待工作,相关处室配合做好安全后勤保障工作。
4月27日	网上填报实习志愿,每位同学根据双选会当天面试情况最多可报四家单位	各系部和辅导员做好督导工作
4月30日	用人单位公布面试结果	招生就业处督促用人单位
5月7日	学生根据用人单位公布录用结果,选择一家实习单位	各系部和辅导员做好督导工作
5月10日	1.确定各单位实习名单 2.安排未落实单位的同学实习	招生就业处、辅导员配合
6月4日~10日	1.实习生结束在校学习课程 2.完成各课程的考试,交清学费及有关费用	教务处、财务处、系部
6月10日	1.做好实习前的组织动员和思想教育 2.组织学生学习《顶岗实习管理手册》 3.各系部与学生签订顶岗实习协议书 4.做好实习生离校前各项准备工作	系部
6月13日	指导老师带实习生下单位实习	招生就业处,系部

招生就业处
2012年4月9日

附录8　旅游管理专业顶岗实习方案

附表8-1　南京旅游职业学院旅游管理学院
旅游管理专业(酒店方向)顶岗实习内容设计一览表

班级：

顶岗实习学生	实习岗位	顶岗实习时间	顶岗实习内容	企业指导老师	学校指导教师	辅导员	备注
	前厅部各岗位		1.前厅部的主要任务、地位和作用 2.前厅部的组织机构及人事架构 3.前厅实习岗位及相关岗位的具体工作内容及操作规范 4.销售技巧及谈话技巧 5.前厅服务质量常见问题及其处理 6.前厅各级管理人员的工作方法 7.前厅对员工的管理情况 8.前厅与相关部门的配合与沟通情况				
	餐饮部各岗位		1.餐饮部的主要任务、地位和作用 2.餐饮部组织机构及人事架构 3.餐饮部员工工作班次的安排及各班次的主要工作内容和操作规范 4.餐厅营业的工作流程 5.餐饮部服务质量常见问题及其处理 6.餐饮部各级管理人员的工作方法 7.餐饮部对员工的管理情况				
	客房部各岗位		1.客房部的主要任务、地位和作用 2.客房部组织机构及人事架构 3.客房部员工工作班次的安排及各班次的主要工作内容和操作规范 4.客房的布置与摆设 5.客房中心的中心调控作用 6.客房部服务质量常见问题及其处理 7.客房部各级管理人员的工作方法 8.客房部对员工的管理情况				

注：其他的实习部门及岗位的实习内容可参照以上内容。

附表 8-2　旅游管理专业(旅行社、导游方向)顶岗实习内容设计一览表

班级：

顶岗实习学生	实习岗位	顶岗实习时间	顶岗实习内容	企业指导老师	学校指导教师	辅导员	备注
	导游部		1. 完成旅行社下达的各项经济指标和工作任务 2. 接受领导分配的导游任务，按接待计划安排和组织游客参观、游览 3. 严格遵守《导游员管理条例》，提供规范的导游服务 4. 负责旅游过程中同各地接待旅行社的联系、衔接、协调工作 5. 负责向游客导游、讲解、介绍目的地地方文化和旅游资源 6. 按照旅游接待行程，安排好游客的交通、餐饮、住宿，保护游客的人身和财产安全 7. 反映旅客的意见和要求，协助安排会见、座谈等活动 8. 耐心解答游客的问询，妥善处理旅游相关服务方面的关系以及旅途中发生的各类问题				
	研发销售部		1. 组织业务学习，参与踩线与旅游促销会 2. 加强与景区地接社的合作，充分利用新型资源进行新产品的开发和促销 3. 协调所属部门的各项工作，完成旅行社下达的各项经济指标 4. 努力开发本地旅游资源，旅游产品，不断扩大业务范围及业务量 5. 团队返回后，及时收集客人及导游的反馈信息，择优而作 6. 负责审定旅游产品及报价 7. 完成旅行社领导交办的其他工作				

续表

顶岗实习学生	实习岗位	顶岗实习时间	顶岗实习内容	企业指导老师	学校指导教师	辅导员	备注
	计调部		1.负责与旅行社、酒店的联系沟通工作 2.负责本社旅游团队的住房、用餐、用车、导游服务等接待工作,做好团队有关单据的收发和登记工作以及团队档案整理工作,确保团队资料齐全,搞好统计工作 3.掌握公司导游员的个人素质、带团技巧、从业记录等情况 4.负责按旅行社的要求安排导游 5.负责导游服务质量、等级的划分和评定工作 6.负责导游员出团情况的统计工作 7.负责接待对导游的投诉工作并进行及时提出处理意见报总经理 8.负责编写导游带团过程中有价值的案例 9.负责导游员的档案、个人资料管理工作 10.负责导游员的各项社会保险工作 11.负责值班、安排会晤、接听电话、综合文件的起草,来信来访以及来往文电的处理和文书档案的管理工作				
	门市票务部		1.接待来观光旅游的各旅游团体、零星散客,组织本地区各旅游团体、零星散客外出观光旅游 2.为来往旅游团体或个人提供旅游线路咨询,代购机、车、船票和订房等业务 3.广泛收集信息,努力开发旅游路线推广 4.完成旅行社下达的各项经济指标和工作任务 5.加强门市接待人员的礼仪培训,规范操作 6.热情、微笑服务每位咨询出游的顾客,解答顾客提出的疑问,并且做好相关记录 7.整理门市台账,做好客户资源档案,进行定期客户回访 8.及时处理相关客户意见和投诉				

附表8-3 旅游管理专业(景区方向)顶岗实习内容设计一览表

班级：

顶岗实习学生	实习岗位	顶岗实习时间	顶岗实习内容	企业指导老师	学校指导教师	辅导员	备注
	游客中心前台各岗位		1.要了解和熟悉的游览线路及销售政策,准确全面地向客人介绍和销售 2.对客人提出的相关要求或需要了解的情况,如果不能确定的,不可以随便答应客人,特别是不能以书面形式写在合同上,必要时请示主管领导 3.营业员经手接待的客人,尽可能由其本人跟进后续工作。发扬团结协作精神,保证前台服务的连续性和完整性 4.如遇当天未能解决的事项或者翌日要由其他同事跟进的工作,应设立交班工作本,当事人应做好记录工作 5.对于每次培训及新发布的业务信息的管理,除了营业员每天要主动了解信息外,中心还应设立信息管理员岗位,保证信息及时准确传达到每一位当班营业员,并做好签阅记录 6.接到团体或重要旅游信息需上门销售的,应立即报告负责人(负责人不在或有其他特殊情况,接信息者可自行处理),安排人员准备相关资料尽快上门				
	导游讲解员岗位		1.导游讲解人员要加强业务学习,提高自身职业技能和综合素质。迎客走在前,送客走在后;全程讲解,熟练讲解词,做到游客有问必答,满足游客的合理要求 2.讲解时,做到站姿标准,讲解生动,语言文明规范,仪表整洁,举止端庄 3.及时讲解景区游览中有关注意事项和旅游知识,随时解答游客提问,不得敷衍 4.带领游客游览应善始善终,尽职尽责,不得"丢客""甩客",不得以任何理由向旅游者兜售物品或者购买旅游者的物品				

续表

顶岗实习学生	实习岗位	顶岗实习时间	顶岗实习内容	企业指导老师	学校指导教师	辅导员	备注
	导游讲解员岗位		5. 结合景点自然景观传播科普知识。在引导旅游者游览过程中，如遇可能危及旅游者人身安全的紧急情形时，征得多数旅游者的同意后，可以调整或者变更接待计划，但应当立即报告主管领导 6. 在不影响正常讲解的情况下，为老、弱、病、残游客提供服务 7. 遵守职业道德，礼貌待人，文明用语，微笑服务，不卑不亢，杜绝争执，树立良好的形象。不得以任何理由与游客发生争吵 8. 不得迎合个别旅游者的低级趣味，不得在讲解、介绍中掺杂庸俗下流的内容。不得欺骗、胁迫旅游者消费，或者与经营者串通欺骗、胁迫旅游者消费。不得向游客索取小费及提出其他要求				

附录9 南京旅游职业学院顶岗实习申请表

学院_____专业_____

姓　名		性别		班级		学号	
寝室号		个人电话				家庭电话	
家庭住址						家长姓名	
实习单位信息	单位名称					法人代表	
	单位地址					邮　编	
	联系人		固定电话			移动电话	
	顶岗实习岗位						

申请理由	学生签名： 年　月　日

实习单位意见	（附单位接受证明）	家长意见	（附家长已知证明、身份证复印件）

指导教师意见	辅导员签字： 年　月　日	学院意见	负责人签字： 年　月　日（院部盖章）

注：1.此表由自行联系顶岗实习单位的学生如实填写。2.学生联系方式有变更时应及时通知辅导员。3.必须按学院要求按时参加相关考试、毕业信息采集等，否则不能正常毕业。

附录10 等候境外研修实习项目选拔申请表

编号   年   月   日

姓名		性别		照片
系部		班级		
联系电话		辅导员		
家庭住址				
E-mail 地址				
父亲姓名		工作单位		联系电话	
母亲姓名		工作单位		联系电话	
实习起止日期	20 年 月 日 至 20 年 月 日				
申请境外研修实习项目选择的原因： 签字： 年 月 日				
责任承诺(学生签字后方能批准)： 由于以上原因，我自愿申请等候境外研修实习项目选择。我承诺选择成功后离校实习期间，严格遵守所在国家法律、学校境外研修管理规定和境外研修实习单位的规章制度，并确保自身人身财产安全。若出现任何意外，均与学校和系部无关，由我本人负一切责任。 承诺人： 年 月 日				
家长意见： 签字： 年 月 日				
系主任意见： 签字： 年 月 日				
备注： 1.申请境外研修实习的学生要求品学兼优，具体由各系部负责把关。与境外企业签约后，研修实习生如发生违纪现象，将被取消境外研修实习资格。 2.等候时间： 年 月 日至 年 月 日				

注：此表一式三份，国际交流中心、系部、学生本人各一份。

附录11　旅游管理系学生升学申请表

学院_____ 专业_____

姓　名		性别		班级		学号	
寝室号		个人电话			家庭电话		
家庭住址					家长姓名		
升学单位信息	单位名称				法人代表		
	单位地址				邮　编		
	联系人		固定电话		移动电话		
	学校类型						
申请理由				学生签名： 　　　　　　　　　年　月　日			
指导教师意见	（附单位接受证明） 辅导员签字： 　　　　　　年　月　日			家长意见	（附家长已知证明、身份证复印件）		
				学院意见	负责人签字： 年　月　日（院部盖章）		

注：1.此表由自行联系顶岗实习的学生如实填写。2.学生联系方式有变更时应及时通知辅导员。3.必须按学院要求按时参加相关考试、毕业信息采集等，否则不能正常毕业。

附录12　江苏省高等教育自学考试"专接本"学校、学生、家长三方协议书

学校：_____

学生：_____

家长：_____

根据《关于在全省普通高校中开展在籍专科学生接读自学考试本科工作的意见（试行）》（苏教考〔2004〕1号）、《关于在全省普通高校中开展在籍专科学生接读自学考试本科工作的补充意见》（苏教考〔2008〕14号）、《"专接本"工作补充意见实施细则》（苏教考自〔2008〕26号）文件精神，为进一步加强对在籍专科学生接读自学考试本科工作的管理，维护家长、学生的合法权益，促进学生健康成长，强化学生法纪观念、责任意识和自律意识，加强管理，创建和谐校园，特制定《江苏省高等教育自学考试"专接本"学校、学生、家长三方协议书》，由学校与学生、家长三方签订后共同执行。

第一条　学校在学生教育管理中依法行使下列权利：

1. 按规定组织生源；
2. 组织实施教育教学活动；
3. 对学生进行学籍管理，实施表彰、奖励或处分；
4. 拒绝任何组织和个人对教育教学活动的非法干涉；
5. 法律、法规规定的其他权利。

第二条　学校在学生教育管理中应当履行下列义务：

1. 贯彻国家的教育方针，执行国家教育教学标准，提高教育教学质量；
2. 依法治校，健全和完善管理制度，规范管理行为；
3. 维护学生的合法权益，维护校园正常秩序，保障学生的正常学习和生活；
4. 建立和完善学生参与民主管理的组织形式，支持和保障学生依法参与学校民主管理；
5. 提倡并支持学生及学生团体开展有益于身心健康的学术、科技、艺术、文娱、体育等活动；
6. 鼓励、支持和指导学生参加社会实践、社会服务和开展勤工助学活动，并根据实际情况给予必要的帮助；
7. 以适当方式为学生及其家长了解学生的学业成绩及其他有关情况提供便利；
8. 遵照国家有关规定收取费用并公开收费项目；
9. 依法接受监督。

第三条 学生在校期间依法享有下列权利：

1. 知晓自学考试"专接本"的性质、学生管理、收费标准、教学与考试管理的要求；
2. 参加学校教育教学计划安排的各项活动，使用学校提供的教育教学资源；
3. 参加社会服务、勤工助学，在校内组织、参加学生团体及文娱体育等活动；
4. 符合规定者可获得相应的学历证书、学位证书；
5. 对在校内受到的处分或者对处理有异议，向学校提出申诉；对学校教职员工侵犯其人身权、财产权等合法权益，提出申诉或者依法提起诉讼；
6. 法律、法规规定的其他权利。

第四条 学生在校期间应当履行下列义务：

1. 遵守法律法规以及其他文件规定；
2. 遵守学校各项管理制度；
3. 努力学习，完成学校规定学业；
4. 严格遵守自学考试的考场纪律；
5. 按规定缴纳助学辅导费及有关费用；
6. 遵守公民道德规范和学生行为规范，尊敬师长，养成良好的思想品德和行为习惯；
7. 法律、法规规定的其他义务。

第五条 家长依法享有的权利：

1. 知晓自学考试"专接本"的性质、学生管理、收费标准、教学与考试管理的要求；
2. 享有学生在校表现、学习状况及考试成绩等信息的知情权；
3. 法律、法规规定的其他权利。

第六条 家长应当履行的义务

1. 督促学生努力学习，遵守学校规章制度；
2. 主动积极与学校联系，了解学生在校表现、学习状况及考试成绩等情况；
3. 告知学校关于学生思想品德、学习、生活、身体及在家表现等信息。

第七条 考生应在"专接本"专业的学制期满后三年内完成对所学专业的学习，取得毕业证书。未能按期毕业的，可转入自学考试面向社会开考的相同或相近专业继续报考，已通过的课程继续有效，未通过的课程不再计取校考成绩，并必须参加面向社会开考专业主考学校组织的课程实践性环节的考核和毕业论文（毕业设计）指导与答辩。符合毕业条件的，发给面向社会开考专业主考学校附署的毕业证书，符合学位授予条件的，向面向社会开考专业主考学校申请学士学位。

第八条 未尽事宜。依据《中华人民共和国教育法》《中华人民共和国高等教育法》《学生伤害事故处理办法》（教育部第12号令）等相关法律、法规、文件的规定和要求处理。

第九条 本协议适用于举办自学考试"专接本"专业的专科学校和接受自学考试"专接本"专业教育的学生及家长。

第十条 本协议一式三份，签字方各执一份。

第十一条　本协议自三方签字之日起生效。

学校(盖章)：　　　　学生(签字)：　　　　家长(签字)：

联系电话：　　　　　联系电话：　　　　　联系电话：

　　　　　　　　　　家庭电话：

　　　　　　　　　　家庭住址：

附录 13　顶岗实习双选会工作方案

2012 年实习双选招聘会工作须知

尊敬的用人单位：

一、实习双选招聘会地点：学院体育馆。

二、教研实习基地授牌仪式地点：行政楼一楼会议室。

三、示范实习就业基地授牌仪式地点：行政楼一楼会议室。

四、时间安排：2012 年 4 月 26 日。

时　间	安　排	负责人
上　午		
9:30～11:00	教研实习基地授牌仪式 （限一位代表参加） 示范实习就业基地授牌仪式 （限一位代表参加）	
下　午		
14:00～17:00	实习生双选招聘会	
18:30	晚餐（学院提供，地点食堂）	

五、招聘后期工作安排：

(1) 实习生招聘单位请于 4 月 30 日～5 月 7 日 (7 日 17 点截止) 登录我院实习双选系统，提交实习生双选面试结果。

(2) 5 月 14 日（周一）登录系统查看最终实习生录用名单，并反馈《实习生到岗位安排信息》。

附件：

实习双选系统使用说明——用人单位端（技术问题请咨询招就处）

实习协议书（签约联系人：）

顶岗实习管理手册

实习班级、实习时间安排表

南京旅游职业学院
招 生 就 业 处
2012 年 4 月 24 日

备注：如需帮助请与招生就业处接待组联系。

实习班级、时间安排

附表13-1 第一批实习班级安排表
（2012年6月中下旬~2013年4月中下旬，共34个班，1096人）

序号	系别	专业	班级	人数
1	酒店管理系	酒店管理	103酒店管理1班	47
2	酒店管理系	酒店管理	103酒店管理2班	41
3	酒店管理系	酒店管理	103酒店管理3班	45
4	酒店管理系	酒店管理	103酒店管理4班	42
5	酒店管理系	酒店管理	103酒店管理5班	44
6	酒店管理系	酒店管理	103酒店管理6班	46
7	酒店管理系	酒店管理	103酒店管理单招班	37
8	酒店管理系	酒店管理	085酒店管理1班	40
9	酒店管理系	酒店管理	085酒店管理2班	40
10	酒店管理系	酒店管理	103酒店管理（中澳）1班	31
11	酒店管理系	酒店管理	103酒店管理（中澳）2班	31
12	酒店管理系	酒店管理（会所俱乐部）	103酒店管理（会所俱乐部）班	41
13	烹饪工艺与营养系	西餐工艺班	103西餐工艺班	21
14	烹饪工艺与营养系	中西点制作工艺	103中西点制作工艺班	43
15	烹饪工艺与营养系	烹饪工艺与营养	103烹饪工艺与营养班	32
16	烹饪工艺与营养系	烹饪工艺与营养	103烹饪工艺与营养（单招）班	30
17	烹饪工艺与营养系	烹饪工艺与营养	085烹饪工艺与营养班	10
18	旅游管理系	休闲服务与管理（高尔夫经营与管理）	103休闲服务与管理（高尔夫经营与管理）班	23
19	外语系	旅游英语	085旅游英语1班	18
20	外语系	旅游英语	085旅游英语2班	20
21	外语系	旅游日语	103旅游日语1班	11
22	外语系	旅游日语	103旅游日语2班	18
23	外语系	旅游日语	103酒店管理单招日语班	22
24	外语系	旅游日语	085旅游日语班	25

续表

序号	系别	专业	班级	人数
25	外语系	应用韩语	103应用韩语班	8
26	外语系	旅游韩语	085旅游韩语班	14
27	人文艺术系	空中乘务	085空中乘务1班	50
28	人文艺术系	空中乘务	085空中乘务2班	52
29	人文艺术系	空中乘务	103空中乘务1班	47
30	人文艺术系	空中乘务	103空中乘务2班	42
31	工程技术系	酒店管理(信息工程)	103酒店管理(信息工程)1班	41
32	工程技术系	酒店管理(信息工程)	103酒店管理(信息工程)2班	39
33	工程技术系	计算机网络技术(旅游电子商务)	103计算机网络技术(旅游电子商务)班	34
34	继续教育学院	旅游管理	103旅游管理(继续教育)班	11

附表13-2 第二批实习班级安排表
(2012年6月中下旬~2013年1月中旬,共15个班521人)

序号	系别	专业	班级	人数
1	旅游管理系	旅游管理	103旅游管理单招班	36
2	旅游管理系	旅游管理	103旅游管理1班	38
3	旅游管理系	旅游管理	103旅游管理2班	38
4	旅游管理系	旅游管理	103旅游管理3班	40
5	旅游管理系	旅游管理	103旅游管理4班	38
6	旅游管理系	市场营销	103市场营销班	26
7	旅游管理系	园林技术	103园林技术	24
8	旅游管理系	旅行社经营与管理	103旅行社经营与管理班	25
9	旅游管理系	景区开发与管理	103景区开发与管理班	20
10	旅游管理系	导游	103导游1班	40
11	旅游管理系	导游	103导游2班	40
12	旅游管理系	导游	103导游3班	39

续表

序号	系别	专业	班级	人数
13	旅游管理系	导游	103 导游 4 班	42
14	外语系	旅游英语	103 旅游英语 1 班	39
15	外语系	旅游英语	103 旅游英语 2 班	36

附表 13-3　第三批实习班级安排表
（2013 年 1 月中下旬~6 月中下旬，共 4 个班 157 人）

序号	系别	专业	班级	人数
1	基础部	旅游文秘	103 旅游文秘 1 班	28
2	基础部	旅游文秘	103 旅游文秘 2 班	25
3	酒店管理系	旅游管理（财会）	103 旅游管理（财会）1 班	51
4	酒店管理系	旅游管理（财会）	103 旅游管理（财会）2 班	53

注：1.103 动漫设计与制作班实习时间 2012 年 4 月~2013 年 4 月，35 人已实习。2.具体实习时间以协议为准。

附录 14　网上双选系统操作流程及规范

一、系部负责人、辅导员管理端(http://jw.jltu.net)

(1)录入辅导员用户名和密码,选择角色“辅导员”,登录系统(见附图 14 - 1)。

(2)选择操作栏里的“实习管理”。

(3)按照学生姓名录入“实习期间联系电话”“指导老师”“实习形式”“去向”(填写内容为:单位名称或学校,集体实习学生去向“双选后系统会自动生成”)。

(4)实习形式选择:集体实习、自主实习、境外研修、升学和其他。

(5)填写完成后请点击“保存”与“确定”。

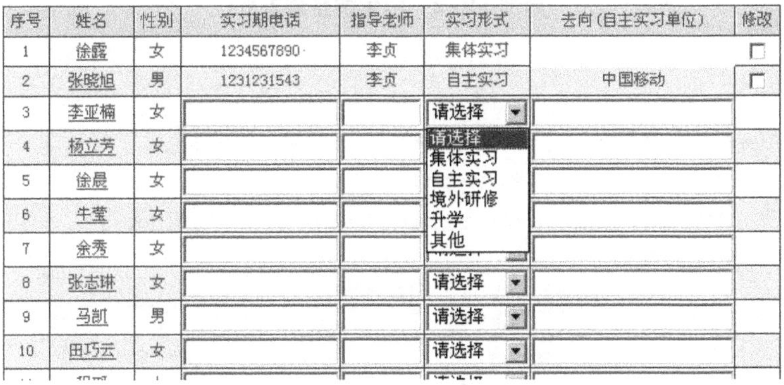

序号	姓名	性别	实习期电话	指导老师	实习形式	去向(自主实习单位)	修改
1	徐露	女	1234567890	李贞	集体实习		□
2	张晓旭	男	1231231543	李贞	自主实习	中国移动	□
3	李亚楠	女			请选择		
4	杨立芳	女					
5	徐晨	女					
6	牛莹	女					
7	余秀	女					
8	张志琳	女			请选择		
9	马凯	男			请选择		
10	田巧云	女			请选择		

附图 14 - 1　系部负责人、辅导员管理界面

二、学生端(http://jw.jltu.net:800/student)

(1)由所在系部审核确定学生的实习形式(集体实习、自主实习、境外研修、升学和其他)。

(2)由所在班级辅导员负责“网上实习双选”操作培训。

(3)认真填写《顶岗实习生面试登记表》,应聘面试时使用。

(4)按时参加学院组织的“实习双选会”。

(5)双选会结束后,请登录 http://jw.jltu.net/student 学生信息系统,录入本人姓名和学号(见附图 14 - 2、附图 14 - 3、附图 14 - 4)。

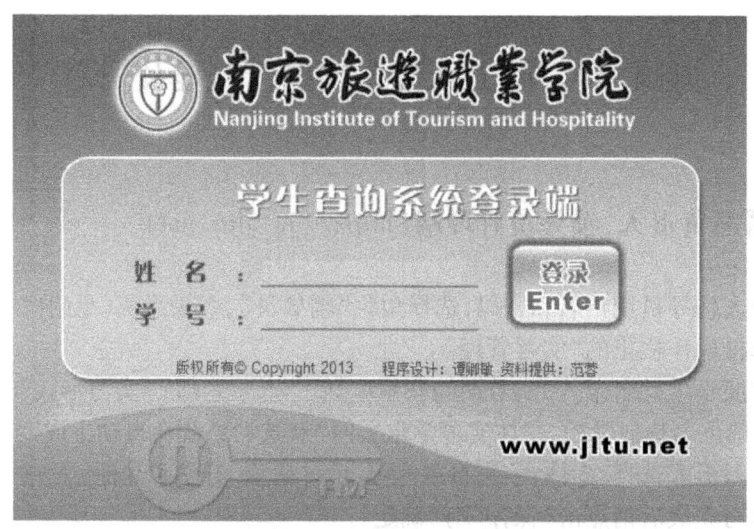

附图 14-2　学生端登录首页

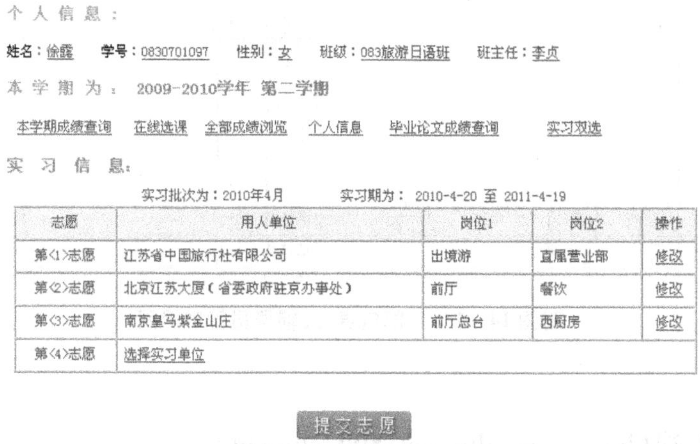

附图 14-3　学生端个人信息界面

（6）点击"实习双选"（辅导员定为"集体实习"的学生可填报）。

（7）点击"选择实习单位"，选择（参加应聘的）用人单位点击"选择"，再点击选择岗位，可选择两个岗位，选好后请点击"确定"。

（8）学生在选择单位时，请根据单位的招聘要求、人数和条件谨慎填报，拉开层次，确保面试能通过。

（9）"实习双选系统"可选择四家单位，志愿不分先后，填报好实习单位志愿后请点击"提交志愿"，志愿提交后将不能更改。

(10)双选单位反馈面试信息后,学生再次登录“实习双选”界面,根据面试反馈信息请选择一所面试通过的用人单位,确定自己最终的实习单位。

(11)系统以点击时间为准,如该单位人数已满则不能选择,请选择其他实习单位。因未及时登录系统而错过选择机会,后果由学生本人自负。

(12)双选结束后仍未落实实习单位的学生,由招生就业处负责统一安排实习。

序号	地区	单位名称	性质	人数	工作餐	住宿
1	南京	金陵饭店	酒店	80	有	无

编号	实习岗位	人数	岗位要求	岗位1	岗位2
1	前厅部	14	专业不限,形象良好,热爱酒店事业,有良好的语言表达能力	○	○
2	中西餐饮	35	专业不限,形象良好,热爱酒店事业,有良好的语言表达能力	○	○
3	客房部	15	专业不限,形象良好,热爱酒店事业,有良好的语言表达能力	○	○
4	预定中心	3	专业不限,形象良好,热爱酒店事业,有良好的语言表达能力	○	○
5	中西厨房	7	烹饪相关专业	○	○
6	日本餐厅	6	旅游日语等相关专业	○	○

地址:南京市汉中路2号

确 定

附图 14-4　学生端选择单位界面

三、用人单位端

(1)登录实习管理系统(见附图 14-5),录入单位 ID、密码和校验码,初始密码是 123456。

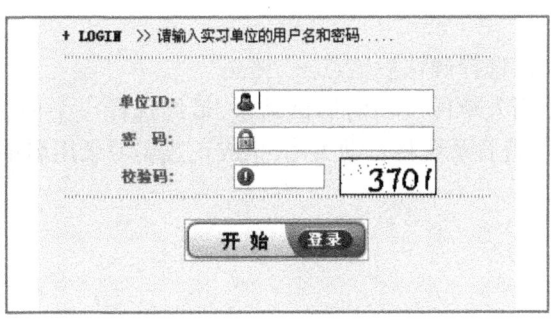

附图 14-5　用人单位端登录界面

(2)初次登录系统请各用人单位输入具体操作人员的真实姓名和联系电话,并更改初始密码,完成后点击“下一步”(附图 14-6)。

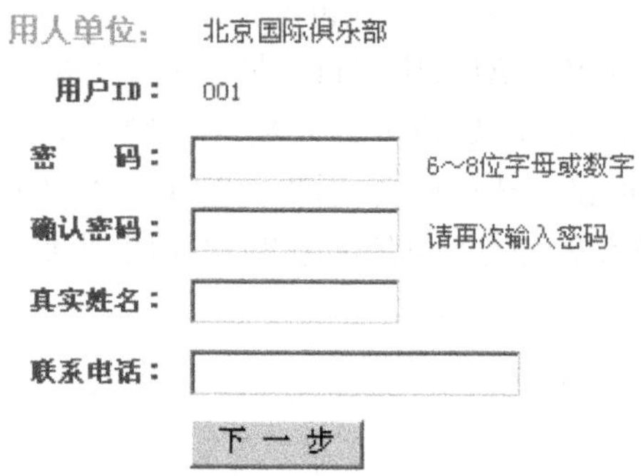

附图 14－6　用人单位端密码界面

（3）进入面试管理界面（附图 14－7），显示所有填报本单位学生的志愿信息，请用人单位根据双选会当天的面试情况，对每位填报该单位志愿的学生给予面试结果，面试结果为合格、淘汰、未面试，并对学生所选实习岗位给予回复。

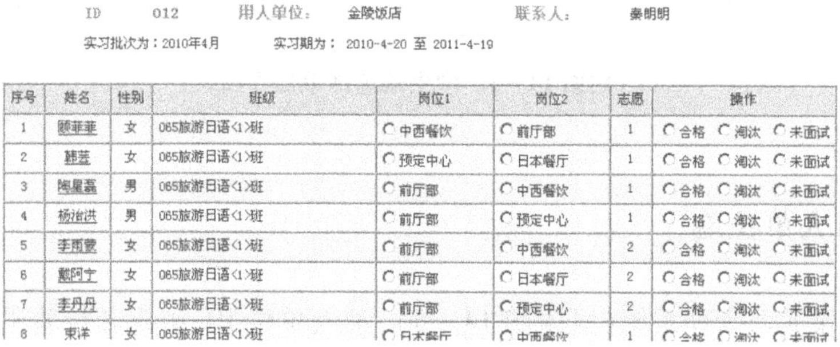

ID　012　用人单位：　金陵饭店　联系人：　秦明明

实习批次为：2010年4月　实习期为：　2010-4-20 至 2011-4-19

序号	姓名	性别	班级	岗位1	岗位2	志愿	操作
1	顾菲菲	女	065旅游日语<1>班	中西餐饮	前厅部	1	合格　淘汰　未面试
2	韩芸	女	065旅游日语<1>班	预定中心	日本餐厅	1	合格　淘汰　未面试
3	陶星磊	男	065旅游日语<1>班	前厅部	中西餐饮	1	合格　淘汰　未面试
4	杨治洪	男	065旅游日语<1>班	前厅部	预定中心	1	合格　淘汰　未面试
5	李雨薇	女	065旅游日语<1>班	前厅部	中西餐饮	2	合格　淘汰　未面试
6	戴阿宁	女	065旅游日语<1>班	前厅部	日本餐厅	2	合格　淘汰　未面试
7	李丹丹	女	065旅游日语<1>班	前厅部	预定中心	2	合格　淘汰　未面试
8	束洋	女	065旅游日语<1>班	日本餐厅	中西餐饮	1	合格　淘汰　未面试

附图 14－7　用人单位端管理界面

（4）完成学生岗位选择确认后请点击“提交”。

（5）学生将根据用人单位反馈的面试结果，最终选择一个面试合格的实习单位，该单位岗位人数录用满后系统将自动关闭，生成正式实习录用名单。

附录15　南京旅游职业学院校企顶岗实习协议书

甲方:南京旅游职业学院　　　　　　乙方:
地址:南京市江宁区月华西路1号　　 地址:
邮编:211100　　　　　　　　　　　邮编:
联系人:刘凌英、胡晓丽　　　　　　联系人:
电话:025—68576828、58591229 　 电话:
传真:025—58591229　　　　　　　 传真:
E-mail:1186324963@QQ.com　　　　 E-mail:

经南京旅游职业学院(以下简称甲方)与＿＿＿＿＿＿＿＿＿＿(以下简称乙方)友好协商,为培养旅游服务与管理专门人才,安排面试合格的学生到乙方实习,双方达成如下协议:

一、实习时间

自＿＿＿年＿＿＿月＿＿＿日起至＿＿＿年＿＿＿月＿＿＿日止。

二、实习生人数、条件

(1)实习生共＿＿＿＿名(其中男＿＿名,女＿＿名)。
(2)条件:
①善于学习,工作勤奋,遵章守纪。
②身体健康,相貌端正。
③具有一定英语口语水平。
④具备较系统的旅游服务知识和一定的专业技能。
⑤体检、面试合格。

三、实习待遇

(1)乙方为甲方(省内)实习生提供往返交通费用,乙方为甲方赴省外实习的学生提供往返硬卧票。

(2)乙方以每月＿＿＿＿＿元的基本标准按时发放实习费给实习生本人。加班费等补贴按乙方规定办理。乙方按照每月每人100元标准资助甲方教学实训基地建设,每半年支付一次,汇款至指定账户。

收款人:南京旅游职业学院

账　号:4301016209001062624
开户行:中国工商银行盐仓桥支行

(3)乙方免费为实习生提供食宿。

(4)乙方提供实习生实习期的工衣、工鞋等。

(5)实习生发生工伤或其他人身事故,乙方按国家劳动保险条例规定办理。

四、甲方职责

(1)从乙方面试合格的实习生名单中,根据学生第一志愿输送实习生,并做好学生实习前的准备工作。

(2)为乙方提供实习生的基本资料和面试场所。

(3)甲方指定一名实习生担任实习组长,负责实习生管理。甲方每月定期向乙方了解学生实习情况,并及时处理实习生实习事宜。

(4)实习学生由甲方派带队老师到乙方处报到,路途安全由甲方负责。甲方指导老师不定期到乙方巡视了解情况,协助乙方管理实习生。乙方负责办理所有实习生的暂住证,并指派专人负责实习生的管理。

五、乙方职责

(1)乙方与甲方商定,为实习生提供前厅、客房、餐饮、景区景点等岗位进行实习,并为实习生提供良好的培训及实习条件。实习结束时乙方确保向实习学生提供实习评估及实习证书。

(2)实习期间,每周原则上实习时间为40小时,超出部分给予相应的补偿,并保证甲方实习生每周至少休息一至两天。若因生产经营情况需要甲方实习生超时实习或在法定假日期间实习的,按照国家《劳动法》的有关规定执行。

(3)乙方每月向甲方反映学生实习情况。擅离岗位的实习生,乙方应以书面形式及时通报甲方。因违纪被终止实习的学生须经甲乙双方确认后离开实习单位,并将相关资料转至甲方。

(4)乙方必须对甲方学生进行安全卫生等方面教育,在生活方面给予相应的关心和照顾。

(5)乙方为实习生在实习期间购买人身意外商业保险,学生可在乙方指定的医院以成本价就诊和购买药品。

(6)实习期中,乙方应为甲方实习生提供工作上必要的劳动安全配备,甲方实习学生应遵守劳动安全卫生法规及操作规程。若甲方实习生因违反规定操作而致自身受到安全、健康的伤害时,甲方不承担主要责任。

(7)乙方提供甲方送实习生人员的食宿与交通费,提供甲方到乙方考察了解实习生实习情况的交通费和食宿。(外省提供甲方领导、专门管理人员食宿,每年一次,每次2~4人。)

(8)乙方根据行业卫生要求,安排甲方实习生在政府认定的医疗单位体检,持有健康合格证的方能上岗实习。此项费用先由甲方实习生个人负担,满六个月服务期后可凭发票由乙方报销。

(9)甲方实习生在实习期间,严格遵守乙方《员工手册》和安全责任条款等其他各项规章制度以及保密规定。甲方实习学生如出现违反乙方规章制度或违法行为,乙方有权对该实习生进行调换,并及时告知甲方实习指导老师。

六、其他

(1)协议期内如遇客观原因要求终止协议,必须提前20天通知对方。

(2)双方管理实习生的职能部门:

甲方:学生实习过程管理由各院系具体负责,接洽实习单位、实习期限及需解决的共性问题由招生就业处负责;

乙方:人力资源部。

(3)协议期内如有违约纠纷,由双方友好协商解决或由省或市劳动仲裁部门仲裁。

本协议一式两份,经甲、乙双方签署后生效。协议中如有未尽事宜,经双方协商补充修改。

甲　　　方:南京旅游职业学院	乙　　　方:
负责人签名:	负责人签名:
单 位 公 章:	单 位 公 章:
日　　　期:	日　　　期:

附录16 南京旅游职业学院校生顶岗实习协议书

南京旅游职业学院＿＿＿＿＿＿＿＿＿＿＿＿＿＿＿＿＿＿＿＿院（系）部（甲方）与＿＿＿＿＿＿＿＿＿＿＿＿＿＿＿＿同学（乙方），就乙方实习事宜，经双方协商，达成协议如下：

顶岗实习是教学计划的一个重要组成部分，甲方负责管理乙方的实习，乙方必须服从甲方的安排。

一、实习条件及时间

（1）条件：乙方在实习前参加甲方或实习单位组织的面试和体检（体检费由乙方自理），取得健康证后赴单位实习。

（2）时间：从＿＿＿年＿＿＿月＿＿＿日起到＿＿＿年＿＿＿月＿＿＿日止。

二、甲方职责

（1）交通费：乙方到南京以外的单位实习，往返交通费由甲方与实习单位商定（原则上由实习单位承担）。乙方中途退出实习，返宁路费由乙方自理。

（2）由招生就业处和院（系）部负责与实习单位商定顶岗实习生的生活津贴数额和方式及发放时间。

（3）医疗保障：乙方实习期间的医疗保障由甲方负责与实习单位商量。

（4）实习生加班费等补贴按实习单位有关规定发放，到南京以外单位实习的学生由实习单位安排住宿。

（5）乙方实习期间的工作餐由甲方负责与实习单位商定。

（6）甲方安排指导老师定期检查乙方实习情况，解决乙方在实习期间工作及生活等问题。

三、乙方职责

（1）乙方实习期间应严格遵守实习单位的各项规章制度和甲乙双方签订的《实习协议书》。乙方如违纪，甲方和实习单位根据乙方违纪情况给予行政处分和相应的其他处理。

①实习期间长期病事假者，应补满实习时间并经考核合格后补发毕业证书。

②擅自离岗超过3天或3天以上者且没有特殊理由者，经教育返回原单位继续实习的视情节酌情处理；因离岗给用人单位造成恶劣影响被退回学校处理的，分别给予

记过处分或留校察看处分。

③擅自离开实习单位超过10天或10天以上不回家者,且不与家长、学校和用人单位联系,学校视为自动退学;情节严重的给予开除学籍的处分。

④擅自离岗更换实习单位经教育有悔改之意者,视情节轻重给予留校察看处分,缓发毕业证书。

⑤因严重违反校纪或因严重违反实习单位规章制度被辞退者,视情节轻重给予记过以上处分;再次违反纪律者依据学院《学籍管理规定》和《学生管理有关规定》给予实习不合格缓发毕业证书或肄业证书的处理。

(2)乙方在实习期间请事、病假需经实习单位人力资源部(人事部)核准,请假10天以上(含10天)需经甲方同意,由甲方与实习单位商定后再决定。

(3)乙方因特殊情况确需终止实习的,必须向甲方提出申请,经甲方同意后返校(交通费等由乙方自理)。

(4)乙方擅自终止实习或给实习单位带来经济损失时,乙方应负责全额赔偿;若超出乙方的偿还能力,由乙方的直系亲属负责赔偿。

(5)乙方在实习期间,应服从甲方实习组长和实习指导老师的管理。非工作性时间外出造成的人身伤害,一切后果由乙方自负。

(6)乙方必须按照要求向实习组长和实习指导老师、辅导员定期汇报思想及实习工作情况,由组长每月向学校汇报学生实习情况。

(7)实习结束后,由甲方委托实习企业为乙方作实习鉴定,作为毕业就业推荐的依据。

(8)乙方根据甲方规定,在实习期间完成毕业设计(毕业论文)。在实习结束前一个月,将毕业设计(论文)发至各院(系)部负责老师邮箱。

四、本协议书一式两份,经双方代表签名并加盖公章生效

甲方:南京旅游职业学院_____院(系)　　乙方:
代表(签名):
日期:　　　　　　　　　　　　　　　　　　日期:

附录17 顶岗实习安全教育责任书

为确保我院学生在顶岗实习期间能够安全稳定完成实习任务并顺利返校,各学院应在进行顶岗实习工作开展前,加强对学生的安全责任教育工作,使学生明白顶岗实习期间的有关安全问题。以下是学生顶岗实习安全教育内容。

一、生产岗位安全

(1)明确生产实习任务,遵守安全操作规程,注意保密工作,严格遵守劳动纪律、工艺纪律、操作纪律、工作纪律。严格执行交接班制度、巡回检查制度,禁止脱岗,禁止与生产无关的一切活动。

(2)实习生应与实习指导老师建立良好的师生关系。工作中要积极主动,服从工作安排,对重大问题应事先向实习指导老师反映,协商解决,不得擅自处理。要认真执行岗位安全操作细则,防止刀伤、碰伤、棒伤、砸伤、烫伤等及身体被卷入转动设备等人身事故和设备事故的发生。

(3)开机前,必须全面检查设备有无异常,对转动设备,应确认无卡死现象、安全保护设施完好、无缺相漏电等相关条件,并确认无人在设备作业,方能启动运转。启动后如发现异常应立即检查原因,及时反映;在紧急情况下,应按有关规程采取果断措施或立即停车。

(4)严格遵守特种设备管理制度,禁止无证操作。正确使用特种设备,开机时必须注意检查,发现不安全因素应立即停止使用并挂上故障牌。

(5)按章作业,搞好岗位安全文明生产,发现隐患(特别对因泄漏而易引起火灾的危险部位)应及时处理及上报。及时清理杂物、油污及物料,切实做到安全消防通道畅通无阻。

二、人身和财产安全

(1)要有预防的意识,保持良好的防护习惯。

(2)用法律维护自己的人身财产安全。特别是面对暴力犯罪,要坚决制止不法侵害。对行凶、杀人、抢劫、强奸、绑架以及其他严重危及人身安全的暴力犯罪,采取防卫措施。

(3)发生案件、发现危险要快速、准确报警。

(4)留心观察身边的人和事,及时规避可能针对自己的侵害。注意防火、防盗,防止交通意外事故。

(5)预防不法侵害,维护人身安全。

①抢劫的预防。注意观察,及时识别;选好外出行走路线;不在陌生人面前暴露自己的行踪;行车途中保持警惕;遇到抢劫时沉着冷静应对,及时报案。

②滋扰的预防。慎重处置;依靠集体力量,积极制止违法犯罪行为;注意策略,防止事态扩大;自觉寻找证据,用法律保护自己。

③性侵害的预防。正确识别性侵害;注意自身的言行举止;尽量避免在酒吧、舞厅等场所活动;加强性侵害过程中的自身防卫,遭遇性侵害时,要沉着冷静应对,努力消除性侵害的机会和条件,积极报案,提供证据。处处小心,平安是金。

三、防盗

(1)出租屋或者宿舍防盗措施。外出锁好门、关好窗;不要留宿外来人员;注意盘查形迹可疑人员;防止推销小商品人员顺手牵羊;宿舍内不放大量现金;贵重物品不要放在明处;安装防盗门窗;及时修复损坏的防盗设施;保管好自己的钥匙。

(2)现金防盗措施。大量现金存入银行,日常生活费用贴身携带。

(3)存折、银行卡、电话卡防盗措施。设置一个既保密又不会遗忘的密码;保管好存折、银行卡;参加体育锻炼时存折、银行卡应锁在柜中;存折、银行卡被盗或丢失要立即挂失。

(4)发生盗窃案件的应对办法:发现被盗时要迅速叫上其他人,寻找和围堵嫌疑人;保护盗窃现场,切勿出入和翻动现场物品;发现存折、银行卡、校园卡被盗,立即挂失;配合调查。

四、防抢

(1)要有遭遇抢劫的心理准备。
(2)夜间不要单独到偏僻的地方行走。
(3)不要外露财物。女生注意首饰小包。
(4)乘坐有营运执照的正规车辆或者出租车。
(5)对抢夺作案人要边追赶边大声呼救。
(6)在第一时间报案。

五、防骗

诈骗花样有合同诈骗、假金元宝诈骗、借口帮忙诈骗、利用求财求子诈骗等,在银行门前诈骗,设中大奖骗局,利用电话诈骗,碰撞丢钱诈骗等。针对大学生主要是设置求职陷阱,包括试用期陷阱、收费陷阱、工资陷阱、智力陷阱等。防止诈骗主要是:

(1)多学习观察。
(2)不贪钱财,不图便宜。

(3)保护本人信息秘密。
(4)慎重交友,不感情用事。
(5)多与同学和老师斟酌。
(6)慎重对待他人的财物请求。

六、防传销陷阱

传销是指组织者或者经营者发展人员,通过对被发展人员以其直接或者间接发展的人员数量或者销售业绩为依据计算和给付报酬,或者要求被发展人员以交纳一定费用为条件、取得加入资格等方式牟取非法利益,扰乱经济秩序、影响社会稳定的行为。防止传销陷阱要做到:
(1)消除快速成功的心理。
(2)正确对待就业困难。
(3)学会用《禁止传销条例》保护自己。
(4)杜绝非法传销渗透的空间。
(5)如已陷入传销陷阱要尽快脱身,防止越陷越深。
(6)主动配合打击。

七、防网络犯罪

(1)互联网对犯罪心理形成的影响。
①色情信息容易导致性犯罪。
②暴力游戏容易促生暴力犯罪。
③网络的虚拟性容易导致诈骗犯罪。
(2)预防互联网对人身和财产安全造成的危害。
①树立正确的网络使用意识。
②慎交网友。
③建设网络文明。
④不登录色情网站,不下载色情软件,不观看色情信息,不去不规范网吧。
⑤举报网络违法犯罪。
实习学生签名(我已经知悉上述内容,我承诺遵守其中的要求和规定):

附录18 旅游管理学院学生顶岗实习信息登记表

_____学院_____专业

序号	姓名	顶岗实习单位	实习单位指导教师及联系电话	学校指导教师及联系电话	学生联系电话	学生家长姓名及联系电话	备注

附录19 南京旅游职业学院顶岗实习指导联系登记表

姓　名		性　别		班级/系	
辅导员		实习单位			
时　间	20　　年　　月　　日　　点　　分				

联系方式：□走访；□电话；□网上聊天；□电子邮件；□信件；□其他

沟通方式：□教师主动沟通；□学生主动沟通；□与实习单位沟通

沟通的主要内容：(可粘贴电子信件或 QQ 记录)

后记：(问题解决情况)

　　　　　　　　　　　　　　　　　　　　　　　　签字：　　20　　年　　月　　日

注：此表由实习指导教师、系部负责老师分次填写。

附录20　旅游管理学院学生顶岗实习联系函回执

学生姓名		联系电话		专业班级	
实习单位名称					
实习单位地址					
实习单位邮编			实习部门电话		
实习单位指导教师	姓名			职务	
	电话			职称	
家长意见				签名	
实习单位签章： 　　　　　　　　　　　　　　　　　　　　年　　月　　日					

注：本回执由实习单位和家长填写后，由学生于　　年　　月　　日前负责带(寄)回学校。

附录21　顶岗实习周志、周报表

附表21-1　旅游管理学院学生顶岗实习周志

时间	第_____周,_____年_____月_____日～_____月_____日				
联系方式变更情况					
本周实习情况报告	实习信息	单位		地址	
		岗位		办公电话	
	具体情况汇报：				
实习单位指导教师意见					
需与辅导员、指导教师沟通的问题					

附表 21－2　旅游管理学院学生顶岗实习周报表

　　　　　学院　　　　　专业第　　　　周(　　月　　日至　　月　　日)

学生顶岗实习状态	
检查发现的问题	
问题处理情况	
检查教师	

领导签字：　　　　　　　　　　　　　　　　　　　　　　　　学院盖章

附录22　旅游管理学院学生顶岗实习检查表

_____学院

实习学生姓名：	班级：
实习单位及地点：	

一、实习单位情况
1. 是否满足实习教学需要
　　□A. 满足　　　　□B. 基本满足　　　□C. 不能满足
2. 实习单位指导教师的指导时间
　　□A. 充足　　　　□B. 较充足　　　　□C. 不充足
3. 实习单位指导教师的业务水平
　　□A. 好　　　　　□B. 较好　　　　　□C. 一般　　　　□D. 较差

二、学生实习情况
1. 已实习内容：_____
2. 实习态度
　　□A. 认真　　　　□B. 比较认真　　　□C. 不认真
3. 实习纪律：
　　□A. 无违纪　　　□B. 有个别违纪　　□C. 违纪较多
4. 实习周(日)记的写作
　　□A. 认真　　　　□B. 比较认真　　　□C. 不认真

三、总体评价
　　□A. 好　　　　　□B. 较好　　　　　□C. 一般　　　　□D. 差

四、对下阶段实习的意见和建议_____
_____

检查人：　　　　　　　　　　　实习学生签字：

检查时间：

附录23 南京旅游职业学院实习生病假（事假）申请表

姓　　名		性　别		联系电话	
所在系部		班　级		指导老师	
实习单位				单位电话	
请假时间	年　　月　　日至　　　年　　月　　日　共　　天					
病/事假理由 （附病假、事假条）	本人签字：				
家长意见	家长签字：				
单位部门意见	签字(盖章)：				
班主任意见	签字：		系部意见	签字(盖章)：	

附录 24 南京旅游职业学院实习生变更实习单位申请表

姓　名		性　别		联系电话	
所在系部		班　级		转出时间	
转出单位				单位电话	
接收单位				单位电话	
申请理由	本人签字：				
家长意见	家长签字：				
转出单位意见	签字(盖章)：				
班主任意见	签字：		系部意见	签字(盖章)：	
招就处审核	签字(盖章)：			日期：	
分管院长					

注：需另附与转入单位签订的就业协议(含就业意向书)和单位要求试用的函件。

附录25　南京旅游职业学院境外研修生变更实习单位申请表

编号　　　　　　　　　　　　　　　　　　　　　　　　　年　月　日

姓　名		性　别		联系电话	
所在系部		班　级		家庭电话	
原境外实习单位					
放弃原因				本人签字：	
国内实习	形式：□学院统一安排　　□自主实习　　□其他 时间：　　年　　月　　日至　　年　　月　　日				
家长意见				家长签字：	
国际交流中心		签字(盖章)：　　　　　日期：			
分管院长					
班主任意见	签字：		系部意见	签字(盖章)：	
招就处审核		签字(盖章)：　　　　　日期：			

注：1.与外方产生的一切后果和费用上的问题由学生本人自负。2.此表一式三份,一份国际交流中心、一份交招生就业处,一份由所在系部保存。

附录26 顶岗实习学生实习心得

旅游管理系瞿婷同学海外实习心得

瞿婷是旅游管理系083旅游管理单招3班的一名学生,曾担任我系学生会副主席,院"You & Me"英语社社长。2010年8月,瞿婷同学赴阿联酋法拉利主题公园实习,至今已10个月。

下面是她与学弟学妹们分享的实习心得。

六月中旬,阳光热辣。这个沙漠国家以40℃~45℃的高温迎接着盛夏的到来。

十个月,浓厚的穆斯林文化充盈着我的生活。

现已习惯于听着每日的祷告声,习惯于尊重当地人特有的穿着,习惯于听着不同口音的金发碧眼人,习惯在灼热的阳光下淡然行走,习惯于不同人向你打招呼说着不标准的中文"你好"…… 一切的一切亦让我习惯并不可思议着。

遥想起刚踏入这块土地的那天,对周围的一切都是那样好奇而拘谨;

遥想起刚进入法拉利世界主题公园的那天,内心被憧憬与希冀填得满满当当;

遥想起刚进入ADMISSIONS DEPARTMENT的那天,得知自己作为唯一的中国欢乐大使的那一刻,自豪与恐惧情绪在心中交织;

遥想起法拉利世界主题公园首次召开全球记者招待会的那天,作为八位欢乐大使之一的我,紧张而激动地给不同国家的记者做详细的导游讲解;

遥想起第一次站在INFORMATION POINT回答着客人的问题、第一次接待VIP、第一次处理客人投诉、第一次拿着IPAD做问卷,紧张地语无伦次的我……

十个月之后,我已能快速而有效地处理客人投诉,轻松而愉快地为VIP做导游讲解,这也让我赢得了"法拉利最佳员工创新奖"。

很多次在网上遇见英语社和学生会的学弟学妹们,他们都问着我相同的问题:"学姐,你后悔吗?"

十个月前我会说,不知道。

现在我会说,不后悔。

因为我学着真正外企的营销策略,感同身受着优秀的企业内部文化,所有的所有都会让你耳目一新;

因为在这里,如果你是金子,那么你肯定有机会发光,肯定有机会遇见你的伯乐。

看过这么一句话,诗人再怎么浪漫也浪漫不过现实。如果我是那个诗人,我会在现实面前选择怎么浪漫。这里最让人忍受不了的就是孤独,思家的孤独,一切都必须自己忍受。在这么纸醉金迷的国家,inner peace(修身养性)是多么重要呀!每天睡觉之前像小和尚念经那般在心里鼓捣着,于是心里亦变得满满的。

如果真的有时光机,我多么想去见见庄子,在他身边修身养性。

在这世界上没有什么美好的东西,也许时间就是我们拥有的唯一美好的东西。其实,每一个人都有这样一颗心,就像我们每一个人都可能获得自己的天堂。关键是你想不想去获得,敢不敢去获得,会不会去获得,最后,怎样去理解和认识这种获得。

最后,希望学弟学妹们不仅能做好自己喜欢的事,更重要的是学会去喜欢做自己的事。请和我一起努力,因为奋斗的青春是最美丽的!

瞿婷的任职书

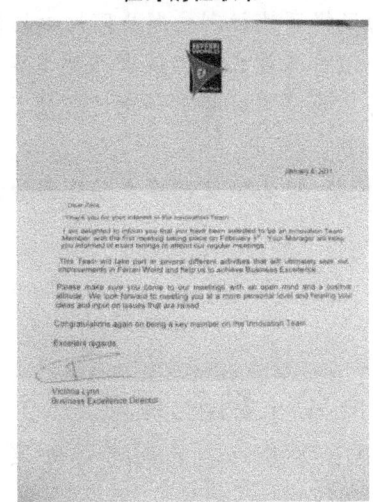

译文:祝贺瞿婷荣幸成为被法拉利公司的创新改革小组一员,直接由法拉利效益管理总监领导。

瞿婷的获奖贺信

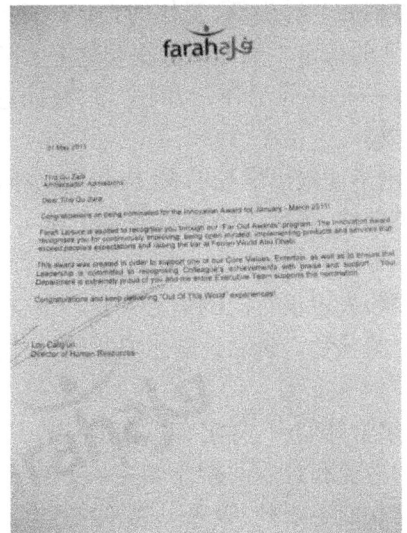

译文：

祝贺 Admission 部门的欢乐大使 瞿婷！

祝贺你获得法拉利有限公司 2011 第一季度最佳创新奖。

我们十分开心地通知你加入我们法拉利"far out awards"的评比计划。

这个奖项预示着你积极进取，聪明热情；在满足客人各种合理要求的基础上，更设身处地地提供优秀对客服务方式。

这个奖项的创立正是为了提高法拉利主题公园核心的价值观、员工与客人的互动性。其次亦是各部门领导小组对其员工所取得成绩的肯定与支持的体现。你的部门也为你的优秀表现感到极其自豪。同时整个评比过程法拉利公司行政团队给以最大的支持。

希望你再接再厉，争创佳绩，将法拉利世界主题公园独特的精神发扬光大。

劳拉
人事部总监

简单+勤奋，就能成功
——旅游管理系陈莉敏同学赴外实习心得

亲爱的学弟学妹们：

你们好，我是 08 级旅游管理 3 班的陈莉敏，很高兴能够借用文字的方式与你们交流。

2009 年 5 月，我踏上了赴外研修之路。从最初的怀着生命活力和热情想象，到残酷的现实和巨大的考验，再到如今对生活、工作的肯定。这四百多天，我走得很艰辛。但同时我也在用自己对生活的肯定一点点地挖掘着这个七彩的世界，幸福着。就是这样的环境，这样的一群人在一起共同工作，共同学习、共同进步、已经是难能可贵了。我始终认定人的信念很重要。

现在在座的无论是刚刚毕业踏出学校的 08 级和 06 级同学好友，是在实习路上才开始奋斗努力的 09 级学弟学妹，还是已经在准备着走向实习舞台的 10 级学弟学妹，"迷茫"这词肯定在你们心中扎着根，正如一年前刚踏出校门走上社会的我，惴惴不安。但是只要坚定自己的梦，去追求骄傲的信心和尊严的美，你会渐渐地慢慢地放松自己，去体验那种靠近光芒的感觉。越靠近梦想的时候，心情越是兴奋，就越有一股力量，促进我们成长。

我知道现在在校的学弟学妹们中，肯定有人在准备着"专升本"；有的人在准备着导游证考试，为自己喜欢的专业和日后的就业奠定一个基础；也有人每天起早贪黑的练习口语，或者学习自己喜欢的小语种，等等。这样的努力，都在以最深刻的内容充实着每个瞬间，以这样的方式来在无限地延长自己的生命。我很敬重这些方式。

用唐骏的话说："简单+勤奋，就能成功。"而那些人生之中必须经历的挫折，在成长中,如适时的夜航灯提醒和修正着我们前行的道路。当然还要学会去感激你身边的人,因为有他们的关心陪伴,有他们的耐心指教,你才会走得更远。

对得起他们,对得起自己,不要轻易放弃你的梦想,也不要在还未尝试过就说不可能。人这一辈子总是要追求一些明知道不可能成真的事情,只要你努力过,不害怕困难,往前飞说不定你就可以实现目标。勇敢挑战自我,你才会有可能穿越更多空间。那时候,你也才会知道我们头顶的天空是多么湛蓝、多么明亮。学弟学妹们,当然还有我自己,没有什么可以阻挡飞向梦想的意志。祝各位老师、学弟妹们,学习工作轻松愉快,生活美满幸福!

陈莉敏同学的入职证明

附录27　实习过程中意外事故预案与处理方案

一、编制目的

规范顶岗实习学生实习期间意外伤害事故的应急管理和应急响应程序,及时有效地实施应急救援工作,使意外伤害损失降低到最低限度。

二、编制依据

根据教育部《学生伤害事故处理办法》基本精神,特制定本预案。

三、适用范围

南京旅游职业学院高职二年级、三年级顶岗实习学生。

四、工作原则

(一)以人为本,安全第一

与实习单位签订《定向实习协议书》,把保障学生生命安全和身体健康、最大限度地预防和减少实习期间安全生产事故造成的人员伤亡作为首要任务。

(二)职责分明,共同协作

实习单位按照相应的职责,负责学生意外伤害的应急管理和应急处置工作。实习单位应认真履行安全生产责任主体的职责,建立安全生产应急预案和应急机制。学校就业办公室充分发挥协调作用。

(三)预防为主贯彻落实"安全第一,预防为主"的方针,坚持意外伤害应急与预防工作相结合。

五、应急准备

(1)成立顶岗实习学生意外伤害应急领导小组。

组　　长:张新南

副组长:周春林　冯明

成　　员:各系主任、总支副书记及各班班主任

总联络人:×××

（2）根据我校顶岗实习单位范围，主要以酒店、景区、旅行社实习单位为主，意外伤害包括高空坠落、物体打击、触电、交通事故、食物中毒等。

（3）坚持以人为本的宗旨，当发生意外伤害时，保证与实习单位的联系畅通。

（4）学生上岗实习前，要介绍实习岗位性质，保护自身合法权益，根据实习单位、岗位性质购买学生平安保险、意外伤害等相关保险。学生在实习期间发生意外伤害时，要及时向实习单位和学校报告。

（5）要求实习单位严格执行国家劳动安全法规；对实习学生进行劳动安全知识教育，预防劳动过程中的事故和职业危害。实习单位负责为实习学生提供必要的劳动保护用品，负责实习学生的安全教育与监护，保障学生在实习期间的人身安全。加强对实习学生上岗前安全知识、岗位操作规程的培训。落实安全防护措施，预防发生意外事故。不得安排实习学生从事《未成年人特殊保护规定》禁忌从事的危害性劳动，不安排实习内容以外的危险工作。

六、应急预案

（一）事发阶段的有关工作

（1）接到意外伤害通知后，要求实习单位按照就近原则，以最快的速度把受伤学生送往县级或县级以上医院救治，保护事故现场，保留车票和发票。

（2）第一时间向学校领导汇报，口头说明学生受伤过程及伤势情况。

（3）重大事故应立即上报学校安全办，可先口头报告后书面报告。

（4）根据伤势情况及时通知就业办、保卫科、教务科、班主任及家长。

（5）启动应急领导小组，按分工要求，立即赶往医院或现场，协助用人单位开展救助工作。

（二）事故处理阶段的原则

（1）根据学生事故处理条例的有关规定，接待家长，听取家长要求。

（2）听取实习单位意见，并协助家长、实习单位会谈，确定处理方案。

（3）经调解学生家长与实习单位不能达成一致意见时，可申请司法机关介入。

（三）事故处理结尾阶段的工作

（1）协助当事双方达成协议。《协议书》要写清协议双方的身份，事故的简要经过，包括事发时间、地点、协议内容等。

（2）协助完成经济补偿工作。数额小的可支付现金，金额较大的用现金支票支付。不论金额大小，家长均要出具收条。

（3）与保险公司办理理赔相关事宜。向保险公司提供下列材料：入院证明、学生病历本、用药清单、医药费发票原件和复印件、出院证明、事故简要经过。

（4）按学校学生安全工作的总体要求，进一步做好善后工作，不留后遗症。

附录28 实习期间紧急情况登记表

序号	姓名	顶岗实习单位	紧急情况出现的时间、地点、内容	处理情况	备注

附录29　南京旅游职业学院实习生鉴定表

姓名		性别		照片
院(系)部		专业／班级		
指导老师／辅导员				
实习单位				
实习时间	年　月　日至　年　月　日			
实习部门	岗位／职务	在岗时间	实习指导老师	
实习变更	变更单位时间		实习变更单位	

实习总结(实习主要收获、体会)

本人签名：
年　月　日

书写不下,请附后

续表

奖惩情况	出勤情况	
1. 2. 3. 4.	病 假(次): 事 假(次): 全 勤(月):	
实习部门 考核	按四级记分制:A.优秀 100~90;B.良好 89~70;C.合格 69~60;D.不合格 60 以下 (职业素养、工作态度、敬业精神、专业技能、协作能力、创新意识、心理素质) 评语 实习成绩 　　　　　　　　　　　　　　签名:　　　年　　月　　日	
人事部门	审核意见: 　　　　　　　　(人事部门盖章)签名:　　　年　　月　　日	
辅导员鉴定	 　　　　　　　　　　　　　　签名:　　　年　　月　　日	
院(系)部意见	 　　　　　　　院(系)部(盖章)签名:　　　年　　月　　日	

附录30　旅游管理学院学生顶岗实习考核表

<table>
<tr><td rowspan="4">学生填写</td><td colspan="4">

姓名　　　　　　　　　　　学号

班级　　　　　　　　　　　专业

所在实习单位　　　　　　　所在实习部门
</td></tr>
<tr><td colspan="4">工作内容：</td></tr>
<tr><td colspan="4">自我鉴定：</td></tr>
</table>

企业指导教师填写	姓名		职称/职务	
	工作态度	A 认真	B 较认真	C 一般	D 较差
	专业理论	A 强	B 较强	C 一般	D 较差
	专业技能	A 强	B 较强	C 一般	D 较差
	敬业精神	A 好	B 良好	C 一般	D 较差
	工作效果	A 好	B 良好	C 一般	D 较差
	创新意识	A 强	B 较强	C 一般	D 较差
	成绩评定等级：				
	评语：				
	指导教师签名：　　　　　　　　　　　　　　单位盖章 　　　　　　　　　　　　　　　　　年　　月　　日				

续表

学校指导教师填写	姓名		职称/职务	
	平时表现成绩		实习报告成绩	
	企业评定成绩			
	评语：			
	指导教师签名：		所在学院盖章 年　　月　　日	
	综合成绩等级			

一、考核原则

学生在顶岗实习期间接受学校和企业的双重指导。校企双方要加强对学生的工作过程控制和考核，实行校企双方考核制度，双方共同填写《旅游管理系学生顶岗实习考核表》。

二、成绩考核评定

学生顶岗实习单独按一门成绩计算。考核分两部分：一是企业指导教师对学生的考核，占总成绩的40%；二是学校指导教师对学生的评价，占总成绩的60%。

（一）企业指导教师对学生的考核

学生的顶岗工作可以在不同单位或同一单位不同部门或岗位进行，企业要对学生在每一部门或岗位的表现情况进行考核，对学生的表现、工作质量做出客观评价。

（二）学校指导教师对学生的考核

学生要写出实习报告，学校指导教师要对学生实习报告及时进行批阅、检查，给出评价等级。

（三）考核方式为等级制

分优秀、良好、及格和不及格四个等级，考核合格者获得相应学分。

附录31　优秀实习生、优秀指导教师评选办法

按照学院规定所有参加顶岗实习的学生都应参加评选活动,学院级优秀实习生按实习生人数的10%提名,学院级优秀指导教师按指导教师人数的30%提名。

各实习小组根据实习生管理制度考核、实习单位鉴定及系部指导老师评定,评选出20%的系部级优秀实习生;同时推荐并评定10%的学院级优秀实习生,学院将给予奖励并优先推荐就业单位;按日常工作情况评选出优秀指导老师。

一、优秀指导教师评选条件

(1)坚持四项基本原则。热爱教育事业,专心实习指导工作,自觉遵守教师的职业道德规范;

(2)工作认真负责,责任心强,能认真组织和指导实习生完成各项工作;

(3)以身作则,为人师表,当好实习生的表率;

(4)能够履行教师职责,做好实习生的指导工作。学生实习阶段没有出现重大的问题,受到实习单位的赞扬和好评;

(5)加强与实习单位的联系,尊重实习单位意见,认真协调和处理各方面的关系,全面掌握实习情况,及时发现并采取措施解决实习中的问题。

二、优秀实习生评选条件

(1)实习态度认真,谦虚、勤奋好学,紧密联系实际,刻苦钻研业务。

(2)能根据岗位实际和专业特点,勇于创新,分析和解决实际问题。实习效果显著,受到实习单位的好评和推荐。

(3)具有良好的职业道德,服从实习安排,遵守学院和实习单位的规章制度,尊重指导教师和实习单位工作人员。

(4)具有良好的团队精神和人际关系,积极发挥协作作用,有较强的社会活动能力。

(5)能积极参加用人单位的竞赛及其他活动。

(6)个人实习资料齐备且质量较高。按时全面完成实习计划规定的各项任务,实习成绩优秀。

有下列情形之一者,取消评选资格:

(1)无故缺勤(旷课)者;

(2)病、事假累计超过一周者;

(3)违反实习单位规章制度(如擅离职守、擅自开休假证明等)或因不服从分配等

受到实习单位批评者;
(4)违反学院规章制度受到通报批评或纪律处分者。

三、奖励与处分

(一)优秀实习生奖励办法

(1)颁发学院优秀实习生奖状证书,并发文通报表彰。
(2)填写优秀实习生登记表,归入个人档案。

(二)实习生处分

下列行为属于违纪:
(1)无故迟到、早退;
(2)旷工;
(3)擅自外出,不回宿舍过夜;
(4)由于工作轻率疏忽或不负责任引起客人不满或投诉;
(5)违反实习单位员工守则和工作纪律,造成不良影响;
(6)不服从实习单位管理,采取失礼或过激行为;
(7)私自在非实习单位兼职打工;
(8)盗窃或欺诈行为;
(9)打架斗殴、酗酒、赌博,参与色情活动,造成恶劣影响;
(10)同学之间不团结,拨弄是非,造成不良影响。

以上情节严重者,学院和实习单位有权责令该学生停止实习,回学院检查,并视情节轻重给予相应的纪律处分。

发生以下情况者,实习成绩以不及格处理:
(1)未经学院批准,不参加实习者;
(2)不服从系(院)实习安排,中途擅自离开实习岗位者(参照实习生出勤制度);
(3)未经实习单位及系(院)领导同意擅自终止实习者;
(4)因个人问题被实习单位退回(有市级以上医院证明的除外)未完成实习任务者;
(5)因病、因事缺席累计时间达实习规定时间1/3及以上者,旷工达实习规定时间1/4及以上者;
(6)实习期间不遵守纪律,违反实习单位和学校纪律,造成恶劣影响者;
(7)无实习鉴定或鉴定不合格者。

实习成绩不及格者,学院只发给结业证书或肄业证书。结业后一年内可以向所在系部申请补实习(补实习时间与规定实习时间必须一致)。经实习部门鉴定,实习成绩合格者可换发毕业证书。逾期不补考或者补考不及格的,不发毕业证书。

四、优秀实习小组评选条件

(1)小组成员具有较高的思想素质,实习态度端正,实习目的明确;

(2)小组成员具有较强的组织纪律观念,能够模范遵守校规校纪、实习单位规章制度和实习要求,在整个实习过程中无违纪违规行为;

(3)小组成员之间团结友爱、互帮互助,具有集体主义荣誉感;

(4)小组成员积极参加实习单位企业文化建设或技能比赛等,并获得较好成绩;

(5)小组负责人认真履行职责,积极协助学院、辅导员、实习单位处理实习期间有关事务,在同学之间、同学与单位之间、学校与单位之间起到了良好的协调沟通作用;

(6)整个小组在单位实习期间获得了实习单位管理层或员工的较高评价,小组成员实习成绩全部合格。

附录32　优秀实习小组申请表

实习小组名称				班级	
实习时间	年　月　日至		年　月　日		
实习成员及岗位分布：					
实习任务完成情况和主要事迹（可另附页）：					
班级评议			辅导员签名：	年　月　日	
学院审批意见			签　章：	年　月　日	

附录33　实习总结

实习是我迈入社会大环境的第一步，是人生第一个转折点。带着希望我踏上了实习的路程。实习是收获成功和希望的季节。我牢记自己的目标和理想，在实习岗位上尽职尽责，不辞辛苦，勇于奉献，辛勤劳动，最终实现了自己的预定目标。不给学校丢脸，不给自己抹黑。用自己的能力证明我是一个强者能干得更出色！

实习目的

为了将酒店专业知识与实践结合，了解酒店经营管理过程、酒店的服务及文化，我进行了为期一年的酒店实习。通过实习，我对所学的专业知识及其在实际操作中的应用有一定的感性认识，为今后的学习打下良好的基础，有助于对专业基础和专业课的学习、理解和掌握，也有助于以后的就业取向。

实习经过

我是075旅游管理专业的一名实习生。2011年6月18号，我被派往南京玄武饭店实习。经过短期培训，我被分派到了客房部。刚开始我有一股使不完的劲儿，把客房当作施展自己才华的舞台，但是理想和现实毕竟是有差别的，发现很多事情并不是想象的那样简单，要学的东西还很多。

我被分到了一楼，带我的是一个40多岁的房嫂，我叫她师傅。客房部对我们进行了系列培训，包括注意事项、礼貌礼节、设施设备、工作流程等。技术操作都是师傅耐心教给我的。在这个学习过程中，最难的是铺床。铺床每一步骤都有要求，整个做床过程包括甩单、套被子并铺平和套枕套等，都必须在三分钟内完成。首先甩单就很困难，这是一个很有技巧的活，一般要求一次完成，并且要保证床单的中线要和整张床的中线重合。然后是给床垫包角，即把床单整齐地包进上下两个床垫之中，不能让床单和床垫之间有空隙，否则床单将不能保持平整。接下来是套被子，这个也很有技巧：先把被套开口的一头用双手打开，然后抖几下使空气把它撑起来，这样才能迅速地把被子套进去。套上后被子和被套的角要相对应，然后用力甩几下使之重合。要注意的是被子的中线要和床、被单的中线重合，这就是铺床过程要求的"三线合一"。最后一步是把枕头放进枕套里，饱满的一面朝向床尾，枕套开口处的扮边要朝向墙壁或窗户，这是很有讲究的，一个案例曾说道，一个女客人误把项链放进枕套里了，其原因就是因为枕套开口方向不符合规定。

客房部服务员的工作还不仅仅是铺床，其首要任务是清理客房。客房分为住客房和退客房。退客房的一切棉织品都要更换，长住客的一般二两天或一周更换一次。清理客房也是有规可循的。服务员进房间要先敲门，并报客房服务员中文姓名或英文名。进门之后第一步是打开窗户，然后收拾垃圾。接下来整理床，要撤下被客人用过的被子、床单和枕套等，按照铺床程序一一换上。之后开始打扫卫生。要注意的是湿布一般擦木制家具，干布擦金属和玻璃器具，每一个小地方都不能放过。还有检查消耗了多少日常用品。整个清理过程都需要认真对待。打扫之后要用吸尘器清理地毯，要注意让吸尘器的吸口顺着地毯的纹理移动。最后一步就是把房间消耗掉的物品补上。

客房工作中还有一项重要的工作——查房。在客人去前台退房的短短几分钟内，服务员要到客房检查有无客人遗落的物品，非一次性用品有无丢失及损坏。查房必须在5分钟内完成并如实上报。这就要求客房服务员要熟练地掌握客房内物品的种类和数量。如果在查房时没有查出客人带走或者损坏的物品，按规定由服务员自己赔偿，所以我每次查房都不敢有一点疏忽。我们一楼33间客房，包括一套豪华套间，两套普通套间、6个单间、24个标准间。在维护空房时，每一个动作都要重复30多遍。如果遇到会议或旅游高峰期，客房天天爆满，甚至还得加床。在"十一"期间，往往是30多个房间早上全退了晚上接着全住满，我们就要抓紧时间保质保量把房间全都收拾出来。服务员还要掌握一般的消防安全知识，如各种灭火器的使用方法，发生火灾时的应急措施等。

实习总结

为期4个月的实习，我比较全面地了解了酒店的经营过程，认识到管理实践的重要性，也是对这几年所学知识的巩固与运用，为今后的理论学习打下了坚实基础。中国的酒店普遍还存在问题，学习管理知识是必不可少的。从这次实习中，我体会到了实际工作与书本知识是有一定距离的。同时在实习的过程中，对于处理人际关系又有了新的认识。在服务性行业不仅要有一定的专业知识，还要懂得如何待人接物。

在这4个月的实习工作中，我认为要做好每一项工作，就必须正视工作态度，以一种乐观的心态去面对着每一天的工作，无论工作是繁重、繁忙还是清闲，都要用积极的态度去对待，要保持好的心态面对每一天。通过这次实习我学到了很多实际的东西，而这些恰恰是在酒店管理课堂上所学不到的。另外，在管理上最重要的是要处理好员工的关系，成功的管理者才能把所有员工团结起来。通过实习我认识到，酒店管理工作必须从最基层做起，要掌握所有的程序和环节，需要理论知识，更需要实际操作能力，这是非常不容易的。

附录34　顶岗实习满意度调查问卷与分析报告

各位同学：

　　为了确保实习的成效与质量，以改善今后的实习制度。此问卷中的答案数据仅针对整体分析之用，不会影响您的实习成绩。谢谢您的合作。

　　本问卷分两部分：实习满意度、实习期间的问题及实习成效，请您读卷后，再依个人的实际情况填写。

　　第一部分　实习满意度

　　您的实习单位为：_____（是□学校安排　□自主实习　□双选）对实习单位选择　□满意　□不满意

1. 实习前说明会的安排有助于提早了解实习工作环境。
□（1）非常不满意
□（2）不满意
□（3）普通
□（4）满意
□（5）非常满意

2. 对实习制度的行政配套措施（如：安排实习月度小结、系教师至实习单位的指导及访视）。
□（1）非常不满意
□（2）不满意
□（3）普通
□（4）满意
□（5）非常满意

3. 对实习单位提供的训练方案。
□（1）非常不满意
□（2）不满意
□（3）普通
□（4）满意
□（5）非常满意

4. 对学校课程安排。
□（1）非常不满意
□（2）不满意
□（3）普通
□（4）满意

□(5)非常满意

5. 当在实习单位遇到困难或障碍时,系老师能适时地给予辅导与协助。
□(1)非常不满意
□(2)不满意
□(3)普通
□(4)满意
□(5)非常满意

6. 与实习单位的主管或同事的互动关系。
□(1)非常不满意 不满意的原因请填写于下:
□(2)不满意 _____
□(3)普通 _____
□(4)满意
□(5)非常满意

7. 实习提升你解决问题的能力。
□(1)非常不满意 不满意的原因请填写于下:
□(2)不满意 _____
□(3)普通 _____
□(4)满意
□(5)非常满意

8. 对今年实习收获的整体评价。
□(1)非常不满意 不满意的原因请填写于下:
□(2)不满意 _____
□(3)普通 _____
□(4)满意
□(5)非常满意

第二部分　实习期间的问题及实习成效

1. 你到实习单位遇到哪些不适应或困难之处?（可复选）
□工作环境(请说明)_____
□工作内容(请说明)_____
□人员态度(请说明)_____
□其他,请举例说明_____

2. 你希望实习单位能提供哪些协助?
_____

3. 你希望系方面能提供哪些协助?
_____

4. 你所遇到的困难是否解决？
□已解决。
□尚未解决。原因：＿＿＿＿＿＿＿＿＿＿＿＿＿＿＿＿＿＿＿＿
5. 你觉得在校期间哪些课程对您实习帮助最大？
＿＿＿＿＿＿＿＿＿＿＿＿＿＿＿＿＿＿＿＿＿＿＿＿＿＿＿＿＿＿
6. 你觉得实习与学校课程之间最大的差异是什么？
＿＿＿＿＿＿＿＿＿＿＿＿＿＿＿＿＿＿＿＿＿＿＿＿＿＿＿＿＿＿

第三部分　实习成效

1. 此次实习您最大的收获是什么？
＿＿＿＿＿＿＿＿＿＿＿＿＿＿＿＿＿＿＿＿＿＿＿＿＿＿＿＿＿＿
2. 你是否会推荐学弟学妹到该单位实习？
□会，＿＿＿＿＿＿＿＿＿＿＿＿＿＿＿＿＿＿＿＿＿＿＿＿＿＿
□不会，＿＿＿＿＿＿＿＿＿＿＿＿＿＿＿＿＿＿＿＿＿＿＿＿＿
3. 海外实习经验对你将来进入职场有何影响？
＿＿＿＿＿＿＿＿＿＿＿＿＿＿＿＿＿＿＿＿＿＿＿＿＿＿＿＿＿＿

附录35　顶岗实习涉法调查问卷与分析报告

亲爱的同学：

您好！

首先感谢您抽空填写该调查问卷。这份问卷的目的是了解高职院校学生在顶岗实习过程中涉及的相关法律问题，探索顶岗实习的法律保证途径，从而提高职业教育实践教学的效果。因此，恳请您协助提供相关资料，以供研究参考所用。本问卷采取不记名方式，不会有任何人去鉴别您的回答。感谢您的支持与参与！

南京旅游职业学院
旅游管理系

一、学生基本信息

1. 所学专业：_____
2. 性别：_____
3. 目前实习单位、岗位：
（1）单位名称：_____　　（2）主要工作岗位：_____
4. 已经实习时间：_____

二、顶岗实习前涉法信息

5. 您是否熟悉在顶岗实习过程中所涉及的相关法律？
□非常了解（具体法律名称：_____）
□一般了解（具体法律名称：_____）
□不知道
6. 您是否与学校、实习单位签订了三方协议书？
□是　　　　　　　□否　　　　　　　□不知道
7. 您是否知道三方协议书中所约定的各方权利与义务？
□知道　　　　　　　　　　　　　　　□不知道
8. 您是否对学校、实习单位就具体的实习安排提出过异议？
□是，已经解决（异议要点：_____）
□是，但并未解决（异议要点：_____）□否
9. 实习单位是否给过您口头承诺？
□是，已经履行　　　□是，但是尚未履行　　　□否
10. 学校是否宣传过顶岗实习的相关法律？
□是，并且内容很丰富　　□是，但是内容很贫乏　　□否

11. 学校是否要求您提供顶岗实习保证金?
□是 □否
12. 实习单位是否要求您提供顶岗实习押金?
□是 □否

三、顶岗实习中涉法信息

13. 每天工作时间约多少小时?
□未参加 □8 小时以下 □8 小时 □8 小时以上
14. 每周休息时间是几天?
□无休息时间 □休息一天
□休息二天 □其他(休息时间:____)
15. 您每月实习补贴是多少?
□无补贴 □有补贴,500 元以下
□有补贴,500~1000 元 □有补贴,1000 元以上
16. 您是否购买了人身意外险?
□是,自费 □是,学校支出 □是,实习单位支出
□否 □不清楚
17. 除了人身意外险,实习单位是否为您承担了其他保险支出?
□是(保险名称:____) □否 □不清楚
18. 实习单位是否为您提供集体宿舍?
□是,并且免费 □是,但是收费 □否
19. 实习单位是否为顶岗实习学生组织过安全生产的学习?
□是,效果显著 □是,效果一般 □是,没有效果 □否
20. 您是否熟悉实习单位与您工作相关的规章制度?
□非常熟悉 □一般了解 □不知道
21. 您是否知道试用期与实习期的区别?
□知道(区别:____) □不知道
22. 您是否被实习单位辞退过?
□是(原因:____) □否
23. 如果您在工作过程中由于自身原因造成人身损害,您认为是否构成工伤?
□构成 □不构成 □不确定
24. 如果实习单位违约或者对您有侵权行为,您会如何处理?(可多选)
□默默承受 □与实习单位协商解决
□与学校或者相关系部、辅导员联系 □向实习单位主管部门投诉
□向法院提起诉讼

四、顶岗实习后涉法信息

25. 如果您顶岗实习考核合格,实习单位是否优先录用您为正式员工?
□是　　　　　　　　□否　　　　　　　　□不确定

26. 您对学校、实习单位的评价：
满意之处：_____
不满意之处：_____
建议：_____

再次感谢您的支持与参与!　　　　　　　　日期：

附录36 旅游管理学院顶岗实习实施方案

为了进一步贯彻落实教育部《关于全面提高高等职业教育教学质量的若干意见》(教高〔2006〕16号)和《旅游管理系学生顶岗实习实施方案(草案)》精神,按照人才培养目标的要求,结合我院各专业教学计划及专业特点,进一步推动顶岗实习工作,切实加强顶岗实习管理,确保顶岗实习的质量和效果,特制订本实施方案(草案)。

一、指导思想

顶岗实习是我院全面贯彻落实教育部《关于全面提高高等职业教育教学质量的若干意见》(教高〔2006〕16号)和《旅游管理系学生顶岗实习实施方案(草案)》文件精神,以服务为宗旨,以就业为导向,走产学结合发展道路,培养高素质技能型专门人才,深化教育教学改革,强化内涵建设,提高人才培养质量的重要举措,也是推进工学结合的人才培养模式改革的重要内容。应坚持理论联系实际的原则,注重学生专业能力培养,加强职业道德教育,加强职业技能训练,全面提高学生素质,把顶岗实习与就业工作紧密结合起来,通过顶岗实习提高学生的综合能力和就业竞争力,达到从业基本要求,最终实现顺利就业。

二、顶岗实习的目的与任务

顶岗实习是我院专业人才培养方案的重要组成部分,是教学中综合性的实践性教学环节。顶岗实习要实行课程化管理,学生的顶岗实习不得少于6个月。

顶岗实习有利于进一步推进工学结合的人才培养模式改革。通过全面实施顶岗实习,进一步密切学校与社会、学校与企业的联系,真正培养具备适应工作岗位的实践能力、专业技能、敬业精神和严谨求实作风以及综合职业素质的高技能人才。形成以学院为主体,企业和学院共同教育、管理和训练学生的教学模式。

顶岗实习有利于进一步提升教学过程的实践性、开放性和职业岗位的针对性。通过保证在校生至少有半年时间到企业等用人单位开展顶岗实习,进一步增强学生实际动手能力,深化学生对专业实践课程的学习,强化专业技能的培养,从而突破传统的偏重课堂知识讲授、轻视岗位技能训练的做法,切实加强实践教学,创新有利于培养和提高学生职业技能的教学方法。

顶岗实习有利于更好地坚持"以服务为宗旨,以就业为导向"的职业教育办学方针,促进招生和就业。通过顶岗实习,使学生的专业学习更有针对性,学以致用,进一步提高学生专业对口就业率。通过顶岗实习能够更好为就业做准备。参与顶岗实习的学生有相当部分能够留在实习单位工作,为实现顶岗实习与就业的零距离过渡奠定基础。

顶岗实习有利于让学生认识社会，树立正确的世界观、人生观、价值观和就业观，更好地将所学理论知识应用于业务实践，熟悉自己将要从事的行业、企业运行情况，比较熟练地掌握专业技能，提高独立工作能力；了解企业概况和企业的组织结构、规章制度、工作流程，熟悉具体部门和岗位的业务流程、工作规范、处理方法；熟练掌握相应岗位的操作技能，形成职业能力和养成职业素养。

三、顶岗实习流程安排

为切实做好顶岗实习工作，学生顶岗实习前，学院组织有关人员认真学习《旅游管理学院顶岗实习管理规定（试行）》（见附录37）和《旅游管理学院关于加强顶岗实习工作的实施意见》（见附录38）。为使学生的顶岗实习工作顺利进行，学院保证实习学生的实习时间（不少于6个月），采取不同的实习方式，达到顶岗实习目的。学生的顶岗实习的实施分三个阶段进行。

（一）准备阶段

（1）学院详细考察学院自行联系的顶岗实习企业，与企业洽谈顶岗实习内容，与企业签订《南京旅游职业学院校企顶岗实习协议书》（见附录15）。

（2）根据企业要求，学院召开顶岗实习动员大会，提出具体的实习要求，确定顶岗实习学生名单，安排相应的实习指导教师。

（3）学院对顶岗实习学生进行实习安全教育和实习前的岗位培训，包括与学生签订《顶岗实习安全教育责任书》（见附录17）。

（4）学院开具顶岗实习联系函，告知家长学院开展顶岗实习的情况，学生要将家长签字的回执，包括家长身份证复印件交学院。

（5）学生填写《南京旅游职业学院顶岗实习申请表》（见附录9），其中包括家长签字。

（6）学院与学生签订《南京旅游职业学院校生顶岗实习协议书》（见附录16）。

（7）学院制定各专业顶岗实习计划、顶岗实习大纲，确定顶岗实习指导教师，并报学校顶岗实习管理办公室备案。

（8）学院要做好教学计划的调整，为学生制订详细的授课方案和考核方案，包括毕业设计、论文答辩等工作。

（二）顶岗实习实施阶段

（1）学院整理顶岗实习学生信息表，对实习学生通过短信、飞信、QQ、论坛、电话、实地考察等方式进行跟踪，并做到及时更新，每周上报学校顶岗实习管理办公室。

（2）学院建立顶岗实习期间紧急情况登记制度（见附录28），遇到突发事件，指导老师要及时汇报。

（3）学院定期对顶岗实习情况进行检查（见附录22）。

(4)学生填写顶岗实习周志(见附录21)。
(5)完成教学计划的安排和考试成绩的评定。

(三)总结交流和表彰阶段

(1)学生上交顶岗实习周报表(见附录21)和实习鉴定表(见附录29)。
(2)学生上交实习心得报告(见附录26)。
(3)学院给出学生顶岗实习成绩。
(3)召开顶岗实习经验交流会。
(4)学院对顶岗实习先进进行表彰。

四、顶岗实习方式

(一)集中顶岗实习

学生集中到企业进行顶岗实习,必须选择专业对口或者专业相近的工作岗位。学院顶岗实习管理办公室联系的实习单位,由学院与企业签订顶岗实习协议,学院负责与企业的联系沟通,安排学生进入实习企业;学院按照顶岗实习的安排程序,负责完成学生顶岗实习各类手续的办理和实习指导。

对于系院自行联系的实习企业,学院要认真考察企业情况,及时上报学校顶岗实习管理办公室,经过备案批准后,学生方可离校实习。系院要与企业签订顶岗实习协议书,按照顶岗实习的安排程序,负责完成学生顶岗实习各类手续的办理和实习指导。

对于学生实习人数比较集中的顶岗实习单位,学院和教务处协调,分别派驻实习生辅导员轮流进单位,保证实习企业里一直由我校教师进行管理。

(二)分散顶岗实习

在系院联系的接受顶岗实习人数较少的企业或学生本人自行联系顶岗实习单位进行实习的学生,在实习前要在学院填写顶岗实习申请表(其中包括家长签字)、顶岗实习联系函,接受安全教育,签订与学院、企业实习协议等各类手续,提交经学院同意后方准离校实习。

五、顶岗实习的组织与管理

为了加强顶岗实习的组织领导和管理,学院专门制定《旅游管理学院关于加强学生顶岗实习工作的实施意见》(见附录38)。

(一)加强领导,责任明确

成立信息工程学生顶岗实习领导小组,组长全面负责学生的顶岗实习工作,副组长分管学生实习期间的思想政治工作、实习工作的安排以及学生的安全。领导小组下设顶岗实习管理办公室,管理办公室主任由党总支书记担任,全面负责顶岗实习管理办公室的工作,成员由各专业教研室主任、顶岗实习班级辅导员和一名专业教师组成,负责对全院学生顶岗实习的具体工作,以及与各职能部门的协调工作。学院顶岗实习管理办公室要明确顶岗实习各环节的责任,规范顶岗实习全过程,制定规范的流程、协议和各种工作样表,全程监控顶岗实习的运行,研究解决顶岗实习中出现的各种问题。确保顶岗实习工作的顺利实施。顶岗实习管理办公室要定期召开实习情况通报会,学生工作系统要深入研究学生实习期间思想政治工作的新途径,保证学生实习期间学生的思想政治教育不断线。

(二)顶岗实习学生党团建设工作

学院党总支和团总支负责我院学生的党团组织建设和党团员发展工作。一个实习企业有多名学生的要做好临时党团组织的建立和入党积极分子的培养工作,制订党团活动的方案,确保学生党团建设工作的持续性。

(三)顶岗实习学生学习、成绩评定与考核工作

各任课教师负责教学任务的完成和考试的评定。顶岗实习期间,如仍有部分课程没有结业的学生,由学院另行安排时间(如双休日、假期等),通过集中辅导、送教上门、学生自学、网上学习和指导等形式来完成,同时做好这部分学生的成绩考核、评定工作,并报学校教务处教务科备案。保证让学生顺利完成学习任务,参加考试的评定,以及毕业环节的考核。

(四)顶岗实习学生管理工作

顶岗实习校内指导教师全面负责实习期间学生的实习指导、管理以及安全教育工作,负责向学院顶岗实习管理办公室汇报学生每周的实习情况、实习突发事件和实习成绩等。

顶岗实习班级辅导员负责顶岗实习学生的期末优秀学生的评选和奖学金的评定,毕业生的信息采集,毕业手续的办理、学籍资料的填写等具体工作,指导实习学生签订就业合同,对毕业生进行跟踪调查,统计就业信息。

六、对顶岗实习学生的具体要求

顶岗实习是学院教学计划的重要组成部分,所有学生都必须按专业教学计划的要求按时参加顶岗实习。

(1)在顶岗实习前,应认真按规定办理相关手续。

(2)在顶岗实习过程中必须有较强的事业心、责任心和吃苦精神,必须认真遵守实习单位规章制度,遵守安全管理规定和工作操作规程,避免安全事故发生。

(3)在实习单位应尊重企业指导老师,服从分配,认真工作,并遵守实习单位的保密制度。如遇到问题,应及时与指导老师或辅导员联系,由学院与实习单位协商解决。

如因学生原因给学校或学院声誉造成不良影响,学院将根据有关规定给予处理。

(4)保持与学校的联系,每周至少要与校内指导教师联系一次,汇报顶岗实习情况。联系电话和工作地点发生变动,要及时通知校内指导教师及辅导员,由指导教师上报学院顶岗实习管理办公室。

(5)严格遵守实习单位的考勤制度和纪律,不准无故旷工、迟到、早退,不准寻衅闹事和打架斗殴。如违反实习单位的管理规定或因品德表现等原因被实习单位退回学校,或擅自离开实习单位的,学院将按照学籍管理的有关规定处理,否则视为实习成绩不合格。

(6)认真写好顶岗实习周志和顶岗实习报告,为顶岗实习考核或者毕业设计提供依据。

七、成绩考核的方式与成绩评定

(1)学生在顶岗实习期间接受学院和企业的双重指导,学院和企业双方要加强对学生的工作过程控制和考核,实行双方考核制度。双方共同填写《旅游管理系学生顶岗实习考核表》。

(2)学生顶岗实习作为一门成绩单独计算。考核分两部分:一是企业指导教师对学生的考核,占总成绩的40%;二是学校指导教师对学生的评价,占总成绩的60%。

(3)学生要写出实习报告,学校指导教师要对学生实习报告及时进行批阅、检查,给出评价等级。

(4)考核分优秀、良好、及格和不及格4个等级,考核合格获得相应学分。

附录37　旅游管理学院顶岗实习管理规定(试行)

学生顶岗实习是高职院校人才培养工作的重要环节。为进一步落实教育部《关于全面提高高等职业教育教学质量的若干意见》(高教〔2006〕16)和《旅游管理学院学生顶岗实习管理规定(试行)》的精神,全面贯彻党的教育方针,以服务为宗旨,以就业为导向,走产学结合发展道路,全面培养高素质技能型专门人才,规范我院顶岗实习教学工作,结合我院实际情况,特制定本规定。

第一章　总　则

第一条　顶岗实习是我院按照专业培养目标要求和教学计划的安排,组织在校学生到企业等用人单位的生产服务一线参加的顶岗实践。顶岗实习时间一般为半年至一年。

第二条　学生参加顶岗实习,由学院安排,也允许学生(毕业生)自行联系实习单位。学生自行联系实习单位,需本人提出书面申请,家长签字,并根据学院的规定,经过学院同意并办理相关手续后方可离校参加顶岗实习。

第三条　顶岗实习单位要严格遵守国家有关法律法规,为学生实习提供必要的实习条件和安全健康的实习劳动环境,学生顶岗实习每天不得超过8小时。不得通过中介机构代理组织、安排和管理顶岗实习工作。

第四条　本规定适用于学生在实习单位进行顶岗期间的管理。

第二章　细则

第五条　组织领导

(1)毕业生顶岗实习工作由学院院长负责,组成由顶岗实习工作领导小组、顶岗实习管理办公室共同组成的顶岗实习管理领导小组。顶岗实习的日常管理由学院和企业共同承担。

(2)学院成立由院长为责任人的顶岗实习工作领导小组,成立由学院书记、各专业教研室主任、顶岗实习班级辅导员和一名专业教师等组成的顶岗实习管理办公室。

第六条　顶岗实习安排

(1)顶岗实习根据各专业的人才培养方案进行安排,一般为半年至一年。

(2)学生顶岗实习期间,如仍有部分课程没有结业的,由学院另行安排时间(如双休日、假期等),通过集中辅导、送教上门、学生自学、网上学习和指导等形式完成,同时做好这部分学生的成绩考核、评定工作,并报学校教务处教务科备案。

(3)顶岗实习的内容要求:对口或相近专业的综合实习。

第七条　实习学生的管理

(1)学生实习由学院和实习单位共同组织和管理。学院和实习单位在学生实习期间,要维护学生的合法权益,确保学生在实习期间的人身安全和身心健康。

(2)建立健全学生实习管理制度。学院要明确专人负责实习工作,要加强实习指导教师队伍建设,建立学生实习管理档案,定期巡回检查实习情况,加强实习指导,处理实习中出现的有关问题,确保学生实习工作的正常秩序。

(3)建立学院、实习单位和学生家长经常性的学生实习信息通报制度。学生到实习单位顶岗实习前,学院、实习单位和学生本人或家长应当签订书面协议,明确各方的责任、权利和义务。

第八条 相关单位和人员的职责

(一)学院职责

(1)学院应当加强顶岗实习管理工作,建立健全顶岗实习管理制度,加强实习工作监督检查,学生顶岗工作期间的学习,明确考核内容和考核方式,并认真进行考核。协调有关部门和实习单位,共同做好实习管理工作,保证实习工作安全、有序开展。

(2)学院在安排学生顶岗实习时,要与实习单位共同制订实习计划,开展专业教学和职业技能训练,组织参加相应的职业资格考试。要加强顶岗实习学生指导教师的教育,实习指导教师是加强顶岗实习学生的思想政治教育和职业道德教育,定期帮助学生总结实习成果,做好实习成绩的评定工作。

(3)学院要主动加强与实习单位和实习生的联系,要建立专业教师联系学生制度,及时准确地掌握实习生的顶岗实习状态,解决顶岗实习中出现的矛盾和问题。切实指导好学生的顶岗实习和毕业设计工作。

(4)学院要与实习单位协商,允许实习期间学生集中一段时间返校,完成相关课程的学业、毕业答辩或参加考证以及办理相关毕业手续等事宜。

(5)学院应根据专业实际情况以及同顶岗实习单位协商的具体情况,由学院组织实习学生自愿办理或由实习单位为学生办理意外伤害保险等相关保险。

(6)学院不得以任何形式克扣学生的顶岗实习报酬。

(二)顶岗实习学生职责

(1)顶岗实习是学院教学计划的重要组成部分,所有学生都必须按专业教学计划的要求按时参加顶岗实习。对于集中安排的顶岗实习,无正当理由不参加者,不能获得相应学分。

(2)对于正常安排的顶岗实习,实习学生应当严格遵守学院和实习单位的规章制度,服从管理。

(3)学生实习期未满,不得擅离或调换实习单位。个别学生确因特殊情况,中途调换实习单位的,需本人提出书面申请,报学院顶岗实习工作领导小组批准。学生未经批准擅离、调换实习单位的,实习成绩为零分,期间发生的一切问题由学生本人负责。

(4)学生在实习单位应尊重企业指导老师,要服从分配,认真工作,并遵守单位的保密制度。若遇到问题,应及时与指导老师或辅导员联系,由学院与实习单位协商解决。若因学生原因给学院声誉造成不良影响,学院将根据有关规定给予相应处分。

(5)在顶岗实习中,学生不仅要接受岗位技能的训练,还要接受和了解学习实习单位的管理制度、企业文化、行业标准,接受实习单位和学校双重制度管理。各专业教研室(组)要积极运用学校网络教学平台,采取灵活多样的教学模式,组织学生成立学习小组,利用通信、网络或现场指导等多种方式,加强对学生的教学指导,为学生辅导答疑。

(6)学生实习期间,应积极主动与学院、专业老师、实习单位指导老师及家长保持紧密联系,完成顶岗实习报告。

(7)在顶岗实习期间,学生如违犯国家法律法规,由司法机关予以处理。

(三)实习单位职责

(1)实习单位要指定专门人员负责学生实习工作,根据需要推荐安排有经验的技术、一线教师或管理人员担任实习指导教师。

(2)根据学院与实习单位签订的协议,实习单位向实习学生支付合理的实习工作报酬。

(3)实习单位应加强对实习学生的实习劳动安全教育,增强学生安全意识,提高自我防护能力。

(4)实习期满,实习单位应当对实习生做出书面鉴定,作为评定学生实习成绩的依据。

(四)指导教师职责

指导教师由两部分人员组成:一是学院根据学生的具体情况指定本学院具有丰富教学和实践经验的专业教师作为指导教师;二是由实习单位指定的指导教师。指导教师是学生顶岗实习的指导者,又是工作的组织者。指导教师应认真履行职责,指导学生完成顶岗实习工作,形成合格的顶岗实习报告。校企双方的指导教师应加强联系。

1. 学校指导教师职责

(1)熟悉专业顶岗实习方案和专业实习计划,按要求参加实习动员大会,做好学生实习前的各项准备工作,负责将顶岗实习学生送到企业,并保持与学生的联系。

(2)加强与实习单位的联系,积极配合实习单位工作,及时解决实习中的问题,争取实习单位的支持和帮助,注意搞好实习单位与学校的关系。

(3)要及时了解、掌握及检查学生完成实习的情况,指导学生撰写实习总结、调查报告、毕业设计(或论文)等。毕业设计(论文)可以结合顶岗实习的岗位技能训练任务完成。

(4)负责学生实习成绩的评定工作。

2. 企业指导教师职责

(1)企业指导教师应具备一定专业水平和实践经验。

(2)要随时指导学生,检查工作进度和质量。在业务指导中应注意培养学生严谨求实的工作作风和创新精神,并详细做好指导记录。

(3)学生实习结束后要指导学生撰写实习总结或论文,保证学生的实习质量。

(4)在学生顶岗实习即将结束时,代表实习单位做好实习生的鉴定与成绩评定工作。

第九条 顶岗实习工作程序

(1)学院提前与有关企业、实习实训基地联系,落实顶岗实习岗位,签订顶岗实习安置意向书。

(2)学院按计划组织实施顶岗实习,落实指导教师,加强顶岗实习巡回检查。

(3)帮助学生做好顶岗实习工作总结,并组织相关专业教师做好有关顶岗实习成绩评定工作。

第十条 考核与评价

(一)考核原则

学生在顶岗实习期间接受学校和企业的双重指导和管理,校企双方要加强对学生的工作过程控制和考核,实行校企双方考核制度。双方共同填写《旅游管理学院学生顶岗实习考核表》(见附录30)。

(二)成绩考核评定

1. 学生顶岗实习作为一门成绩单独计算

考核分两部分:一是企业指导教师对学生的考核,占总成绩的40%;二是学校指导教师对学生的评价,占总成绩的60%。

2. 企业指导教师对学生的考核

学生的顶岗工作可以在不同单位或同一单位不同部门或岗位进行,企业要对学生在每一部门或岗位的表现情况进行考核,对学生的表现、工作质量做出客观评价。

3. 学校指导教师对学生的考核

学生要写出实习报告,学校指导教师要对学生实习报告及时进行批阅、检查,给出评价等级。

4. 考核方式

分优秀、良好、及格和不及格4个等级,学生考核合格获得相应学分。

旅游管理学院

二〇一一年四月二十日

附录38　旅游管理学院关于加强顶岗实习工作的实施意见

根据教育部《关于全面提高高等职业教育教学质量的若干意见》(教高〔2006〕16号)文件精神,我院从2006年开始,制订了为期半年的学生顶岗实习计划。为了切实做好顶岗实习工作,完成顶岗实习的各项任务,为学生的就业打下坚实的基础,特制定以下具体实施意见。

一、指导思想

全面贯彻落实教育部《关于全面提高高等职业教育教学质量的若干意见》(高教〔2006〕16号)文件和《旅游管理学院关于加强学生顶岗实习工作的实施意见(试行)》精神,以服务为宗旨,以就业为导向,走产学结合发展道路,培养高素质技能型专门人才,使我校培养的学生尽早适应实习岗位,为学生顺利就业奠定扎实基础。

二、充分认识顶岗实习工作在人才培养中的重要性

顶岗实习是落实教育部16号文件要求的重要的教学模式,是实现工学结合人才培养模式的重要手段,是培养学生实践能力的一个重要的教学环节,关系着人才培养模式改革的成败。顶岗实习是教学的一个重要环节,是学生将理论知识在实践中进行检验,积累实际工作经验,为顺利就业打下坚实基础的一个必要途径。顶岗实习还可以锻炼学生的意志品质,培养学生健全的人格,培养团队精神,培养体谅、服从、尊重、自信、忍让、节约等良好的品质,培养职业道德、职业技能,使其成为合格的社会主义建设者。

三、加强领导,保证顶岗实习工作的顺利进行

为了切实做好顶岗实习工作,加强顶岗实习领导工作,成立学院顶岗实习领导小组和学院顶岗实习管理办公室,名单如下:
顶岗实习领导小组:
组　　长:方法林
副组长:李艳　孙斐　葛益娟　丁洁
顶岗实习管理办公室:
主　　任:李艳(兼)
成　　员:系部所有指导教师
领导小组组长全面负责学生的顶岗实习工作,副组长分管学生实习期间的思想政

治工作以及学生的安全工作。顶岗实习管理办公室主任全面负责顶岗实习管理办公室的各项工作,各成员负责顶岗实习的具体管理工作以及和学校各职能部门的沟通工作。学院顶岗实习管理办公室要明确顶岗实习各环节的责任,规范顶岗实习全过程,制定规范的流程、协议和各种工作样表,全程监控顶岗实习的运行,研究解决顶岗实习中出现的各种问题,确保学院顶岗实习工作的顺利实施。学院顶岗实习管理办公室要定期召开实习情况通报会,学生工作系统要深入研究学生实习期间思想政治工作的新途径,保证学生实习期间学生的思想政治教育不断线。

在2006级顶岗实习工作的基础上,从2007级开始,学院根据具体情况,将毕业实习、毕业设计(论文)同顶岗实习结合起来安排一学期(15周),第五学期的第17、18周作为顶岗实习的宣传动员和具体安排时间。

四、全面动员,认真安排,做好顶岗实习的安全教育工作

学院要高度重视顶岗实习工作。学院顶岗实习管理办公室要全面收集学生实习的各种信息,做好各种预案和顶岗实习的前期准备工作。学生顶岗实习单位的联系以学院为主,学生自主联系和家长配合联系为辅。要采取各种措施,选择多种形式,利用多种途径(如学校各部门也可给学生提供顶岗实习的岗位等),保证所有学生都有顶岗实习单位实习。顶岗实习是教学的一个环节,在联系实习单位时,学校提倡带薪顶岗实习,避免将实习与打工混淆。参加专升本的学生,原则上在本地区联系顶岗实习单位,以便学生能够及时了解专升本的信息。

顶岗实习前,要在学院召开动员大会,讲解顶岗实习的重要性和必要性。可以采取历届学生作报告、座谈会等形式,让每个教师和学生对顶岗实习的作用、任务和具体要求有一个清晰的认识。学院要结合专业特点做好岗前安全教育工作,要将安全教育的内容打印成册,告知全体实习学生,履行告知义务。学院要与顶岗实习单位签订协议书,学院要与学生及家长签订三方安全责任书,学生要与顶岗实习单位签订顶岗实习管理协议,以确保学生的安全和利益。为确保学生的人身安全,为学生提供安全保障,学院应鼓励学生在参加顶岗实习前购买人身意外伤害保险。

五、明确责任,加强管理,切实将顶岗实习工作落到实处

为加强顶岗实习的管理,学院信息中心要配合顶岗实习管理办公室建立顶岗实习的网络管理平台,为学院、教师和学生搭建信息沟通的渠道,还可以通过飞信、短信、论坛、QQ、电话以及现场检查等形式进行沟通,及时将学院的有关要求通知学生,将学生的顶岗实习情况报告学校和指导教师,及时指导和解决学生实习期间的具体问题。学院顶岗实习管理办公室指定专人作为信息平台的管理员进行管理,每天查看学生的各种信息,汇总后进行分类处理。

学院顶岗实习管理办公室要全面了解学院学生的顶岗实习情况,定期进行检查,

对学生顶岗实习比较集中的单位,要深入生产现场进行检查,每次检查都要做好详细的记录。学生顶岗实习结束,要有全面的总结报告。

学院顶岗实习管理办公室要对顶岗实习学生进行全方位的管理,及时了解每个学生的顶岗实习单位及变化,掌握每个学生的顶岗实习信息,要有学生的联系方式、顶岗实习单位的信息、实习单位指导教师等信息。每周通过各种途径检查一次学生的实习情况并做好记录,上报学校顶岗实习管理办公室。对于学生比较集中的实习单位,要进行实地考察和定期检查,确保学生的实习安全和实习效果。学院要及时处理学生在顶岗实习期间出现的各种问题,不能自行处理的上报学校顶岗实习管理办公室。如发现涉及学生人身安全的事故应在第一时间上报学校顶岗实习管理办公室。

六、加强考核,保证顶岗实习的效果

学院在安排学生顶岗实习后,要保证学生的实习效果。要根据《旅游管理学院学生顶岗实习管理规定(试行)》制定的顶岗实习管理办法,对学生的顶岗实习进行认真的考核,使每个学生能顺利完成顶岗实习的任务,完成顶岗实习报告。学生顶岗实习结束后,要将顶岗实习期间的各种表格(尤其是实习单位填写的评语和实习指导教师给出的成绩)填写完毕再离开实习单位。校内实习指导教师要结合学生的实习情况,给出学生顶岗实习的综合成绩。

学院要认真组织学生进行顶岗实习总结,根据学院的特点,可以专业、班级为单位召开总结大会,可以让下一届学生参加,为管理和学生顶岗实习提供可借鉴的经验。

顶岗实习结束后学校召开表彰大会,对顶岗实习的先进单位和先进个人进行表彰。在学生离校前,要认真统计和落实学生在顶岗实习单位就业的人数,并报学校顶岗实习管理办公室。

顶岗实习工作是教育部16号文件要求的一个重要的教学环节,学院要高度重视,加强管理,采取各种措施,将顶岗实习工作落到实处。

附录39　旅游管理学院关于加强顶岗实习过程管理的规定

为加强09届毕业生顶岗实习过程管理,提升顶岗实习学生专业知识和技能,提高毕业生就业率和就业质量,特制定本规定。

一、成立顶岗实习指导工作组

组　　长:方法林
副组长:孙斐　李艳
组　　员:各教研室教师

二、工作组职责

(1)成员每周与学生联系一次,每两周与学生顶岗单位联系一次,了解学生顶岗情况,解决出现的困难和问题,听取顶岗单位的反馈意见和要求,并做好指导记录。

(2)副组长安排顶岗指导教师,每两周收集汇总学生顶岗情况和单位反馈信息,指导成员解决学生顶岗出现的问题,协调学生与顶岗单位关系。

(3)组长每月主持一次学生顶岗工作专题会,加强顶岗与就业指导工作,安排整理相关材料归档。

三、顶岗指导要求

(1)顶岗实习指导工作组应认真学习《南京旅游职业学院顶岗实习管理办法》,并严格执行。

(2)指导教师按期上报自主实习学生的《学生自主实习、实训申请表》及《09届毕业班学生自主实习实训汇总表》。

(3)由学校、学院统一安排顶岗实习的学生,原则上顶岗期间不得离开顶岗实习单位,带队指导教师应做好过程管理和记录。

(4)顶岗学生需签署学校就业指导中心认可的正式就业协议书,并经顶岗单位同意,需递交协议书和顶岗单位同意的证明,系里方可认定顶岗实习成绩。

(5)成员应通过邮件、QQ、电话等多种渠道与顶岗实习学生联络,提醒实习生遵守劳动纪律、注意人身和财产安全,及时填写顶岗实习有关材料。

（6）工作组创造条件安排成员实地探访和指导，了解实习生思想、顶岗、生活情况，听取实习单位对顶岗工作的意见和建议，协调解决顶岗实习中问题。

（7）顶岗实习期间脱岗或违反接受单位规定者，一经证实，取消顶岗成绩，并按有关规定进行处理。

旅游管理学院
2010 年 11 月 18 日

附录40　专职辅导人员、指导教师与实习生渠道沟通

老师:1.实习鉴定表(硬质纸张)要盖章;2.月记(群共享里有表格,每张都要盖章);3.实习小结;4.请你们与论文指导老师联系有关论文事宜。

老师:鉴定盖实习单位人力资源部的章。

学生:实习小结是不是在鉴定表上面?

老师:鉴定表上小结也要写。

老师:还有一份单独的小结也要交。

学生:鉴定表上好像是要有两个章的。

老师:12月30日早上9点必须到校。29日可以入住学校宿舍。可以把行李放在宿舍。开学时间不可以推迟回校。

学生:好的。

学生:既然谈妥了就分下宿舍吧!

老师:好好学习天天向上。

学生:听说我们的实习时间要延后了啊?

学生:谁知道?

老师:现在在招生就业处在和各部门用人单位商议,如果结果下来我再通知大家。

老师:通知:还未交实习月记、实习小结、实习鉴定表的同学,请抓紧时间交至1404办公室。PS:请班长通知邵善文、周媛媛,你们的实习月记没有按照规定的表格填写,请在群共享下载表格重新填写并盖好章,否则实习成绩无法合格。2012年2月18、19日报到,20日正式上课,请大家及时购买车票,准时到校上课。在家期间,请注意安全!谢谢!

学生:我交了。

学生:在你桌上。

学生:照片夹里面了。

学生:我开学交。

老师:按照要求盖好章交来。

老师:再次通知:还未交实习月记、实习小结、实习鉴定表的同学,请抓紧时间交至1404办公室。PS:请班长通知周媛媛,你们的实习月记没有按照规定的表格填写,请在群共享下载表格重新填写并盖好章,否则实习成绩无法合格。2012年2月18、19日报到,20日正式上课,请大家及时购买车票,准时到校上课。在家期间,请注意安全!谢谢!

老师:谁能找到周媛媛?

学生:张芸芸能找到吧。

老师:没交齐实习月记、实习小结实习鉴定的同学,请开学交齐。

学生:好。

附录41　南京旅游职业学院顶岗实习管理手册

学生专业实习是高职院校教学过程中的重要组成部分,是学生对所学专业建立感性认识、巩固理论知识、培养专业技能和实际工作能力的重要教学环节,是全面贯彻党的教育方针、理论联系实际,提高合格旅游从业人员综合素质的必修课程。为规范并做好学生顶岗实习工作,确保培养质量,提高学生的就业、创业能力和岗位适应能力,特制定如下办法。

一、顶岗实习的组织管理

(一)实习管理的组织机构

1. 顶岗实习工作领导小组

主　　任:周春林

副 主 任:张志翔、冯明

常务组长:刘凌英

副 组 长:匡家庆、方法林、邵华、邵万宽、徐慎行、樊平、张军、阮立新

2. 组织原则

招生就业处负责顶岗实习的全面工作,各院(系)部承担具体的顶岗实习的组织与管理工作。

(二)实习生的组织安排

1. 实习形式

(1)统一安排实习。

由学院与企业用人单位共同协商,将实习生安排到具备实习条件的实习基地或领导重视、指导力量较强的用人单位实习,委托实习单位全面负责顶岗实习生的指导和管理。各院(系)部定期派出实习指导老师进行实习巡视和指导。

(2)自主实习。

在保证实习质量的前提下,兼顾为学生创造更多的就业机会,允许学生在办理相关手续后,自行联系实习单位,进行自主实习。欲自行联系实习单位的学生需在学院规定的时间内向院(系)部提交《南京旅游职业学院学生自主实习申请表》。

各院(系)部根据学生在校表现及实习总体安排在《学生自主实习申请表》上签署意见,通过后将申报材料报招就处备案。学生在家长同意前提下方能与用人单位签订实习协议进行自主实习,实习协议由院(系)部留存。具体实施细则参加《自主实习和变更实习单位的管理办法》,自主实习生不参加优秀实习生的评选。

(3)境外研修和留学项目(国际交流中心)见《境外研修和留学项目管理办法》,由国际交流中心负责。

(4)其他(升学、自费留学)继续读本科的学生,可凭升学(专转本、专接本)录取通知书原件,申请不参加实习,到教务处等有关部门办理相关升学手续。

准备办理自费留学,利用实习期间到社会培训机构学习外语的学生,必须报招生就业处审核,凭留学中介证明、培训机构学习证明、申请出国留学外方学校资料及证明、家长保证书到院(系)部签署意见,报分管院长审批。方法参照《实习生自主实习和变更实习单位的管理办法》办理。

2. 实习单位的确定

由各院(系)部推荐实习单位,并报分管教学副院长和分管实习副院长审批,经审批合格后由招生就业处备案,并代表学院与实习单位签订顶岗实习协议书。

3. 实习时间的确定

实习时间为:7月至次年5月,共计10个月;部分专业1月至5月,共计5个月。具体时间根据该专业的教学计划而定。

4. 实习安排流程

(1)实习准备阶段(见附图41-1)。

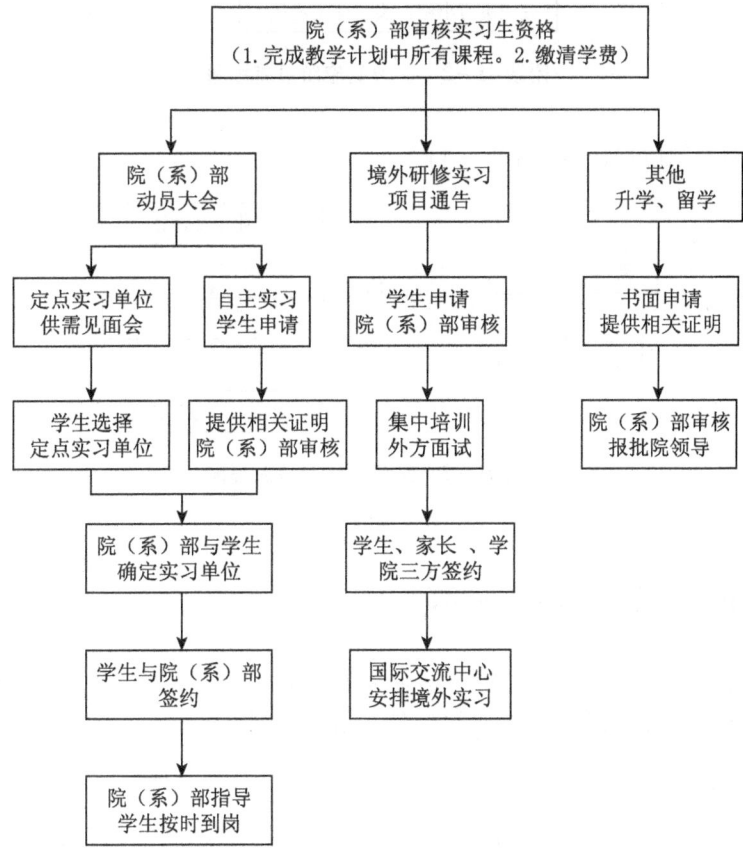

附图41-1 实习准备阶段流程图

(2)实习实施阶段(见附图41-2)

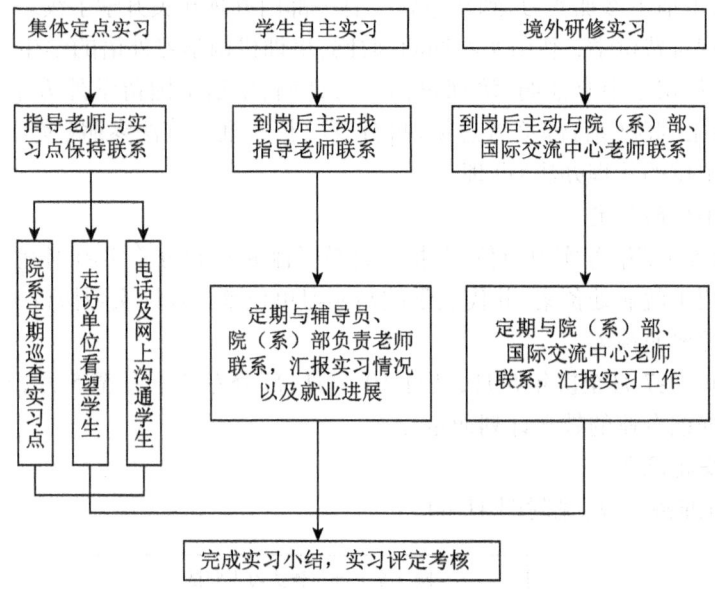

附图41-2 实习实施阶段流程图

(3)实习总结阶段(见附图41-3)

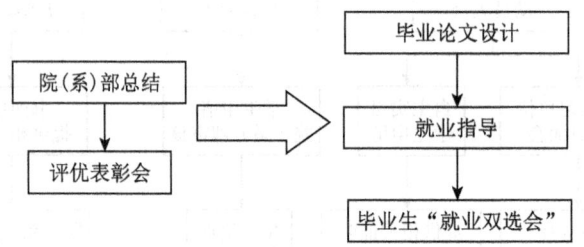

附图41-3 实习总结阶段流程图

二、顶岗实习管理与考核办法

为加强顶岗实习学生管理,推进学院学生顶岗工作的顺利开展,更好地适应社会对人才的实际需求,提高学生就业质量,特制定管理制度如下。

(一)管理职责

学生顶岗实习工作按院系两级管理原则分级落实,相互配合,责任到人,学生的顶岗实习与就业密切相关,各院(系)部要全员动员,积极开展工作。

1. 招生就业处工作职责

(1)负责全院顶岗实习的总体规划,协调全院顶岗实习工作,及时协调解决实习中出现的问题,确保顶岗实习的顺利进行。

(2)负责健全和完善学生顶岗实习各项管理制度和相关文件的制订。

(3)指导各院(系)部建立实习基地,配合检查、评估实习基地建设情况,保证优秀实习基地的建立。

(4)负责与企事业单位联系,拓宽学生顶岗实习和就业的渠道。根据各院(系)部专业实习计划,邀请实习单位来校招聘顶岗实习学生,并确定实习时间。

(5)负责学生顶岗实习工作的年度经费预算,审核学生顶岗实习经费。

(6)代表学院与实习单位签订顶岗实习协议书。

(7)负责协助推荐学生顶岗实习单位或就业单位,对于实习期就业的学生,签订就业合同。做好毕业生的跟踪调查工作,做好就业稳定工作。

(8)负责审核各院(系)部推荐的院级优秀实习生名单,并报分管实习副院长审批。

(9)负责协调各院(系)部上报违纪实习学生的处分决定,并报相关处室和分管实习副院长审批。

(10)定期安排学院领导、指导老师及工作人员到各实习点巡查工作;分析实习工作中存在的问题,并提出改进建议和意见。

(11)做好省内、省外各实习点的管理工作。原则上根据实习点以区域为单位安排指导老师检查、监督实习工作。

(12)指导各院(系)部的实习管理工作,检查各专业的实习进度和实习质量,对各院(系)部的实习管理工作进行考核。

2. 各院(系)部职责

各院(系)部主任兼任本院(系)部学生顶岗实习工作组组长,院(系)部秘书兼任院(系)部顶岗实习小组成员,负责落实协调具体事务工作,其他成员由院(系)部确定。

(1)根据教学进度制订审核《学生顶岗实习计划》和《学生顶岗实习教学大纲》等实习教学文件,并报主管教学副院长审批。

(2)确定本院(系)部专业对口的顶岗实习指导老师。

(3)做好学生实习前准备,保证学生在实习之前,结束所有的考试、考察课程及补考课程。

(4)做好学生实习前的组织动员和思想教育、安全教育和组织纪律教育工作。使每位学生明确实习目的、任务要求和注意事项,以提高实习质量。

(5)代表学院与实习学生签订《顶岗实习协议书》。各院(系)部与顶岗实习单位无论是学院推荐还是学生自主实习,均必须与实习单位签订协议,明确顶岗实习期间双方权利、义务、实习期间的待遇及工作时间、劳动安全卫生条件、法律责任等。

(6)落实劳动安全和保护措施。由院(系)部督促顶岗实习学生办理实习期内的意外伤害保险,督促实习单位对实习学生进行岗前技术、安全培训,按规定落实各项劳动保护措施。

(7)加强与实习单位联系,尊重实习单位的意见,定期安排指导老师人员赴实习点巡查,及时了解和解决实习中出现的问题。

(8)负责实习生的过程管理,对违纪学生及时进行思想教育,视情节轻重根据《实习生奖惩办法》给予相应的处分,由所在院(系)部签署处分意见,经招生就业处审核,并报相关处室和分管实习副院长批复,同时记入学生档案,并告知实习所在单位。

(9)根据教务处关于实习生毕业设计(论文)原则性意见,各系制定毕业设计(论文)管理办法。

(10)实习结束后,组织座谈会和实习经验交流会,总结本院(系)部实习工作的成绩和存在的问题,并提出改进意见。

(11)组织评选院(系)部优秀实习生,并推荐院级优秀实习生名单。

(12)负责收集、汇总实习的各类教学文件(包括实习计划、实习安排统计表、学生实习协议书、实习生鉴定表、实习成绩汇总、优秀实习报告、实习小结、实习巡视表等),并根据教务处、招生就业处要求及时上交有关文档。

(13)实习生返校后,由各院(系)部负责后续教育教学管理工作。

3. 实习单位职责

(1)实习单位是学生顶岗实习期间的直接管理者,应积极落实双方共同制定的实习协议,与学院共同确定学生的实习岗位、实习内容、考核目标等。

(2)实习单位指导教师(培训主管老师)落实顶岗实习任务,具体负责学生顶岗实习期间的考勤、业务考核、技能训练、实习鉴定等工作,做好学生的安全教育、思想教育工作,并填写好《顶岗实习综合评价表》。

(3)负责对顶岗实习生进行岗前培训,让实习生了解所在单位和实习岗位的工作流程及规章制度。

(4)负责对顶岗实习学生进行安全、纪律、卫生等教育关心实习生,并保证夜班实习女生的安全。

(5)实习单位为顶岗实习学生提供与所学专业相符或相近的实习岗位,并在实习期内提供两个或两个以上的岗位进行实习。

(6)加强实习生的日常管理,严格考勤制度,对迟到、早退、擅离岗位等违纪实习生,及时进行批评教育,视情节轻重给予相应的处罚。

(7)因违纪被终止实习的学生经双方(院(系)部和实习单位)确认后,经招生就业处批准,方可离开实习单位,并将相关材料转至院(系)部备案。

(8)实习生每周工作时间原则上不超过 40 小时,超出部分给予相应的补偿(参照实习协议)。

(9)实习单位可定期通过电话、短信、QQ、E-mail、网上留言等方式与指导老师和学院招生就业处负责人保持联系,反映学生的实习情况。

(10)实习单位免费为顶岗实习生提供工作餐(参照实习协议)。

(11)实习生发生工伤或其他人身事故,实习单位按国家劳动保险条例规定办理。

(12)省内实习单位为实习生提供往返交通工具或交通费用,省外实习单位为实习生提供往返硬卧票的交通费用。

(13)实习单位每月按时发放实习费给实习生本人,实习费标准根据《实习协议书》执行,加班费等补贴按所在实习单位规定办理。

(14)实习单位负责解决实习期间外地实习生的住宿,实习单位如确实无法安排住宿,可发放相应的住宿补贴由学生自行解决。

(15)实习结束后,为实习生提供实习鉴定(含等第)或证书。

4.实习指导老师职责

实习指导老师的要求:实习指导老师应由责任心强、实践教学经验丰富、有一定组织管理能力的教师担任,负责顶岗实习学生的指导和管理工作。

(1)岗前教育(实习动员阶段)。

①出席实习动员会,向学生具体布置实习安排。

②负责发放实习材料,帮助学生落实好顶岗实习单位。

③根据各专业的实际情况,制订好实习指导工作计划,并交招生就业处。

④组织学生学习顶岗实习的有关文件,明确实习目的和要求,讲明时间安排和步骤,提出写实习周记、实习报告的要求,介绍实习单位情况和实习应注意的事项,宣布实习纪律等。

(2)指导实习(实习中间阶段)。

①负责收集学生顶岗实习相关的各种材料。掌握所有被指导学生在实习单位的状况等信息资料,并做好与学生联系指导的记录。

②向学生传达毕业有关的各种信息。

③实习指导老师必须充分了解《实习协议》《顶岗实习管理办法》,明确管理职责、权利和义务,并在实际工作中认真依照协议和管理办法推进整个实习指导工作。

④协助实习单位指导老师对学生进行业务指导和组织管理,每周至少与实习点小组长联系一次。每月至少与外地学生联系一次,并做好顶岗实习联系记录。每月走访本市学生实习单位一次,并做好走访记录。

⑤关心学生的工作和生活,维护学生的利益,及时提醒学生顶岗实习中的注意事项,加强学生职业道德和安全的教育,帮助学生解决实习中存在的问题。

⑥认真填写《顶岗实习指导日志》,及时反馈信息至院(系)部分管领导,院(系)部以此作为考核实习指导教师工作量的依据。

⑦实习指导老师应准时参加有关例会,研究实习巡视中发现的各种问题,提高顶岗实习管理质量。

(3)实习评定(实习结束阶段)。

①实习结束前,督促学生完成《实习小结》《实习鉴定》和《毕业生登记表》。

②学生完成实习小结后,实习指导教师督促实习单位做好顶岗实习生的考核鉴定工作。

③指导学生填写实习月记和撰写实习报告。
④负责学生实习考核和评定实习成绩。
(4)实习的指导方式。

可以根据专业性质和实习方式的不同,采取"全程式指导"或"巡回式指导"方式。

采取"全程式指导"方式,应安排专职指导老师进行全程实地指导。

采取"巡回式指导"方式,指导老师可采取邮件、QQ、电话联络等与实地探访相结合的方式进行指导,要求邮件、QQ、电话联络每周不少于一次,实地探访每学期不少于两次。

无论采取何种指导方式,指导老师都应将指导过程、指导内容及存在问题及时做好书面记录,每月向院(系)部汇报。采取邮件、QQ等联络方式的,必须以可证实的方式保留记录;采取实地探访,每次的指导过程、指导内容等填写在《顶岗实习联系记录》和《顶岗实习指导日志》中,作为考核的依据之一。

5. 实习小组正副组长职责

实习生按实习单位成立实习小组。实习组长人选由各院(系)部推荐,招生就业处确定。根据需要,可设立副组长,配合组长开展工作(实习点3～10人可配备组长,10～20人配备正副组长,20人以上配备一正两副组长,根据实际情况而定)。

组长的主要职责:
(1)配合指导老师组织本组实习生完成实习,开展各项工作;
(2)关心实习生的思想、工作与生活,及时反映实习生中存在的问题。
(3)带头遵守实习纪律,团结互助,共同完成实习任务。
(4)实习结束后,经小组讨论完成小组实习总结,提供本组优秀实习生名单和材料。

6. 实习生职责
(1)顶岗实习是学院教学计划的重要组成部分,所有学生都必须按专业教学计划的要求按时参加顶岗实习。对于集中安排的顶岗实习,无正当理由不参加者,不能获得相应学分。
(2)学生在实习期间一律不得以任何理由终止实习,按规定时间到实习单位进行顶岗实习。学生实习期未满,无正当理由不得擅离或调换实习单位。个别学生确因特殊情况,中途变更实习单位,必须向所在院(系)部提出书面申请报批(附接收单位的工作接收函或录用证明等材料,详见《变更实习单位的管理办法》),经招业就业处、分管院长批准后方可离开。未经学校及实习单位同意擅离岗位者,实习考核按不合格处理,期间发生的一切问题由学生本人负责。
(3)顶岗实习生应当严格遵守学院、院(系)部和实习单位的规章制度,服从管理,不迟到、不早退、不误工、不做损人利己、有损企业形象和学院声誉的事情。
(4)实习生应服从企业领导和企业指导老师的管理,服从分配,认真工作。
(5)实习生在实习期间必须服从该实习点组长、指导老师和所在院(系)部的管理,定期汇报。如遇到问题及时向指导老师(学院指定的实习指导老师或实习单位的培训主管老师)反映,重大问题应及时向院(系)部分管主任报告。

(6)学生到岗两天内必须报告校内指导老师,一周内将实习的作息时间安排告知指导老师,以便指导教师抽查指导;可通过电话、短信、QQ、E-mail、网上留言等方式,每周至少与校内指导教师保持联系一次。注意校园网上公布的与毕业生有关的信息。联系电话和工作地点发生变动时要及时通知指导老师和家长,并保证提供的联系方式正确有效,如因提供的联系方式出现问题,一切后果自负。

(7)学生实习期间,应积极主动与学校、院(系)部老师、专业老师、实习指导老师及家长保持紧密联系。若因个人原因联系不上而造成的不良后果或造成的损失由学生本人承担。

(8)按照顶岗实习计划、工作任务和岗位特点,安排好自己的学习、工作和生活,发扬艰苦朴素的工作作风和谦虚好学的精神,培养独立工作能力,努力提高业务技能。在实习期间,必须强化职业道德意识,爱岗敬业,遵纪守法,做一名诚实守信的实习生和文明礼貌的员工。

(9)在顶岗实习中,实习生不仅要接受岗位技能的训练,还要了解企业文化和行业标准,接受实习单位和学校双重制度管理。

(10)做个有心人,收集好与所学专业相关的工作资料等,按要求填写《顶岗实习周记》等材料,完成各项实习任务。

(11)在顶岗实习期间,学生若违犯国家法律、法规,移交司法机关处理。

(二)实习过程管理

1. 实习准备工作

(1)学生实习前,原则上必须修完人才培养方案中规定的课程,经考核合格,方可参加顶岗实习。

(2)实习前,仍有课程补考或清考不合格者,需经所在院(系)部和学院同意,填写《顶岗实习期间补课计划表》,在顶岗实习期间完成课业,经再次考核,各科成绩合格者,方可取得毕业证书。

(3)学生在顶岗实习离校之前,必须根据教育部有关规定(学生在实习期间仍为在校生),交清学费等有关费用。特殊困难的学生给所在院(系)部递交书面申请,由院(系)部根据国家相关政策协调处理。

(4)各院(系)部组织实习生召开实习动员会,认真学习《顶岗实习管理手册》,使学生明确和了解实习的目的、意义、要求、管理制度、奖罚办法、安全教育等。

(5)根据招生就业处公布的实习单位(集体定点实习单位),学生填写《实习生面试登记表》,选择与所学专业相符或相近的实习单位,并与所在院(系)部签订《学生顶岗实习协议书》。

(6)考虑到毕业生就业的自身情况,允许学生自行联系实习单位进行自主实习。自主实习的学生必须在学院推荐实习单位之前填写《学生自主实习申请表》,凭学生申请、家长承诺书、家长身份证复印件、用人单位出具的工作接收函或录用证明,经院(系)部审查通过后,到招生就业处办理相关审批手续。

(7)以实习点为单位进行统筹管理,推选一名学生为实习小组长,接受学校和实习单位的工作指导,实习小组长负责日常管理工作。

(8)所有学生均须在实习前三天到教务处、财务处等相关部门办理离校手续。离校手续原则上以班级为单位统一办理。

2. 实习期间的管理

(1)顶岗实习生具有双重身份,既是一名大学生,又是实习单位顶岗实习的一名员工。实习生必须严格遵守学院制定的实习生管理制度,要服从实习单位和学校的安排和管理,尊重实习单位的领导、实习指导教师和其他员工。如在实习期间违反单位的管理规定或因品德表现等原因被实习单位退回学校,则视为实习成绩不合格。

(2)自觉遵守国家法律法规,遵守实习单位和学校的规章制度,有事必须向实习单位指导教师和校内实习指导教师双方请假,不得擅自离岗,不做有损实习单位形象和学校声誉的事情,不参与一切违法犯罪活动。

(3)要有高度的安全防范意识,切实做好安全工作,牢记"安全第一",遵守安全管理规定,避免安全事故发生。对不遵守安全制度造成的事故,顶岗实习生本人要负全责;对工作不负责造成的损失,必须追究相关责任。

(4)实习生因违纪给学校或实习单位带来经济损失时,由实习生承担责任。若损失超出实习生偿还能力时,由实习生监护人负责偿还。

(5)实习生在岗点(位)工作期间,因客观原因造成的人身伤害,由院(系)部与相关单位接洽,按国家和实习单位有关规定办理;因违规操作或工作以外造成的人身伤害,由实习生本人负责。

(6)实习生实习期间严重违反学校或实习单位规章制度,被实习单位辞退,视情节轻重给予相应的处分。

(7)实习生受警告、严重警告、记过、留校察看处分记入学生档案。受到记过、留校察看处分的实习生的后期实习,由学校或院(系)部统一安排。如再次违纪,曾受到记过以上处分者则开除学籍。

实习生实习期间需遵守以下制度:

(1)实习生的出勤制度。

①严格遵守劳动纪律,按时上下班,不迟到、不早退、不旷工、不私自换班次。

②工作时间一律不准私自离开实习点。原则上不准请事假,如遇特殊情况,提前三天向实习单位人事部门负责人请假。

③严格请假制度。请假三天以上者必须填写《实习生病假(事假)申请表》,并提前三天向实习单位人事部门负责人请假,经实习单位和学院实习指导老师批准后方能离去,申请表复传真至院(系)部备案。累计缺勤超过实习时间1/3者,必须重新参加顶岗实习。

④病假须填写《实习生病假(事假)申请表》,并持实习所在地市级以上医院证明,

经实习单位人事部门负责人同意后方可休假,同时电话告知该实习点指导老师,报院(系)部备案。病休期间不得擅自外出。

⑤顶岗实习生未按规定请假,擅自休假、离职以旷课论处。

⑥请假获准后,办好各项交接班手续后方可离开。请假期满,应及时到人事部门销假,逾期不归按旷工处理。节日(包括春节)离开实习单位,也必须履行请假手续。

(2)实习生的工作制度。

①严格遵守实习单位的各项规章制度,听从主管人员指挥,服从工作安排,努力做好本职工作。

②上岗必须按实习单位要求着装,仪表仪容规范,使用礼貌用语。

③坚守岗位,尽职尽责,不串岗、不脱岗,不做与本职工作无关的事情。

④不利用工作时间及实习单位设备办私事、做私活。

⑤自尊自重,自强自立。如遇突发事情应沉着冷静,设法回避并及时报告主管人员及有关领导。

⑥拾到遗物主动上交,不私自动客人或实习单位的任何物品。

⑦爱护实习单位的公共财物。借用的物品必须妥善保管、按期归还;若有遗失或损坏,应按单位的有关规定赔偿。

⑧和实习单位员工友好相处。

⑨严禁在实习单位外私自打工。

(3)实习生的学习制度。

①努力钻研,虚心学习各工作岗位的专业技能,熟练掌握本专业和本岗位要求规定的基本知识和操作技能。

②严格按照操作流程工作,因违规操作造成的人身伤害,由实习生本人负责。

③认真做好实习记录,并定期进行整理。

④注意收集素材,为撰写实习报告、毕业论文(设计)做好准备。

(4)实习生的生活制度。

①保持艰苦奋斗本色,不奢侈浪费。

②同学之间相互关心、相互爱护、互相照顾;员工之间相互尊重。不使用粗言秽语,不得打架斗殴。

③不偷窃、不赌博、不酗酒、不吸烟。

④讲究个人卫生,勤洗澡、理发,勤剪指甲,保持衣着整洁。男生不留长发、怪发、不烫发,女生不浓妆艳抹。

⑤不乱丢纸屑、杂物,保持环境及宿舍卫生,做到床铺干净、被褥整洁。

⑥每天轮流值日,及时清扫、整理宿舍,保持宿舍整洁卫生。

⑦节约水电,离开宿舍前关灯,关闭电扇、空调等。

3. 实习工作结束

(1)学生实习结束时,必须按照所在实习单位的要求办理相关离岗手续,做好业务移交和办公物品归还等工作。

(2)实习生对照实习计划任务要求,结合自己工作完成的情况,填写《实习鉴定表》相关内容,完成《实习小结》《实习报告》。实习单位应在《实习鉴定表》相关栏目中签署意见,加盖单位公章,评定实习成绩。

(3)实习生按照学院规定的返校时间准时到校报到。

(4)参加所在院(系)部或班级组织的实习座谈会和实习经验交流会,推荐优秀实习生。

(三)实习鉴定与奖惩

1. 实习鉴定

(1)学生顶岗实习考核成绩按四级记分制计:A,优秀,100~90分;B,良好,89~70分;C,合格,69-60分;D,不合格,60分以下。具体考核内容包括职业素养、工作态度、敬业精神、专业技能、协作能力、创新意识、心理素质。

(2)实习单位对学生的考核:实习单位必须对实习生在每一个部门或岗位的表现进行考核,填写《顶岗实习综合评价表》,并签字确认,加盖单位公章。

(3)学院指导教师对学生的考核:对学生的实习整体情况进行总结、评定,并结合实习单位对学生的考核进行综合评价,填写《顶岗实习综合评价表》,评定等级。

(4)实习成绩按优秀、良好、合格、不合格四级记分制评定,记入学生档案。

(5)实习成绩不合格者,原则上不予毕业,发结业证书;结业后一年内可以向所在院(系)部申请补实习(补实习时间与规定实习时间必须一致)。经实习部门鉴定,实习成绩合格可换发毕业证书。逾期不补考或者补考不合格的,予以永久结业。

(6)顶岗实习成绩评定后,所有资料由各院(系)部统一收齐交招生就业处归档。

2. 奖惩办法

所有参加顶岗实习的专业都应参加评选活动,优秀实习生按实习生人数的10%提名,优秀指导教师按指导教师人数的30%提名。

各实习小组根据实习生管理考核标准、实习单位鉴定及院(系)部指导老师评定,评出20%的院(系)部级优秀实习生,同时评定推荐10%的学院级优秀实习生;学院将对优秀实习生给予奖励并优先推荐就业单位;按日常工作情况评选出优秀指导老师。

(1)优秀指导教师的评选条件:

①坚持四项基本原则,热爱教育事业,专心实习指导工作,切实按照教师的职业道德标准当好实习指导教师;

②工作认真责,任感心强,认真组织和指导实习生完成各项工作;

③以身作则,为人师表,当好实习生的表率;

④能够履行教师职责,做好实习生的指导工作。学生实习阶段没有出现重大的问题,受到实习单位的赞扬和好评;

⑤加强与实习单位的联系,尊重实习单位领导建议,认真协调和处理各方面的关系,全面掌握实习情况,能及时发现并采取措施解决实习中的问题。

(2)优秀实习生的评选条件:

①实习态度认真,勤奋好学,紧密联系实际,刻苦钻研业务;

②能根据岗位实际和专业特点,勇于创新,分析和解决实际问题,实习效果显著,受到实习单位的好评;

③具有良好的职业道德,服从实习安排,遵守学院和实习单位的规章制度,尊重指导教师和实习单位工作人员;

④具有良好的团队精神和人际关系,能积极发挥协作作用,有较强的社会活动能力。

⑤能积极参加用人单位的各项活动;

⑥个人实习资料齐备且质量较高,按时全面完成实习计划规定的各项任务,实习成绩优秀;

⑦有下列情形之一者,取消评选资格:

a. 无故缺勤(旷课);

b. 病、事假累计超过一周;

c. 违反实习单位规章制度(如工作时擅离职守、擅自开休假证明等)或因不服从分配等受到实习单位批评;

d. 因违反学院规章制度受到通报批评或纪律处分。

(3)奖励与处分:

①优秀实习生奖励办法。

a. 学校优秀实习生颁发奖状证书,并发文通报表彰;

b. 填写《优秀实习生登记表》,归入个人档案;

②实习生的处分。

下列行为属于违纪:

a. 无故迟到、早退;

b. 旷工;

c. 工作时间擅自外出、上网,不回宿舍过夜;

d. 由于工作轻率疏忽或不负责任引起客人不满或投诉;

e. 违反实习单位员工守则和工作纪律,造成不良影响;

f. 不服从实习单位管理,采取失礼或过激行为;

g. 私自在非实习单位以外兼职打工;

h. 盗窃或欺诈行为;

i. 打架斗殴,酗酒,赌博,参与色情活动,造成恶劣影响;

j. 同学之间不团结,拨弄是非,造成不良影响;

k. 实习期间严重违反实习单位规章制度,被实习单位辞退。

以上情节严重者,学院和实习单位有权责令该学生停止实习,并视情节轻重给予相应的纪律处分,具体处分参照《南京旅游职业学院学生处分规定》执行。

③对发生以下几种情况者,实习成绩以不合格处理:

a. 未经学院批准,不参加实习;

b. 不服从院(系)部实习安排,中途擅自离开实习岗位(参照实习生出勤制度);

c. 未经实习单位及院(系)部领导同意擅自终止实习;

d. 因病、因事缺席累计时间达实习规定时间1/3及以上,旷工达实习规定时间1/4及以上(有市级以上医院证明的除外);

e. 实习期间不遵守纪律,违反实习单位和学校纪律,造成恶劣影响;

f. 无实习鉴定或鉴定不合格。

实习成绩不合格者,学院只发给结业证书。在结业后一年内可以向所在院(系)部申请补实习(补实习时间与规定实习时间必须一致)。经实习部门鉴定,实习成绩合格者可换发毕业证书。逾期不补考或者补考不合格的,予以永久结业。

三、自主实习和变更实习单位的管理办法

考虑到毕业生就业的个人倾向性,允许学生联系与专业相符的单位实习,并提供该单位就业接收函。为了保证毕业实习工作的顺利进行,确保我校人才培养质量上达到教育部规定的目标,又能为学生创造更多的就业机会方便学生就业,特制定本管理办法。

(一)实习前申请

(1)欲自主实习学生必须在学院推荐实习单位一个月之前向院(系)部提出书面申请,填写《学生自主实习申请表》,并附单位接收就业函,院(系)部根据该生在校表现及实习总体安排签署意见。

(2)学生凭自主实习申请表、家长承诺书、家长身份证复印件、用人单位出具的工作接收函或录用证明(缺一不可)送到所在院(系)部,经院(系)部分管主任签字盖章后,将材料交招生就业处审核,并报分管副院长审批。

(3)如果实习单位不能明确该学生的实习岗位任务,或达不到正式录用的要求不予同意自主实习。

(4)接收单位出具的证明中必须包含以下内容:

①工作接收函或证明必须加盖人事部门公章;

②表示愿意接收学生在本单位参加顶岗工作见习并录用为正式员工;

③能为学生提供专业的指导以及生活和安全保障;

④有明确的实习地点、岗位和工作任务。

(5)申请自主实习的学生办理好有关手续后,按学院统一规定的时间赴单位实习,不得提前实习。

(二)实习期间申请

(1)为保证实习工作正常有序进行,在实习开始后两个月内和实习结束前两个月内均不得变更实习单位(原则上实习期间不允许变更实习单位)。

(2)进入实习单位两个月后,已与用人单位签订就业意向书的学生,可凭就业意向书以及接受实习单位证明(单位盖章)向原实习单位递交书面变更实习单位申请,

经原实习单位同意,填写《实习生变更实习单位申请表》,再转呈所在院(系)部审批,并报招就处、分管副院长审核备案。

(3)由招生就业处负责老师联系原实习单位,确定该实习生的具体离岗时间,实习生接通知后在规定时间内办理离职相关手续。

(三)变更实习单位所需材料和办理程序

(1)变更单位正式录用的接收工作函;
(2)学生向所在院(系)部提交变更实习单位的书面申请报告;
(3)学生填写变更实习单位申请表;
(4)父母签署的意见(责任承诺书),附家长身份证复印件;
(5)辅导员及院(系)部意见;
(6)招生就业处和分管院长签署意见;
(7)当前所在实习单位(转出单位)意见。

附工作接收函(样表)

工作接收函

南京旅游职业学院:

因公司发展需要,经研究决定,我单位(×××公司)经过面试选拔,贵校学生×××(性别:×,班级:××,身份证号码:×××)符合我公司各项招聘条件,现同意接收贵校×××同学来我单位见习,工作见习岗位为××,工作见习期×年×月×日至×年×月×日,该生毕业后,直接录用为公司正式员工。

特此证明。

单位(公章)
年 月 日

单位具体地址		
邮政编码		
单位隶属	□省属　　□市属　　□县(市、区)属 □中属　　□县以下(含乡镇、村、居委会)		
单位类别	□党政机关　　　　□科研设计单位 □高等教育单位　　□中等、初等教育单位 □医疗卫生单位　　□艰苦行业事业单位 □其他事业单位　　□公有制企业单位 □非公有制企业　　□部队 □艰苦行业企业　　□城镇社区 □农村建制村　　　□社会团体		
单位联系电话		联系人	

(四)有关经费

(1)转实习单位学生在新接受单位产生的实习费用全部由学生自行承担。
(2)实习工资、补贴等应按我院定点实习单位同等标准发放。

(五)关于实习成绩的认定

学生在原实习单位工作一段时间,申请变更实习单位,原实习单位须对学生给予考核,出具顶岗实习鉴定总成绩。新的实习单位可根据学生表现给予"阶段实习鉴定"。

(六)违纪处理

如未办理任何手续,私自转实习单位者一律按旷实习处理,视情节轻重按有关校纪校规处理,直至取消当年毕业资格。

(七)实习的有关要求

(1)自主实习(变更单位)的学生在实习期间必须严格遵守学院的各项实习管理规定。
(2)自主实习(变更单位)的学生必须按照学院该专业顶岗实习计划的要求完成实习任务,实习单位必须出具真实有效的实习考核成绩。
(3)自主实习(变更单位)的学生必须自觉遵守实习单位的各项规章制度。
(4)自主实习(变更单位)的学生实习期间由实习单位负责管理,学生应保持与学院安排的指导老师的沟通和联系,服从所在院(系)部和学生管理方面的总体安排。
(5)自主实习(变更单位)的学生必须与学院院(系)部签订协议,明确有关责任、义务和相关事宜。

四、境外研修和留学项目的管理办法*

为了规范境外研修和留学项目的管理,提高工作效率,特制定赴境外研修和留学选拔的管理办法和工作流程。

(一)赴境外研修和留学选拔的基本原则

(1)三年制学生原则上在第三学期可以参与赴境外研修培训、选拔和办理相关出国手续。
(2)五年制高职学生原则上在第七学期可以参与赴境外研修培训、选拔、办理相关出国手续。
(3)三年制学生在第三学期12月份至第四学期的5月份间通过所在院(系)部审核可以自愿参加境外研修项目的选拔。

---

* 此管理办法由学院国际交流中心提供。

(4) 五年制学生在第七学期 12 月份至第八学期 5 月份间通过所在院(系)部审核可以自愿参加境外研修项目的选拔。

(5) 欲赴境外研修的学生在学校安排国内实习前,由本人向所在院(系)部递交申请报告,经院(系)部审查批准后,统一参加英语测试,英语测试通过的同学可以留校参加有偿外语培训和境外研修选拔;若 12 月底没有被选上,则必须服从学校的实习安排。

(6) 中澳班学生必须完成两年全日制教学后才能赴境外研修,但可以提前参加选拔和办理出国手续。

(7) 通过境外研修外方正式面试,但又因个人原因放弃的同学,经所在院(系)部和国际交流中心甄别后,取消该同学今后参加学校组织的境外研修、留学和专升本等机会。

(8) 申请参加国外留学的学生可以在实习前,由本人和家长向所在院(系)部提出申请,参加雅思、托福培训与考试,但必须将培训班和考试等相关证明报所在院(系)部,由院(系)部审核批准。在实习前雅思、托福等成绩达到规定标准的学生,经院(系)部报教务审批后,可以利用实习期直接参加我院的留学项目出国留学,学校文凭正常办理。

(9) 交换生原则首先考虑同类专业和外语学习较好的学生,其次考虑其他专业的学生。

(二) 工作流程(见附图 41 - 4)

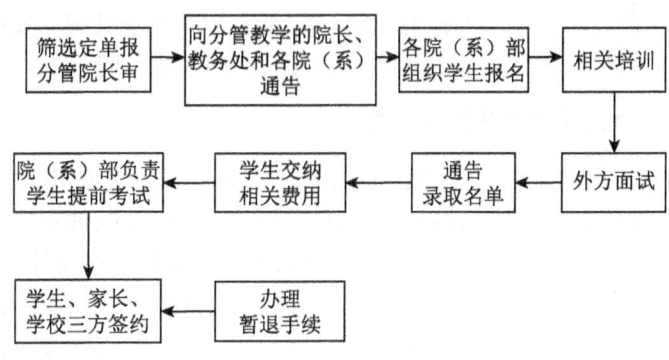

附图 41 - 4　赴境外研修流程图

(1) 国际交流中心根据赴境外研修和留学选拔的基本原则筛选境外研修项目的订单,报分管院长审批。

(2) 项目订单由分管院长审批后,国际交流中心负责向分管教学的院长、教务处和各院(系)部通告。

(3) 各院(系)部负责组织学生报名,审核后报国际交流中心。

(4) 各相关院(系)部负责做好面试前的培训和其他相关工作。

(5) 国际交流中心负责组织由(系)部审核过的学生参加外方面试。

(6)国际交流中心负责向分管院长、教务处和各院(系)部通告录取名单。

(7)国际交流中心负责通知各院(系)部已录取的学生交纳管理费、保证金和下学年的学费。

(8)各院(系)部负责组织赴境外研修学生提前结束未完成课程的考试,相关方案由各院(系)部报教务处审核备案(原则上外语和专业相关课程免考)。

(9)国际交流中心负责召开家长会,并与家长、学生签订三方合约。

(10)国际交流中心负责通知学生办理境外研修离校前的暂退手续,暂退表由国际交流中心保管。办理暂退手续涉及的部门:财务处、学生公寓、图书馆、所在院(系)部、学工处、国际交流中心和教务处(教务处只备案,不盖章)。

(11)研修生因特殊原因(因病、受伤、家庭原因等)提前结束境外实习,但未完成实习计划仍在实习期阶段(未毕业),回国后及时到院(系)部和国际交流中心报到注册,由国际交流中心告知招生就业处,统一安排在国内继续实习。

(12)研修生因提前赴境外实习并完成研修计划回国后,所学专业仍在实习期(未毕业),应及时到院(系)部和国际交流中心报到注册,由国际交流中心告知招生就业处,统一安排二次实习;如有部分课程未完成,由院(系)部和教务处安排补课。

(13)境外研修生由于外方原因不能按期履行实习计划,允许学生放弃境外研修(与外方产生费用等问题由学生本人负责处理)。返校的研修生向国际交流中心提交《境外研修生变更实习申请表》,申请国内实习,由国际交流中心签署意见后报分管院长批准,转至所在院(系)部和招生就业处备案。

(14)放弃境外研修实习的学生,需向所在班级辅导员和院(系)部报到,补办实习相关手续,签订《顶岗实习协议书》,并由院(系)部和招生就业处统一安排实习或自主实习(自主实习参照《自主实习和变更实习单位的管理办法》执行)。

(三)赴国(境)外研修学生管理办法

(1)赴国(境)外研修的学历生施行院系两级管理。国际交流中心负责外方接洽、拟定实习协议、组织选拔和协调管理等工作;各院(系)按学院规定协助国际交流中心做好研修(实习)生的选拔、考核及实习期间的实习汇报和毕业设计等工作。

(2)各院(系)部根据国际交流中心提供的研修项目做好报名学生的资格审核工作,赴国(境)外研修的学历生,已学课程成绩须合格(含补考或清考合格),且未受过处分(受过处分的必须在出国前撤销),方可赴国(境)外研修。

(3)学生提前赴非本专业外语的国家或地区研修,需在出发前向所在系提出申请。实习返校后参加由所在系安排的本专业外语测试,合格后准予毕业。测试内容为学生本专业外语的口语和听力。

(4)学生在国(境)外研修期间所学习的非本专业的外语成绩,由实习单位出具成绩等证明,记入该生学籍档案。研修结束后,实习单位出具研修证明和实习鉴定。

五、南京旅游职业学院实习就业基地管理办法

第一章 总 则

第一条 为规范实习就业基地的建设与管理,更好地发挥实习就业基地提升毕业生就业能力的作用,根据国务院办公厅《关于加强普通高等学校毕业生就业工作的通知》(国办发〔2009〕3号)、江苏省教育厅《江苏省贯彻落实〈关于引导和鼓励高校毕业生面向基层就业的意见〉的实施方案》(苏办发〔2006〕18号)精神,切实加强我院实习就业基地的建设与管理,特制定本办法。

第二条 实习就业基地是提供学生顶岗实习、毕业生就业工作的重要载体,是加强校企合作,共同培育旅游人才,为企业选才用才提供渠道,促进高校毕业生更好更快地实现充分就业的平台。主要任务是:为学生提供顶岗实习和就业培训,提升工作技能和就业竞争力,促进供需见面,实现尽快就业。

第三条 实习、就业基地的建设与管理由招生就业处负责统筹管理,院(系)部参与,实行院(系)部二级管理机制。

第四条 实习、就业基地的建立和管理。实行优胜劣汰的动态管理机制,对实习生管理不到位的单位实行淘汰制,实习就业基地每年考核评估一次。

第五条 新实习就业基地的设立。由院(系)部根据专业设置和专业对口单位实际情况,在每年的3月下旬前申报,招生就业处经过资格审核,报分管院长审核批准。

第二章 管理机构与职责

第六条 招生就业处负责实习、就业基地的管理具体工作,主要职责为:
(一)负责制定学院实习、就业基地总体方案并组织实施工作。
(二)负责受理院(系)部实习、就业基地的设立申报和资格审核工作。
(三)负责学院就业、就业基地的校企合作、管理、协调工作。
(四)负责组织学院实习、就业基地公益性的供需交流活动。
(五)负责受理院(系)部实习、就业基地考察经费的预算审核及报销。
(六)负责做好实习、就业基地岗位招聘资格审核汇总、公示工作。

第七条 院(系)部负责实习、就业基地具体管理工作,主要职责为:
(一)负责根据教学计划下达的就业实习计划,接受学生报名,制订实习、就业方案,确定指导老师,组织开展实习和就业培训活动,落实各项实习、就业措施。
(二)负责实习生思想政治教育工作,引导实习生树立正确的人生观、价值观、就业观。
(三)负责顶岗实习生的考核工作,出具实习考核意见。
(四)负责推荐、安排顶岗实习生的就业工作。
(五)根据教学和就业实际情况,及时对实习就业方案、相关实习就业措施进行整改。

第八条　协助做好实习生在基地就业顶岗实习的相关工作。

第三章　实习就业基地的设立

第九条　实习就业基地的设置应符合我院学生实习就业工作的需要，根据专业设置和教学基地建设发展的需求，统筹规划，合理布局。

第十条　实习就业基地单位原则上应为企事业单位，并具备下列基本条件：

（一）具有一定规模和良好的社会信誉，具有从事高校毕业生就业实习工作的积极性。

（二）能持续提供相当数量的适合我院学生顶岗实习、就业的岗位，能为实习、就业学生提供良好的学习、工作、生活条件，提供一定的基本生活补贴和必要的劳保用品，办理人身意外伤害保险，保证实习人员顺利完成实习任务。

（三）管理层具有强烈的人才意识，重视人才培养与人才队伍建设，热心社会公益事业。

（四）具有对实习学生进行顶岗实习指导的师资力量和专业人员。

（五）能够按照要求对实习、就业学生进行有效管理。

第十一条　由拟设实习就业基地用人单位直接向招生就业处提出申请，招生就业处根据用人单位可提供学生实习就业的岗位，安排相关专业老师考察审核，合格后，报分管院长审批。

第十二条　申请设立实习就业基地应提交下列材料：

（一）《南京旅游职业学院毕业生实习就业基地申报表》；

（二）单位营业执照（法人登记证或主管部门批文副本）原件及复印件；

（三）单位简介，实习生、毕业生就业见习岗位需求信息；

（四）就业指导师资队伍的情况说明；

（五）可行的高校实习就业管理方案。

第十三条　审批合格的实习就业基地，由学院招生就业处负责牵头与基地单位签订协议后正式挂牌运行。实习就业基地挂牌期限为3年，3年期满后经考核合格的可继续挂牌。

第十四条　实习就业基地在挂牌期限内因管理不到位或其他不可抗力因素，不再具备基地设立条件的，由学院招生就业处负责和院（系）部评估认定后中止协议，取消实习就业基地资格。

第四章　示范实习就业基地的评选办法

为了贯彻落实《国务院关于大力发展职业教育的决定》（国发〔2005〕35号）和全国职教工作会议精神，进一步深化校企合作建设，促进实习就业基地的建设和发展，优化育人环境，提高人才培养质量，根据人才培养方案，决定在实习单位中遴选出若干家校外示范实习就业基地。具体评选办法如下：

(一)指导思想和评价指标(见附表41-5)

努力贯彻职业教育"以服务为宗旨,以就业为导向"的教育方针,深化校企合作,形成校企按需组合、相互支持、共同发展的良好局面,促进技能型人才的培养和毕业生的就业,更好地为旅游事业服务,推动旅游业发展。

附表41-5 示范就业基地评价指标

一级指标	二级指标	主要评估点	分值
A.见习条件(26)	规模与条件	接受岗位	4
		实训条件	6
		食宿状况	4
		环境状况	6
		安全状况	6
B.见习管理(24)	建立	建立时间	4
	稳定性	合作协议	4
		建设规划	4
		使用状况	4
	管理	规章制度	4
		资料保存	4
C.培训体系(30)	实习导师	导师配置	4
	岗前培训	大纲与教材	6
	实习计划	培训计划制订与执行	10
	校企合作	教师实践岗位	10
D.见习效果(20)	见习效果	实习教学效果	20

注:1.评价指标划分为A、B、C、D四档,表中只给出A、C的标准,低于A高于C为B,低于C为D。2.每项得分=分值×等级系数(等级系数:A=1.0;B=0.75;C=0.5;D=0.25)。3.评分等级:85~100分为优秀;75~84分为良好;60~74分为合格;低于60分为不合格。4.评价总分等于每项得分之和。

(二)评选范围和标准

1.评选范围

与学院建立了长期紧密的合作关系,为实习生、毕业生提供了优质的实习实训岗位和就业岗位,在开展校企合作方面起示范作用的企业。

2.评选标准

(1)基本条件:示范实习就业基地应认真贯彻执行国家有关法律法规,取得了良好经济效益和社会效益;能积极配合学校按照教学大纲的要求安排实习就业工作对就业、实习工作有高度的积极性,热心参与学校实践教学工作,积极为教学提供帮助;有一支业务素质高、工作认真负责的基地建设团队和指导教师队伍,有适合毕业生、实习生见习的岗位;具有一定规模,与学院校企合作签约满三年、合作育人取得较好成效的知名企业。

(2)见习岗位:示范实习就业基地应具有较高管理水准,具备有利于发挥实习生、毕业生专长的岗位。示范基地应确保连续3年年均实习岗位数量在10人以上,且留用人员数不低于实习人数的20%。

(3)组织领导:示范实习就业基地应具备接纳实习生管理的组织机构。管理严格规范,能切实解决实习生在工作、生活中遇到的困难和问题;能够为实习生提供生活补贴和住宿;实习结束后能对实习生进行考核鉴定,并颁发相应的实习证明。

(4)管理制度:示范实习就业基地应具备规范的内部管理制度和工作规章制度,有健全的劳动安全卫生制度,并能严格执行国家劳动安全、卫生规定和标准,能够为实习生、毕业生提供人身意外伤害保险等。培养学生实践能力和就业能力的措施完善,运行成效显著。

(5)培训体系:示范实习就业基地应具备较为完备的实习就业培训体系,能按照实际需求对实习生进行岗位培训和劳动安全卫生教育,能与学院及实习生和指导老师进行有效地沟通,遇到问题处理及时,责任明确。能不断总结实习就业工作经验,积极为校企合作实践教学创造良好的条件。

六、其他

实习期间因病或其他重大原因暂停实习的管理办法:

(1)由本人提出书面申请,填写《实习生病假(事假)申请表》,向辅导员、院(系)部分管主任(院招生就业处)领导说明情况(因病必须有实习所在地市级以上医院证明)。

(2)经院(系)部分管主任核实、招生就业处批准,并与实习单位部门管理负责人和人力资源部领导商议暂停实习。

(3)经院(系)部、招生就业处确认后,本人在实习单位相关部门办理离岗手续后方可离开实习单位。

(4)将实习单位证明一份交院(系)部,一份交招生就业处备案。

(5)学生康复后通知院(系)部,允许重新参加实习并重新考核,费用自理。

七、各类表格下载

附表1:南京旅游职业学院顶岗实习期间补课计划表
附表2:南京旅游职业学院学生自主实习申请表

附表3:南京旅游职业学院顶岗实习月记
附表4:南京旅游职业学院顶岗实习指导联系记录
附表5:南京旅游职业学院顶岗实习指导日志
附表6:南京旅游职业学院实习生鉴定表
附表7:南京旅游职业学院实习生变更实习单位申请表
附表8:南京旅游职业学院实习生病假(事假)申请表
附表9:南京旅游职业学院优秀实习指导教师申报表
附表10:南京旅游职业学院优秀实习生申报表
附表11:南京旅游职业学院顶岗实习生面试登记表
附表12:南京旅游职业学院顶岗实习协议书(学生用)
附表13:南京旅游职业学院境外研修生变更实习申请表
附表14:南京旅游职业学院境外研修实习申请表

附录42　国务院关于加快发展现代职业教育的决定

国发〔2014〕19号

各省、自治区、直辖市人民政府，国务院各部委、各直属机构：

近年来，我国职业教育事业快速发展，体系建设稳步推进，培养培训了大批中高级技能型人才，为提高劳动者素质、推动经济社会发展和促进就业作出了重要贡献。同时也要看到，当前职业教育还不能完全适应经济社会发展的需要，结构不尽合理，质量有待提高，办学条件薄弱，体制机制不畅。加快发展现代职业教育，是党中央、国务院作出的重大战略部署，对于深入实施创新驱动发展战略，创造更大人才红利，加快转方式、调结构、促升级具有十分重要的意义。现就加快发展现代职业教育作出以下决定。

一、总体要求

（一）指导思想。以邓小平理论、"三个代表"重要思想、科学发展观为指导，坚持以立德树人为根本，以服务发展为宗旨，以促进就业为导向，适应技术进步和生产方式变革以及社会公共服务的需要，深化体制机制改革，统筹发挥好政府和市场的作用，加快现代职业教育体系建设，深化产教融合、校企合作，培养数以亿计的高素质劳动者和技术技能人才。

（二）基本原则。

——政府推动、市场引导。发挥好政府保基本、促公平作用，着力营造制度环境、制定发展规划、改善基本办学条件、加强规范管理和监督指导等。充分发挥市场机制作用，引导社会力量参与办学，扩大优质教育资源，激发学校发展活力，促进职业教育与社会需求紧密对接。

——加强统筹、分类指导。牢固确立职业教育在国家人才培养体系中的重要位置，统筹发展各级各类职业教育，坚持学校教育和职业培训并举。强化省级人民政府统筹和部门协调配合，加强行业部门对本部门、本行业职业教育的指导。推动公办与民办职业教育共同发展。

——服务需求、就业导向。服务经济社会发展和人的全面发展，推动专业设置与产业需求对接，课程内容与职业标准对接，教学过程与生产过程对接，毕业证书与职业资格证书对接，职业教育与终身学习对接。重点提高青年就业能力。

——产教融合、特色办学。同步规划职业教育与经济社会发展，协调推进人力资源开发与技术进步，推动教育教学改革与产业转型升级衔接配套。突出职业院校办学特色，强化校企协同育人。

——系统培养、多样成才。推进中等和高等职业教育紧密衔接，发挥中等职业教育在发展现代职业教育中的基础性作用，发挥高等职业教育在优化高等教育结构中的重要作用。加强职业教育与普通教育沟通,为学生多样化选择、多路径成才搭建"立交桥"。

(三)目标任务。到2020年,形成适应发展需求、产教深度融合、中职高职衔接、职业教育与普通教育相互沟通,体现终身教育理念,具有中国特色、世界水平的现代职业教育体系。

——结构规模更加合理。总体保持中等职业学校和普通高中招生规模大体相当,高等职业教育规模占高等教育的一半以上,总体教育结构更加合理。到2020年,中等职业教育在校生达到2350万人,专科层次职业教育在校生达到1480万人,接受本科层次职业教育的学生达到一定规模。从业人员继续教育达到3.5亿人次。

——院校布局和专业设置更加适应经济社会需求。调整完善职业院校区域布局,科学合理设置专业,健全专业随产业发展动态调整的机制,重点提升面向现代农业、先进制造业、现代服务业、战略性新兴产业和社会管理、生态文明建设等领域的人才培养能力。

——职业院校办学水平普遍提高。各类专业的人才培养水平大幅提升,办学条件明显改善,实训设备配置水平与技术进步要求更加适应,现代信息技术广泛应用。专兼结合的"双师型"教师队伍建设进展显著。建成一批世界一流的职业院校和骨干专业,形成具有国际竞争力的人才培养高地。

——发展环境更加优化。现代职业教育制度基本建立,政策法规更加健全,相关标准更加科学规范,监管机制更加完善。引导和鼓励社会力量参与的政策更加健全。全社会人才观念显著改善,支持和参与职业教育的氛围更加浓厚。

二、加快构建现代职业教育体系

(四)巩固提高中等职业教育发展水平。各地要统筹做好中等职业学校和普通高中招生工作,落实好职普招生大体相当的要求,加快普及高中阶段教育。鼓励优质学校通过兼并、托管、合作办学等形式,整合办学资源,优化中等职业教育布局结构。推进县级职教中心等中等职业学校与城市院校、科研机构对口合作,实施学历教育、技术推广、扶贫开发、劳动力转移培训和社会生活教育。在保障学生技术技能培养质量的基础上,加强文化基础教育,实现就业有能力、升学有基础。有条件的普通高中要适当增加职业技术教育内容。

(五)创新发展高等职业教育。专科高等职业院校要密切产学研合作,培养服务区域发展的技术技能人才,重点服务企业特别是中小微企业的技术研发和产品升级,加强社区教育和终身学习服务。探索发展本科层次职业教育。建立以职业需求为导向、以实践能力培养为重点、以产学结合为途径的专业学位研究生培养模式。研究建立符合职业教育特点的学位制度。原则上中等职业学校不升格为或并入高等职业院校,专科高等职业院校不升格为或并入本科高等学校,形成定位清晰、科学合理的职业教育层次结构。

（六）引导普通本科高等学校转型发展。采取试点推动、示范引领等方式，引导一批普通本科高等学校向应用技术类型高等学校转型，重点举办本科职业教育。独立学院转设为独立设置高等学校时，鼓励其定位为应用技术类型高等学校。建立高等学校分类体系，实行分类管理，加快建立分类设置、评价、指导、拨款制度。招生、投入等政策措施向应用技术类型高等学校倾斜。

（七）完善职业教育人才多样化成长渠道。健全"文化素质+职业技能"、单独招生、综合评价招生和技能拔尖人才免试等考试招生办法，为学生接受不同层次高等职业教育提供多种机会。在学前教育、护理、健康服务、社区服务等领域，健全对初中毕业生实行中高职贯通培养的考试招生办法。适度提高专科高等职业院校招收中等职业学校毕业生的比例、本科高等学校招收职业院校毕业生的比例。逐步扩大高等职业院校招收有实践经历人员的比例。建立学分积累与转换制度，推进学习成果互认衔接。

（八）积极发展多种形式的继续教育。建立有利于全体劳动者接受职业教育和培训的灵活学习制度，服务全民学习、终身学习，推进学习型社会建设。面向未升学初高中毕业生、残疾人、失业人员等群体广泛开展职业教育和培训。推进农民继续教育工程，加强涉农专业、课程和教材建设，创新农学结合模式。推动一批县(市、区)在农村职业教育和成人教育改革发展方面发挥示范作用。利用职业院校资源广泛开展职工教育培训。重视培养军地两用人才。退役士兵接受职业教育和培训，按照国家有关规定享受优待。

三、激发职业教育办学活力

（九）引导支持社会力量兴办职业教育。创新民办职业教育办学模式，积极支持各类办学主体通过独资、合资、合作等多种形式举办民办职业教育；探索发展股份制、混合所有制职业院校，允许以资本、知识、技术、管理等要素参与办学并享有相应权利。探索公办和社会力量举办的职业院校相互委托管理和购买服务的机制。引导社会力量参与教学过程，共同开发课程和教材等教育资源。社会力量举办的职业院校与公办职业院校具有同等法律地位，依法享受相关教育、财税、土地、金融等政策。健全政府补贴、购买服务、助学贷款、基金奖励、捐资激励等制度，鼓励社会力量参与职业教育办学、管理和评价。

（十）健全企业参与制度。研究制定促进校企合作办学有关法规和激励政策，深化产教融合，鼓励行业和企业举办或参与举办职业教育，发挥企业重要办学主体作用。规模以上企业要有机构或人员组织实施职工教育培训、对接职业院校，设立学生实习和教师实践岗位。企业因接受实习生所实际发生的与取得收入有关的、合理的支出，按现行税收法律规定在计算应纳税所得额时扣除。多种形式支持企业建设兼具生产与教学功能的公共实训基地。对举办职业院校的企业，其办学符合职业教育发展规划要求的，各地可通过政府购买服务等方式给予支持。对职业院校自办的、以服务学生实习实训为主要目的的企业或经营活动,按照国家有关规定享受税收等优惠。支持企业通过校企合作共同培养培训人才,不断提升企业价值。企业开展职业教育的情况纳入企业社会责任报告。

(十一)加强行业指导、评价和服务。加强行业指导能力建设,分类制定行业指导政策。通过授权委托、购买服务等方式,把适宜行业组织承担的职责交给行业组织,给予政策支持并强化服务监管。行业组织要履行好发布行业人才需求、推进校企合作、参与指导教育教学、开展质量评价等职责,建立行业人力资源需求预测和就业状况定期发布制度。

(十二)完善现代职业学校制度。扩大职业院校在专业设置和调整、人事管理、教师评聘、收入分配等方面的办学自主权。职业院校要依法制定体现职业教育特色的章程和制度,完善治理结构,提升治理能力。建立学校、行业、企业、社区等共同参与的学校理事会或董事会。制定校长任职资格标准,推进校长聘任制改革和公开选拔试点。坚持和完善中等职业学校校长负责制、公办高等职业院校党委领导下的校长负责制。建立企业经营管理和技术人员与学校领导、骨干教师相互兼职制度。完善体现职业院校办学和管理特点的绩效考核内部分配机制。

(十三)鼓励多元主体组建职业教育集团。研究制定院校、行业、企业、科研机构、社会组织等共同组建职业教育集团的支持政策,发挥职业教育集团在促进教育链和产业链有机融合中的重要作用。鼓励中央企业和行业龙头企业牵头组建职业教育集团。探索组建覆盖全产业链的职业教育集团。健全联席会、董事会、理事会等治理结构和决策机制。开展多元投资主体依法共建职业教育集团的改革试点。

(十四)强化职业教育的技术技能积累作用。制定多方参与的支持政策,推动政府、学校、行业、企业联动,促进技术技能的积累与创新。推动职业院校与行业企业共建技术工艺和产品开发中心、实验实训平台、技能大师工作室等,成为国家技术技能积累与创新的重要载体。职业院校教师和学生拥有知识产权的技术开发、产品设计等成果,可依法依规在企业作价入股。

四、提高人才培养质量

(十五)推进人才培养模式创新。坚持校企合作、工学结合,强化教学、学习、实训相融合的教育教学活动。推行项目教学、案例教学、工作过程导向教学等教学模式。加大实习实训在教学中的比重,创新顶岗实习形式,强化以育人为目标的实习实训考核评价。健全学生实习责任保险制度。积极推进学历证书和职业资格证书"双证书"制度。开展校企联合招生、联合培养的现代学徒制试点,完善支持政策,推进校企一体化育人。开展职业技能竞赛。

(十六)建立健全课程衔接体系。适应经济发展、产业升级和技术进步需要,建立专业教学标准和职业标准联动开发机制。推进专业设置、专业课程内容与职业标准相衔接,推进中等和高等职业教育培养目标、专业设置、教学过程等方面的衔接,形成对接紧密、特色鲜明、动态调整的职业教育课程体系。全面实施素质教育,科学合理设置课程,将职业道德、人文素养教育贯穿培养全过程。

(十七)建设"双师型"教师队伍。完善教师资格标准,实施教师专业标准。健全教师专业技术职务(职称)评聘办法,探索在职业学校设置正高级教师职务(职称)。加强校长培训,实行五年一周期的教师全员培训制度。落实教师企业实践制度。政府要支持学校按照有关规定自主聘请兼职教师。完善企业工程技术人员、高技能人才到职业院校担任专兼职教师的相关政策,兼职教师任教情况应作为其业绩考核评价的重要内容。加强职业技术师范院校建设。推进高水平学校和大中型企业共建"双师型"教师培养培训基地。地方政府要比照普通高中和高等学校,根据职业教育特点核定公办职业院校教职工编制。加强职业教育科研教研队伍建设,提高科研能力和教学研究水平。

(十八)提高信息化水平。构建利用信息化手段扩大优质教育资源覆盖面的有效机制,推进职业教育资源跨区域、跨行业共建共享,逐步实现所有专业的优质数字教育资源全覆盖。支持与专业课程配套的虚拟仿真实训系统开发与应用。推广教学过程与生产过程实时互动的远程教学。加快信息化管理平台建设,加强现代信息技术应用能力培训,将现代信息技术应用能力作为教师评聘考核的重要依据。

(十九)加强国际交流与合作。完善中外合作机制,支持职业院校引进国(境)外高水平专家和优质教育资源,鼓励中外职业院校教师互派、学生互换。实施中外职业院校合作办学项目,探索和规范职业院校到国(境)外办学。推动与中国企业和产品"走出去"相配套的职业教育发展模式,注重培养符合中国企业海外生产经营需求的本土化人才。积极参与制定职业教育国际标准,开发与国际先进标准对接的专业标准和课程体系。提升全国职业院校技能大赛国际影响。

五、提升发展保障水平

(二十)完善经费稳定投入机制。各级人民政府要建立与办学规模和培养要求相适应的财政投入制度,地方人民政府要依法制定并落实职业院校生均经费标准或公用经费标准,改善职业院校基本办学条件。地方教育附加费用于职业教育的比例不低于30%。加大地方人民政府经费统筹力度,发挥好企业职工教育培训经费以及就业经费、扶贫和移民安置资金等各类资金在职业培训中的作用,提高资金使用效益。县级以上人民政府要建立职业教育经费绩效评价制度、审计监督公告制度、预决算公开制度。

(二十一)健全社会力量投入的激励政策。鼓励社会力量捐资、出资兴办职业教育,拓宽办学筹资渠道。通过公益性社会团体或者县级以上人民政府及其部门向职业院校进行捐赠,其捐赠按照现行税收法律规定在税前扣除。完善财政贴息贷款等政策,健全民办职业院校融资机制。企业要依法履行职工教育培训和足额提取教育培训经费的责任,一般企业按照职工工资总额的1.5%足额提取教育培训经费,从业人员技能要求高、实训耗材多、培训任务重、经济效益较好的企业可按2.5%提取,其中用于一线职工教育培训的比例不低于60%。除国务院财政、税务主管部门另有规定外,企业发生的职工教育经费支出,不超过工资薪金总额2.5%的部分,准予扣除;超过部分,准予在以后纳税年度结转扣除。对不按规定提取和使用教育培训经费并拒不改正的企业,由县级以上地方人民政府依法收取企业应当承担的职业教育经费,统筹用于本地区的职业教育。探索利用国(境)外资金发展职业教育的途径和机制。

(二十二)加强基础能力建设。分类制定中等职业学校、高等职业院校办学标准,到2020年实现基本达标。在整合现有项目的基础上实施现代职业教育质量提升计划,推动各地建立完善以促进改革和提高绩效为导向的高等职业院校生均拨款制度,引导高等职业院校深化办学机制和教育教学改革;重点支持中等职业学校改善基本办学条件,开发优质教学资源,提高教师素质;推动建立发达地区和欠发达地区中等职业教育合作办学工作机制。继续实施中等职业教育基础能力建设项目。支持一批本科高等学校转型发展为应用技术类型高等学校。地方人民政府、相关行业部门和大型企业要切实加强所办职业院校基础能力建设,支持一批职业院校争创国际先进水平。

(二十三)完善资助政策体系。进一步健全公平公正、多元投入、规范高效的职业教育国家资助政策。逐步建立职业院校助学金覆盖面和补助标准动态调整机制,加大对农林水地矿油核等专业学生的助学力度。有计划地支持集中连片特殊困难地区内限制开发和禁止开发区初中毕业生到省(区、市)内外经济较发达地区接受职业教育。完善面向农民、农村转移劳动力、在职职工、失业人员、残疾人、退役士兵等接受职业教育和培训的资助补贴政策,积极推行以直补个人为主的支付办法。有关部门和职业院校要切实加强资金管理,严查"双重学籍""虚假学籍"等问题,确保资助资金有效使用。

(二十四)加大对农村和贫困地区职业教育支持力度。服务国家粮食安全保障体系建设,积极发展现代农业职业教育,建立公益性农民培养培训制度,大力培养新型职业农民。在人口集中和产业发展需要的贫困地区建好一批中等职业学校。国家制定奖补政策,支持东部地区职业院校扩大面向中西部地区的招生规模,深化专业建设、课程开发、资源共享、学校管理等合作。加强民族地区职业教育,改善民族地区职业院校办学条件,继续办好内地西藏、新疆中职班,建设一批民族文化传承创新示范专业点。

(二十五)健全就业和用人的保障政策。认真执行就业准入制度,对从事涉及公共安全、人身健康、生命财产安全等特殊工种的劳动者,必须从取得相应学历证书或职业培训合格证书并获得相应职业资格证书的人员中录用。支持在符合条件的职业院校设立职业技能鉴定所(站),完善职业院校合格毕业生取得相应职业资格证书的办法。各级人民政府要创造平等就业环境,消除城乡、行业、身份、性别等一切影响平等就业的制度障碍和就业歧视;党政机关和企事业单位招用人员不得歧视职业院校毕业生。结合深化收入分配制度改革,促进企业提高技能人才收入水平。鼓励企业建立高技能人才技能职务津贴和特殊岗位津贴制度。

六、加强组织领导

（二十六）落实政府职责。完善分级管理、地方为主、政府统筹、社会参与的管理体制。国务院相关部门要有效运用总体规划、政策引导等手段以及税收金融、财政转移支付等杠杆，加强对职业教育发展的统筹协调和分类指导；地方政府要切实承担主要责任，结合本地实际推进职业教育改革发展，探索解决职业教育发展的难点问题。要加快政府职能转变，减少部门职责交叉和分散，减少对学校教育教学具体事务的干预。充分发挥职业教育工作部门联席会议制度的作用，形成工作合力。

（二十七）强化督导评估。教育督导部门要完善督导评估办法，加强对政府及有关部门履行发展职业教育职责的督导；要落实督导报告公布制度，将督导报告作为对被督导单位及其主要负责人考核奖惩的重要依据。完善职业教育质量评价制度，定期开展职业院校办学水平和专业教学情况评估，实施职业教育质量年度报告制度。注重发挥行业、用人单位作用，积极支持第三方机构开展评估。

（二十八）营造良好环境。推动加快修订职业教育法。按照国家有关规定，研究完善职业教育先进单位和先进个人表彰奖励制度。落实好职业教育科研和教学成果奖励制度，用优秀成果引领职业教育改革创新。研究设立职业教育活动周。大力宣传高素质劳动者和技术技能人才的先进事迹和重要贡献，引导全社会确立尊重劳动、尊重知识、尊重技术、尊重创新的观念，促进形成"崇尚一技之长、不唯学历凭能力"的社会氛围，提高职业教育社会影响力和吸引力。

国务院
2014 年 5 月 2 日

附录43　教育部关于职业学校学生顶岗实习管理规定(试行)

第一章　总则

第一条　为规范和推进职业学校开展学生顶岗实习工作,维护顶岗实习学生、学校和企业的合法权益,提高技能型人才培养质量,依据《中华人民共和国教育法》《中华人民共和国职业教育法》《中华人民共和国劳动法》和《中华人民共和国安全生产法》《国务院关于大力发展职业教育的决定》等,制定本规定。

第二条　本规定所称学生顶岗实习,是指职业学校按照专业培养目标要求和教学计划安排,组织在校学生到企(事)业等用人单位的实际工作岗位进行的实习。

本规定适用于各类中等和高等职业学校(以下简称"学校")。

第三条　学校组织学生顶岗实习,应当遵守相关法律法规,全面贯彻国家的教育方针,实施素质教育,坚持教育与生产劳动和社会实践相结合,遵循学生成长规律和职业能力形成规律,培养学生职业道德、职业技能,提高教育质量,促进学生全面发展和稳定就业。

第四条　顶岗实习应当按照育人为本、学以致用、专业对口、理论与实践相结合的原则实施。

第二章　组织与计划

第五条　中等职业学校学生顶岗实习工作按学校隶属关系,由学校举办方进行管理,其中行业部门举办的学校,学生顶岗实习工作由行业部门会同教育部门管理。高等职业学校学生顶岗实习工作由学校举办方管理。省级教育行政部门负责统筹管理。

第六条　职业学校原则上应选择具有独立法人资格,依法经营、管理规范,安全防护条件完备,提供岗位与学生所学专业对口或相近的企(事)业单位组织学生顶岗实习。

学生要求自行选择顶岗实习单位的,必须由学生本人提出申请,提供实习单位同意接收该学生顶岗实习的公函及实习协议(未成年学生还应提供监护人知情同意书),并经学校备案后方可进行实习。学校对自行选择顶岗实习单位的学生应定期进行实习过程检查。

第七条　学校与实习单位共同制订顶岗实习计划,并共同负责学生顶岗实习的组织和管理。实习计划包括:实习教学所要达到的总目标、各实习环节、课题内容、形式、程序、时间分配、实习岗位、考核要求及方式方法等。

第八条　学校要明确管理顶岗实习的工作机构,校长是学生顶岗实习工作的第一责任人。学校和实习单位都要指定专门人员负责学生顶岗实习工作。

第九条　学校和实习单位应当建立实习指导教师制度。安排思想品德好、经验丰富的教学或技术人员担任实习指导教师,全程指导和管理学生顶岗实习。

第十条 中等职业学校学生顶岗实习原则上安排在学生学习的最后一学年进行。高等职业学校原则上安排学生学习的最后半年进行,实习包括毕业实习、毕业设计等多种形式。支持鼓励职业学校和企(事)业单位探索实行工学交替、多学期、分段式等改革创新。

第三章 过程管理

第十一条 学校组织学生顶岗实习应当遵守相关法律法规,并依据相关法律法规制定具体的管理办法和《实习学生安全管理规定》《实习学生安全及突发事件应急预案》等文件,并报主管的教育行政部门和行业部门备案。

第十二条 学校应当对学生顶岗实习的单位、岗位进行实地考察。考察内容应包括:学生实习岗位工作性质、工作内容、工作时间、工作环境、生活环境以及健康、安全防护等方面。

第十三条 学生到实习单位顶岗实习前,学校、实习单位、学生应签订三方顶岗实习协议,明确各自责任、权利和义务。学生应及时将协议内容告知家长。对于未满18周岁的学生,还应提供监护人知情同意书。顶岗实习协议应当包括以下内容:(1)学校和实习单位的名称、地址和法定代表人或者主要负责人,实习单位接收学生实习工作负责人和实习指导教师的姓名,实习学生和家长的姓名、专业班组、注册学号及实习期间住址;(2)实习期限;(3)实习内容和实习地点;(4)实习食宿安排;(5)实习时间、休息休假;(6)实习劳动保护;(7)安全管理责任;(8)实习报酬;(9)实习责任保险;(10)实习纪律;(11)实习终止条件;(12)实习考核结果;(13)学校和实习单位双方认为需要约定的其他事项。

第十四条 学校和实习单位应当结合顶岗实习的特点和内容共同做好顶岗实习期间的教育教学工作,对学生开展职业技能教育,开展敬业爱岗、诚实守信为重点的职业道德教育,开展企业文化教育和安全生产教育。

第十五条 学校和实习单位应当为学生提供必要的顶岗实习条件和安全健康的顶岗实习劳动环境。不得安排中职学生从事高空、井下、放射性、高毒、易燃易爆,以及其他具有安全健康隐患的顶岗实习劳动,不得安排中职学生从事国家规定的第四级体力劳动强度的顶岗实习劳动;不得安排中职学生到酒吧、夜总会、歌厅、洗浴中心等营业性娱乐场所顶岗实习;不得安排和接收16周岁以下学生顶岗实习;不得通过中介机构有偿代理组织、安排和管理学生顶岗实习工作;学生顶岗实习应当执行国家在劳动时间方面的相关规定。

第十六条 实习单位培训实习学生所发生的费用,可以在企业成本中列支。鼓励有条件的实习单位向顶岗实习学生按工作量或工作时间支付合理的实习报酬。支付给顶岗实习学生的报酬,按照国家有关规定在计算缴纳企业所得税税前扣除。

实习报酬的形式、内容和标准应当通过签订顶岗实习协议进行约定。学校和实习单位不得向学生收取实习押金、实习报酬提成和其他形式的实习费用。

第十七条　学生应当遵守学校和实习单位的规章制度,努力完成规定的顶岗实习任务,积极参加学校和实习单位组织的文化教育及相关培训活动,服从管理。对擅自离开实习单位等违反顶岗实习纪律的学生,应按学校与实习单位的相关规定处理。

第十八条　建立学校、实习单位定期信息通报制度。学校和实习单位指导教师要定期向学校和实习单位报告学生顶岗实习情况,遇到重大问题或突发事件,实习指导教师应及时向学校和实习单位报告。

第十九条　学校和实习单位应加强学生在实习期间的住宿管理,保障学生的住宿安全。未成年学生要求在学校、实习单位统一安排的宿舍以外住宿的,须有正当理由,经学生监护人签字同意,由学校备案后方可办理,并自理住宿及其相关事宜。

第二十条　实习指导教师应当建立实习日志,定期检查顶岗实习情况,及时处理顶岗实习中出现的有关问题,确保学生顶岗实习工作的正常秩序。

学校应该充分运用现代信息技术,构建信息化顶岗实习管理平台,与实习单位共同加强顶岗实习过程管理。

第二十一条　各级教育行政部门应统一建立学生顶岗实习服务平台,协调相关职能部门、行业部门、有关社会组织和企业,为学生顶岗实习提供信息服务。

第四章　考核与奖惩

第二十二条　实行学校和实习单位对学生顶岗实习共同考核制度,共同制定实习评价标准,共同考核学生实习效果。

第二十三条　省级教育行政部门应当制定统一格式的《中等职业学校学生顶岗实习考核表》。学校应将考核要求提前告知学生。对中职学生实习成绩的考核分两部分:一是实习单位指导教师对学生的考核,原则上占总成绩的70%;二是学校实习指导教师对学生的顶岗实习进行评价,原则上占总成绩的30%。

中职学生顶岗实习考核的成绩记入毕业成绩,作为评价学生的重要依据。考核结果分优秀、良好、合格和不合格四个等级,学生考核结果在合格及以上者获得学分,学校为其颁发由实习单位和学校共同认定的《中等职业学校学生顶岗实习经历证书》,并纳入学籍档案。《中等职业学校学生顶岗实习经历证书》内容包括实习单位与学校双方对学生实习的评价与鉴定,其依据为学生的《中等职业学校学生顶岗实习考核表》。

第二十四条　学校应当组织做好学生顶岗实习材料的归档工作。顶岗实习教学文件和资料包括:(1)顶岗实习协议;(2)顶岗实习计划;(3)学生顶岗实习报告;(4)学生顶岗实习成绩;(5)顶岗实习周志;(6)顶岗实习巡回检查记录;(7)顶岗实习考核表、实习经历证明等。

第二十五条　各级教育行政部门要对积极开展学生顶岗实习工作、管理规范、成绩显著的学校、单位以及先进个人给予表彰奖励。

第五章　安全与保障

第二十六条　各级教育行政部门应当建立健全顶岗实习管理制度。要加强监督检查,协调有关职能部门、实习单位和其他有关方面,共同做好顶岗实习管理工作,保证顶岗实习工作、安全和有序。

第二十七条 学校和实习单位应当加强顶岗实习学生安全意识教育、岗前安全生产教育和培训,保证顶岗实习学生具备必要的安全生产知识和自我保护能力,掌握本岗位的安全操作技能。未经安全生产教育和培训的实习学生,不得顶岗作业。

第二十八条 学校应当根据国家有关规定,并针对自身专业设置、教学安排等实际情况,为学生投保与其实习岗位相对应的学生实习责任保险。保险责任范围应当覆盖学生实习活动的全过程。学生实习责任保险的经费可从学校学费中列支,免除学费的中职学生可从免学费补助资金中列支,不得向学生另行收费。学校与企业达成协议由企业支付投保经费的,企业支付的实习责任保险费据实从企业成本(费用)中列支。

第二十九条 实习单位应当根据接收学生实习的需要,建立、健全本单位安全生产责任制,制定相关安全生产规章制度和操作规程,制定并实施本单位的生产安全事故应急救援预案,为实习场所配备必要的安全保障器材。

学校应当与实习单位协商,为实习学生提供必需的食宿条件和劳动防护用品,保障学生实习期间的生活便利和人身安全。

第三十条 顶岗实习期间学生人身伤害事故的赔偿,应当依据《中华人民共和国侵权责任法》和教育部《学生伤害事故处理办法》等有关规定处理。

第六章 附则

第三十一条 各省、自治区、直辖市教育行政部门应依照本规定制定实施细则或相应的管理制度。

第三十二条 本规定自发布之日起施行。

参考文献

[1] 王飏.奥氏多中心理论及实践分析[J].北京交通大学学报(社会科学版),2010(4):90-94.

[2] 张俊哲,梁晓庆.多中心理论视阈下农村环境污染的有效治理[J].理论探讨,2012(4):164-167.

[3] 何辉,吴瑛.高职顶岗实习过程的质量控制[J].职业技术教育,2009(14):52-53.

[4] 俞校明,张红.高职生顶岗实习过程设计与质量控制研究[J].职业技术教育,2009(29):66-81.

[5] 黄会明.高职学生顶岗实习质量评价方法及其应用[J].职业教育技术,2013(17):50-54.

[6] 董平,陈建成.高职院校顶岗实习研究现状及展望[J].广州城市职业学院学报,2011(4):91-96.

[7] 王元元,田永力.高职院校顶岗实习质量监控和评价机制实践研究[J].河北师范大学学报(教育科学版),2012(12):80-83.

[8] 王万刚,胡先富,袁亮.高职院校学生顶岗实习质量监控体系存在的问题与对策[J].教育探索,2013(10):58-59.

[9] 梁修荣,胡勇.基于WEB的分散实习集中管理模式研究[J].煤炭技术,2013(5):214-215.

[10] 江勇.基于过程管理理论的顶岗实习动态管理系统开发与应用[J].中国职业技术教育,2012(26):36-58.

[11] 陈阿旗,侯文亮.从时空二维角度分析北京奥运会可能产生的负面效应[J].河北体育学院学报,2008(6):15-20.

[12] 李军雄,曾良骥,黄玲青.地方高职院校学生顶岗实习中存在的问题与对策[J].教育管理,2010(3):43-45.

[13] 李正栓,高洁.顶岗实习:基础教育与高等教育的有效链接——兼议顶岗实习学习对高等教育的反拨与促进作用[J].河北师范大学学报(教育科学版),2012(8):54-57.

[14] 郝秀芬.顶岗实习:深化高校思想政治教育的新途径[J].河北师范大学学报(教育科学版),2010(8):125-128.

[15] 印伟.顶岗实习的法律风险及控制分析[J].湖北科技学院报,2013(1):20-26.

[16] 杨钋,田艳春.顶岗实习对高职毕业生保留工资的影响[J].教育学术月刊,2014(6):54-60.

[17] 任仕君.对顶岗实习目的异化的分析——基于经济学视角[J].职业技术教育,2008(16):37-40.

[18] 马连华.对建立和完善现代高等职业院校制度的认识与思考[J].教育与职业,2014(24):24-25.

[19] 韩丹.多中心理论视角下的公共危机治理模式研究[J].商业时代,2011(28):85-86.

[20] 臧乃康.多中心理论与长三角区域公共治理合作机制[J].研究总览CPA中国行政管理,2006(5):83-87.

[21] 王飚.多中心治理理论与和谐社会的构建[J].西北农林科技大学学报,2010(5):96-99.

[22] 王秀静,冯美宇.分散型顶岗实习信息化管理模式研究——基于"双主体、三层次、多元化"的管理平台设计[J].教育理论与实践,2014(3):19-21.

[23] 李庆成.服务地区经济,高职院校发展的必由之路——从烟台职业学院的发展来看高等职业院校的发展趋势[J].中国成人教育,2005(9):61-62.

[24] 赵中建.高等教育全面质量管理的概念框架[J].外国教育资料,1997(5):37-50.

[25] 王建华.高等教育质量管理:文化的视角[J].教育研究,2010(2):57-62.

[26] 詹向阳.高等教育质量管理:问题与审思[J].华南师范大学学报(社会科学版),2011(3):61-64.

[27] 翟轰.高等职业院校的功能定位[J].中国大学教育,2004(12):46-47.

[28] 韩振.高等职业院校发展的困惑、难点与对策分析[J].教育与职业,2006(30):17-18.

[29] 朱爱胜.高等职业院校发展的战略思考[J].教育与职业,2013(6):37-38.

[30] 尚国营.高师院校"顶岗实习"的瓶颈及思考[J].黑龙江高教研究,2012(2):56-58.

[31] 唐大光.高校教育质量管理模式的创新[J].教育评论,2014(9):21-23.

[32] 徐娜,李忠春,王雷.高校特殊学生群体"过程管理"机制的建构与实践[J].学校党建与思想教育,2013(464):56-74.

[33] 陈萍.高校学生顶岗实习若干法律问题研究[J].宁夏社会科学,2011(6):32-35.

[34] 丁浩.高校学生社会实践过程管理探究——基于PDCA循环理论的分析视角[J].学工视窗,2014(472):58-59.

[35] 谷利成.窗高职大学生顶岗实习现场问题分析及解决思路[J].教育与职业,2014(24):156.

[36] 黄勇鹏.绩效导向的高职类微课资源设计[J].教育与职业,2014(24):157.

[37] 张耀,陈梓城,陈云祥.高职电类专业区域集中企业分散——顶岗实习模式的探索与实践[J].教育与职业,2010(15):34-36.

[38]郑春禄,耿玉香.高职顶岗实习的创新与完善[J].实习实训,2009:43-47.

[39]刘辉.高职顶岗实习对创业素质培养的实效性分析[J].中国成人教育,2010(17):100-101.

[40]王金岗,李玉香.高职顶岗实习有效教学评价的研究与实践[J].职业技术教育,2010(23):57-60.

[41]付颖.高职建筑类专业顶岗实习创新模式的实践与思考[J].中国职业技术教育,2013(35):33-35.

[42]唐冬雷,莫徽忠,史美娟.高职教育顶岗实习的系统设计与管理[J].职业技术教育,2011(20):47-49.

[43]文义.高职教育如何摆脱实践教学环节瓶颈的制约[J].山西财经大学学报,2011(2):190-191.

[44]宁博.高职生顶岗实习的制约因素与路径选择[J].职业技术教育,2011(35):76-78.

[45]曹喜龙.高职学生顶岗实习不稳定因素及对策探析[J].教育与职业,2014(17):156.

[46]李丹,齐励.浅谈"财务报表分析"课程的实践教学设计[J].教育与职业,2014(17):157.

[47]夏栋,谢淑润.高职学生顶岗实习存在的问题与对策[J].教育探索,2012(5):96-97.

[48]奚小网.高职学生顶岗实习的现存问题及对策研究[J].教育与职业,2011(3):37-38.

[49]郝士儒,李亚龙.论高校体育专业学生管理工作的创新[J].教育与职业,2011(3):39.

[50]王娟,齐绍琼.高职学生顶岗实习发展趋势探析[J].职业技术教育,2012(23):64-66.

[51]秦传江,胡德声,兰成琼.高职学生顶岗实习教学环节的管理与实践[J].教育与职业,2009(24):37-39.

[52]张雁平,成军.高职学生顶岗实习评价体系的研究和实践[J].培训与就业,2008(307):10-23.

[53]唐继红,张骞.高职学生顶岗实习期心理危机干预体系的构建[J].职业技术教育,2011(5):85-87.

[54]吴玲.高职学生顶岗实习中出现的心理问题及对策[J].教育探索,2012(1):148-149.

[55]姚从明.高职学生顶岗实习中的心理困扰及应对策略[J].高职探析,2010(11):88-89.

[56]张志东,刁洪斌.高职学生校外顶岗实习网络化管理模式研究与实践[J].中国职业技术教育,2010(8):86-88.

[57]李臻,黄顺,孙雪.高职园林技术专业顶岗实习人才培养模式初探[J].中国职业技术教育,2013(14):93-96.

[58]朱平,裴智民.高职院校"工作站"式顶岗实习监管体系的构建与实践[J].教育与职业,2013(27):26-28.

[59]李娟.高职院校顶岗实习存在的问题与对策[J].中国成人教育,2009(9):89.

[60]王伟红.高职新生生涯设计实训的探索和思考[J].中国成人教育,2009(9):90.

[61]鞠红霞.高职院校顶岗实习的类型及设施[J].中国职业技术教育,2009(359):76-78.

[62]赵晖.高职院校学生顶岗实习的心理困惑及对策[J].继续教育研究,2011(11):144-145.

[63]石月皎,覃庆芳,卢彩虹.高职院校学生顶岗实习面临的问题及对策[J].求实,2010(1):283-285.

[64]皇甫静,李贤政.高职院校学生顶岗实习研究与实践[J].黑龙江高教研究,2011(9):76-78.

[65]赵节昌.构建分散型顶岗实习管理模式的探究[J].继续教育研究,2010(10):173-174.

[66]赵树果,魏英立.基于PDCA循环的毕业设计(论文)过程管理及实践研究[J].教育与职业,2011(6):45-46.

[67]刘德福.试论高职院校政治理论课教学质量的监控与评价[J].教育与职业,2011(6):47.

[68]张瑞红.基于PDCA循环过程的知识管理动态评价模型[J].情报科学,2012(1):95-98.

[69]程远东,胡钢.基于SMS的"周报、月查、季寻"顶岗实习管理模式[J].中国职业技术教育,2011(2):39-41.

[70]周素红,邓丽芳.基于T-GIS的广州市居民日常活动时空关系[J].地理学报,2010(12):1454-1463.

[71]叶琦.基于过程方法的高职实训教学质量管理体系的构建与实施[J].教育理论与实践,2014(21):26-28.

[72]孟成民,朱蕾,朱效传.基于培养拔尖创新人才导向的研究生教育质量链构建与管理研究[J].高等农业教育,2013(11):96-99.

[73]杨静丽,查英华.加拿大高职教育顶岗实习模式探析[J].职业技术教育,2012(29):88-90.

[74]单成英.建构高等职业院校的育人观[J].河南师范大学学报(哲学社会科学版),2005(2):173-175.

[75]王吉,王志军.教育技术专业实习的困境与突破——基于利益相关者理论的分析[J].现代教育技术,2013(10):58-61.

[76]郝永林,郝园林.利益相关者理论视角下高职教育质量问责的制度变迁与路径选

择[J].宁夏大学学报(人文社会科学版),2013(5):173-177.

[77] 王钢.利益相关者理论与高校教师教学评价[J].教育评论,2010(9):48-50.

[78] 尹乐,李建梅,周亮广.利益相关者视角下的皖东地区非物质文化遗产旅游资源评价研究[J].地域研究与开发,2013(5):163-176.

[79] 王柏清.论顶岗实习期间高职学生法律地位[J].继续教育研究,2014(5):83-85.

[80] 王争,王丽,苗晋峰.论高职教育中的顶岗实习[J].教育与职业,2011(20):156-157.

[81] 揭平英,叶雯.论高职学生顶岗实习对职业能力生成的作用[J].教育与职业,2013(26):100-101.

[82] 石骏.论高职院校的社会责任[J].中国高教研究,2013(5):97-100.

[83] 王慧,刘小鹏,杨雪茹.宁夏区域发展协调度分析[J].宁夏大学学报(自然科学版),2011(1):83-87.

[84] 严苗.浅析高职院校学生大顶岗实习中的法律风险及防范[J].教育与职业,2014(18):175-176.

[85] 庄志民.上海都市旅游规划的时空审视及其战略取向[J].旅游学刊,2007(4):43-47.

[86] 丁志强,唐继红.社会工作视角下顶岗实习期学生心理危机干预研究[J].职业技术教育,2010(5):91-95.

[87] 王家瑞,王禹.时空理论与我国区域结构性调控的时效性研究[J].上海经济研究,2002(7):14-20.

[88] 殷雄飞.完善职业院校顶岗实习制度的路径选择[J].中国职业技术教育,2013(34):99-101.

[89] 孙长坪.学生顶岗实习劳动风险化解的法律缺失与完善——基于顶岗实习劳动风险相关主体权益保护的思考[J].中国高教教育,2012(11):87-92.

[90] 龙伟忠.学生顶岗实习伤害事故预防探析[J].教育与职业,2009(29):169-170.

[91] 曲忠生,王启龙.职业院校学生实习模式创新:从"顶岗实习"到"认识实习"[J].现代教育管理,2013(4):101-104.

[92] 钟光辉,裴红彬.指向课堂观察的合作研究与顶岗实习模式[J].河北师范大学学报,2014(22):133-136.

[93] 杜蜀宾.顶岗实习:组织实施与要点思考[J].中国职业技术教育,2008(311):19.

[94] 邵庆龙.对高职教育中顶岗实习模式的探讨[J].实习实训,2010(21):56-58.

[95] 钱伟,薛二勇.高校教学质量管理:问题与对策[J].教育发展研究,2012(9):66-69.

[96] 余明艳,杨永辉.高职分形顶岗实习研究[J].山东社会科学,2013(12):324-325.

[97] 陈翔.高职工商管理类专业顶岗实习模式探索[J].职业教育研究,2014(7):138-140.

[98] 刁翔正,张俊. 高职学生顶岗实习期间权益保障问题研究[J]. 高职研究,2010(25):44-46.

[99] 王明跃,廖洪梅. 高职院校分阶段顶岗实习模式的实施与管理[J]. 实验技术与管理,2011(10):153-155.

[100] 耿保荃. 高职院校落实顶岗实习应重点解决的问题[J]. 综合研究,2009(1):15-16.

[101] 夏英. 关于职业教育顶岗实习课程的理性思考[J]. 实习实训,2013(6):83-85.

[102] 罗杰红,李倩倩. 基于"DSP"工学结合人才培养模式顶岗实习实施体系的探索与实践[J]. 教育与职业,2009(2):14-17.

[103] 左凤林. 基于CIPP评价的顶岗实习质量管理体系构建研究[J]. 实习实训,2013(27):85-88.

[104] 姚岚,黄顺. 基于集团化办学的高职园林专业"多学期·分段式"顶岗实习模式设计与构建[J]. 安徽农业科学,2014(21):71-73.

[105] 郝书池,姜燕宁. 基于利益相关者的职业院校顶岗实习模式对比研究[J]. 教育学术月刊,2011(11):92-94.

[106] 刁洪斌. 基于能力本位的高职生顶岗实习评价模式[J]. 综合研究,2010.11:22-23.

[107] 霍芳,沈坚勇. 基于云空间的顶岗实习"微信课堂"初探[J]. 中国教育信息化,2014(6):48-50.

[108] 郑静姝,石伟平. 简论职业院校实施顶岗实习的困境及对策[J]. 实习实训,2010(27):67-71.

[109] 袁青. 应用PDCA理论促进学校质量持续提升的思考与设计[J]. 聚焦长三角,2007(7):60-61.

[110] 金智鹏. 高职顶岗实习质量评价体系的研究与实践探索[J]. 中国教育信息化,2014(7):73-74.

[111] 左凤林. 学生顶岗实习伤害事故预防探析[J]. 教育与职业,2009(29):169-170.

[112] 许峰. 基于系统科学的高职顶岗实习质量提升研究与实践——以大连职业技术学院为例[J]. 技能开发,2013(26):40-42.

[113] 胡生泳,朱新秤. 基于质量链管理理论下的顶岗实习质量控制模式探析[J]. 实习实训,2014(9):81-85.

[114] 黄友泉,谢美华. 全面质量管理高职学生顶岗实习质量管理的新视角[J]. 教育与职业,2013(15):80-83.